Doris Unzeitig • Eine Lehrerin sieht Rot

Copyright 2019:
© Börsenmedien AG, Kulmbach

Dieses Werk wurde vermittelt durch die
Michael Meller Literary Agency GmbH, München.

Gestaltung Cover: Holger Schiffelholz
Gestaltung, Satz und Herstellung: Daniela Freitag
Lektorat: Karla Seedorf
Korrektorat: Sebastian Politz
Druck: GGP Media GmbH, Pößneck

ISBN 978-3-86470-626-4

Bibliografische Information der Deutschen Nationalbibliothek:
Die Deutsche Nationalbibliothek verzeichnet diese Publikation in der
Deutschen Nationalbibliografie; detaillierte bibliografische Daten
sind im Internet über <http://dnb.d-nb.de> abrufbar.

BÖRSEN MEDIEN
AKTIENGESELLSCHAFT

Postfach 1449 • 95305 Kulmbach
Tel: +49 9221 9051-0 • Fax: +49 9221 9051-4444
E-Mail: buecher@boersenmedien.de
www.plassen.de
www.facebook.com/plassenverlag

DORIS UNZEITIG

EINE LEHRERIN SIEHT ROT

MINI-MACHOS, KULTUR-CLASH, GEWALT IN DER SCHULE UND DAS VERSAGEN DER POLITIK

PLASSEN
VERLAG

INHALT

VORWORT

SIE LESEN HIER von den Erlebnissen einer Lehrerin, die als Schulleiterin einer Berliner Brennpunktschule erfahren musste, dass es nicht ausreicht, mit dem Einsatz aller Kräfte der ihr gestellten Aufgabe gerecht werden zu wollen. Dazu bedarf es vielmehr eines verlässlichen Netzwerkes und tatkräftiger Unterstützung. Dieses Buch habe ich geschrieben, weil ich deutlich machen will, wie viele engagierte Lehrkräfte, Sozialpädagogen, Erzieher und Psychologen tagtäglich alle Hebel in Bewegung setzen, um die Rahmenbedingungen in Schulen und Kindertagesstätten zu verbessern. Sie bemühen sich darum, dass nicht nur die Kinder aus bildungsnahen Elternhäusern das Bildungssystem erfolgreich durchlaufen, sondern dass jedes Kind eine faire Chance erhält, seine Anlagen so zu entwickeln, dass es als Erwachsener in unserer Gesellschaft ein selbstbestimmtes Leben führen kann.

In Berlin habe ich erleben müssen, wie in einer materiell sehr gut ausgestatteten Brennpunktschule durch ungeschickte Entscheidungen der Aufsichtsbehörden die der Anlage nach vorhandenen Möglichkeiten nicht genutzt, sondern verspielt wurden. Ich hatte den Vorteil, als eine aus dem österreichischen Schuldienst freigestellte Lehrerin mit größerer Distanz und Unabhängigkeit meine pädagogischen Prinzipien im Berliner Schulsystem durchsetzen zu können. Die den Schulleitern zugestandene Eigenverantwortlichkeit habe ich ernst genommen und versucht, mit den mir zur Verfügung gestellten finanziellen Mitteln gemeinsam mit dem Kollegium ein Schulentwick-

lungsprogramm zum Wohl der uns anvertrauten Kinder umzusetzen. Ich habe die traurige Erfahrung gemacht, dass es bei allen
Entscheidungen der Leitungsebene in erster Linie darum ging, Interessen von Parteifreunden zu bedienen. Um bestehende Schwierigkeiten zu beseitigen, mangelte es immer wieder an der Unterstützung
des Schulträgers oder der örtlichen Schulaufsicht. In Berlin gibt es
gegenwärtig viele unbesetzte Schulleiterstellen, unter anderem weil
die meisten erfahrenen Lehrkräfte, die für eine solche Position infrage kämen, wissen, dass sie kaum eine Möglichkeit haben, ihre pädagogischen Vorstellungen umzusetzen.

Verzweifelte Aufsichtsbeamte versuchen oft, alle problematischen
Fälle unter Schülern und im pädagogischen Personal möglichst an
einer Schule zu bündeln, um den anderen Schulen eine bessere
Chance für erfolgreiche Arbeit zu ermöglichen. Statt die besten Kräfte dort einzusetzen, wo es die größten Schwierigkeiten gibt, verteilt
man sie auf Schulen, deren soziale Bedingungen sowohl in Bezug auf
Eltern wie Schüler einen größeren Erfolg erwarten lassen. Auch wurde und wird zu wenig Energie darauf verwandt, für eine bessere soziale Durchmischung der Schülerschaft zu sorgen und durch optima-
le Lernvoraussetzungen Brennpunktschulen für Kinder aus
bildungsbewussten Elternhäusern attraktiv werden zu lassen. Dadurch wird einer Ghettoisierung Vorschub geleistet, die laut den politischen Statements der regierenden Parteien bekämpft werden soll
– tatsächlich ist man jedoch zu feige, dies durchzusetzen.

Mein Dank gilt den engagierten Fachjournalisten – vor allem der
Berliner Printmedien –, die versucht haben, mir die Unterstützung
zu geben, die die Senatsverwaltung nicht leisten konnte oder wollte.
Meine Entscheidung, der Berliner Schulsenatorin den Bettel vor die
Füße zu werfen, führte unter anderem dazu, dass auf vermehrten
öffentlichen Druck nach meiner Rückkehr nach Österreich in Berlin
Veränderungen angestoßen worden sind: Der zuständige Staatsse-
kretär wurde entlassen, die Bildungssenatorin veranstaltete in meiner
ehemaligen Schule eine Pressekonferenz und lobte endlich all die
Projekte und Entwicklungen, um deren Verwirklichung wir uns in

den letzten sechs Jahren bemüht hatten, denen sie zuvor aber keine Aufmerksamkeit geschenkt hatte. Dass heute jedes Kind im Ganztagsunterricht in Berlin unentgeltlich in der Schule essen darf, ist ebenfalls auf mein beharrliches Engagement zurückzuführen.

Besonderer Dank gilt Gerd Hoff, meinem akademischen Mentor, der mir den entscheidenden Impuls für meine interkulturelle Bildung gegeben hat. Er hat meinen Einsatz für die Schüler bei Bedarf mit Rat und Tat begleitet. Seine kritische Auseinandersetzung mit den sich mir stellenden Problemen hat mir zusätzliche Sicherheit gegeben.

Mit diesem Buch will ich nicht zuletzt meinen Kollegen in mittleren Leitungspositionen der Bildungsverwaltung Mut machen, für ihre Überzeugungen einzustehen und sich nicht durch politische Ränke unterkriegen zu lassen. Ihnen ist dieses Buch gewidmet. Meine Erfahrung ist, dass es auch in den vertracktesten Situationen häufig etwas zu lachen gibt und couragierter Widerstand im Interesse einer guten Sache doch noch zu einem guten Ende führen kann.

Zur Erleichterung der Lesbarkeit des Textes habe ich mich in der Regel auf das grammatische Geschlecht beschränkt.

Doris Unzeitig

1

AUS DEN HÖHEN
DER BERGIDYLLE
IN DIE NIEDERUNGEN
DER GROSSSTADT

NUR 708 KILOMETER, aber ganze Welten liegen zwischen der Volksschule von Nußdorf am Attersee im Salzkammergut und der Spreewald-Grundschule in einem Problem-Kiez des Berliner Bezirks
Schöneberg. Ich vertauschte einen behüteten Schulalltag in den oberösterreichischen Bergen mit einem Dienstort an einem sozialen
Brennpunkt. Es war eine Reise aus der Idylle in den Dschungel.

Ich kam aus einer überschaubaren Dorfgemeinschaft mit 1.000
Seelen, in der ich Kinder von Bergbauern unterrichtet hatte, ebenso
wie die von Hoteliers und Skilehrern. Meine tägliche Fahrt zur Arbeit
war wie eine kleine Urlaubsreise und führte an den schönsten Seen
des Salzkammerguts entlang. Um sieben Uhr morgens sah ich die
Sonne hinter den hohen Bergen aufgehen. Der frische Morgentau
ließ mich frösteln, aber spätestens nach der letzten Unterrichtsstunde
um 13 Uhr schien mir auf dem Heimweg die Sonne ins Gesicht. Oft
machte ich an einem der unzähligen Badeplätze halt und ließ mich
von den Sonnenstrahlen wärmen. Im Winter übten die weißen
Hänge am Nachmittag genauso viel Anziehungskraft auf mich aus
wie zwischen April und September die vielen bunten Segelboote auf
dem Wasser. Zeigte das Winterwetter sich einmal stürmisch, blieben

immer noch die kilometerlangen Loipen. Auf ihnen konnte ich mich an der bizarren Winterlandschaft erfreuen und mich sportlich betätigen. Ich tankte frische Luft und der Kopf wurde frei. So rüstete ich mich für die nächsten Schultage.

In der Spreewald-Grundschule und ihrem Umfeld stieß ich als Lehrerin und später als Schulleiterin auf soziale Armut, Drogenhandel, Prostitution und Kriminalität. Viele Einwandererfamilien leben dort. Diese Schule ist wohl typisch für die Schwierigkeiten im deutschen Bildungssystem und an deutschen Schulen: Lehrer wenden viel zu viel Zeit auf für Dinge, die mit ihrem eigentlichen Auftrag – Kindern das Lesen, Schreiben und Rechnen beizubringen – nichts oder wenig zu tun haben. Es fehlt an Geld und geeignetem Personal. Flegelhaftes Verhalten, Gewalt unter Schülern und gegen Lehrer, der – auch religiös bedingte – Kultur-Clash in den Klassenzimmern nehmen inakzeptable Ausmaße an. Dennoch habe ich gern in Berlin gelebt und gearbeitet, gerade auch an einer „Brennpunktschule". Deren Kinder verdienen ebenso viel Engagement wie Schüler an einem Elitegymnasium. In Österreich hatte ich zwar nicht sehr viele Kinder mit Migrationshintergrund in meiner Schule, aber ein Problem, auf das ich in Berlin stieß, war mir nicht neu: das der Sprachbildung. Der Dialekt der Alpentäler weicht nämlich zum großen Teil erheblich von der österreichischen Hochsprache ab. Ich ging nach Berlin, um mehr darüber zu lernen, wie dort, in der angesagten Metropole, richtungsweisende Bildungsreformen angepackt werden. Wie zweisprachige Erziehung, die Integration von Kindern mit unterschiedlichen Hintergründen und Fähigkeiten funktionieren. Was es mit jahrgangsübergreifendem und ganztägigem Lernen auf sich hat.

2009 bot mir die Landeshauptstadt Linz an, an der Freien Universität Berlin in einem zweijährigen Zusatzstudium berufsbegleitend einen Master für Interkulturelle Erziehung zu erlangen. Für dieses Studium musste ich einen nicht unerheblichen Betrag aufbringen. Das konnte ich mithilfe von Freunden regeln. Offensichtlich brauchten die

Aus den Höhen der Bergidylle...

Berliner Geld. Es war mir recht, denn ich komme aus einem Land, in dem man seine akademischen oder halbakademischen Titel gern aufs Klingelschild schreibt. Mir gefiel der Gedanke, auch meinen Hauseingang einmal so verschönern zu können. Ursprünglich war ich nicht auf Dauer gekommen. Aber ich blieb, fast zehn Jahre lang. Ich wollte nicht weg aus Berlin. Im Sommer 2018 habe ich schließlich frustriert aufgegeben. Die Borniertheit der Berliner Politik, der tägliche Kampf gegen Windmühlen haben mich mürbegemacht. Meinen Weg zwischen Anspruch und Wirklichkeit, durch die Widerstände gegen eine kindgerechte Bildung möchte ich hier schildern.

Als ich nach Österreich zurückgekehrt war und das erste Foto von idyllisch grünen Bergwiesen und friedlich grasenden Kühen nach Berlin postete, war ich zwar glücklich. Ich konnte wieder frische Landluft statt Abgase einatmen. Doch ich war noch nicht angekommen. Zu groß war der Bruch zwischen Hast und Hektik, die nun hinter mir lagen, und dem fast vergessenen Gefühl, dass der Alltag außer Arbeit auch noch ein Privatleben bereithält. Noch hatte ich quirlige und schreiende Kinderstimmen im Ohr und die Gespräche in einem großen Lehrerkollegium, das sich tagtäglich aufs Neue den Veränderungen des Schulalltags stellen musste. Nicht zuletzt war ich es auch nicht mehr gewohnt, weniger als zwölf Stunden pro Tag zu arbeiten. In Berlin durfte ich nur an langen Sommertagen darauf hoffen, nach dem Dienst noch den blauen Himmel zu Gesicht zu bekommen. Groß war nach der Rückkehr nach Österreich daher anfangs meine Furcht, der Traum von einer neuen Balance zwischen Beruf und Freizeit könnte zerplatzen.

Weshalb habe ich mich vor zehn Jahren aus dem beschaulichen Alltag der Bergdörfer des Salzkammerguts in die Niederungen Berlins und Brandenburgs aufgemacht? Der Alltag war mir zu eintönig und zu wenig aufregend geworden, es bot sich kaum Neues. Die Rahmenbedingungen waren allerdings im Vergleich zu den Berliner Verhältnissen geradezu ideal. Ich hatte genügend Zeit, meinen Unterricht ideenreich und pädagogisch-nachhaltig zu gestalten. Ich konnte den Kindern nicht nur Wissen vermitteln, sondern sie zum Nachdenken und zu eigenständigem Kenntniserwerb anregen. Lernen mit allen Sinnen war mir dabei das Allerwichtigste. Es ging nicht darum, einen Buchstaben stupide schreiben zu lernen, nein, dieser Buchstabe musste von den Kindern erlebt werden.[1]

Nebenher musste ich immer wieder für einen altersgerechten Wechsel von Anspannung und Erholung sorgen, dem kindlichen Bewegungsdrang Rechnung tragen und auf individuelle Bedürfnisse eingehen. In der oberösterreichischen Volksschule sprach damals noch niemand von Inklusion. „Im Bildungsbereich bedeutet Inklusion, dass allen Menschen auf Grundlage der Chancengleichheit das Recht auf höchstmögliche Bildung zusteht."[2]

Es war deutlich, dass Lena supertoll singen konnte und meist die Rechenkönigin wurde. Dafür war Max einzigartig, wenn es darum ging, die ersten Sätze zu lesen. Während sich die meisten seiner Mitschüler mit dem Zusammenziehen der Laute zu einfachen Wörtern plagten, konnte er ganze Sätze schon flüssig vorlesen. Klar, dass er nicht die gleiche Lese-Hausaufgabe wie seine Mitschüler bekam. Die Arbeitsaufträge entsprachen dem Leistungsniveau der Schüler, sodass sich keiner langweilte, jeder sich anstrengen musste und am Ende eines Schultages das Gefühl hatte, gefordert worden zu sein. Meine Aufgabe war es – und nur so kann Lernen erfolgreich sein –, die Kinder zu ermutigen, Fragen zu stellen, und sie bei der Suche nach Antworten zu unterstützen.

„Ach, so eine Reformpädagogin", werden Sie jetzt vielleicht denken – aber ich halte mich für das genaue Gegenteil. Zwar bin ich auch amtlich beurkundete Montessori-Pädagogin, doch es sind nicht die Methoden und die Materialien von Maria Montessori, die mich zu einer verantwortungsbewussten Lehrkraft gemacht haben. Dass mir die Bildung der mir anvertrauten Kinder so am Herzen liegt, hat mit meinem beruflichen Ehrgeiz und meiner Liebe zu den Kindern zu tun. Sie verdienen es, sich tagtäglich voll und ganz für sie einzusetzen, um ihnen eine spannende, erlebnisreiche Schulzeit zu ermöglichen. In der Schule sollen sie lernen, sich Themen zu erarbeiten und ein technisch-naturwissenschaftliches Grundverständnis zu entwickeln. Sie sollen moralische Orientierung erhalten, ihren Körper trainieren und Freude an der Bewegung haben, künstlerisch-kreativ mit Sprache, Musik und Materialien umgehen, im Umgang mit Mitschülern und Lehrkräften sozial kompetent werden und ihre Ausdrucks- und Kommunikationsfähigkeit verbessern. Hierzu zählt auch der immer bedeutsamer werdende korrekte Einsatz von Medien. Wer gelernt hat, wie man etwas lernt und durch Training seine Fähigkeiten stetig verbessert, der kann seinen Alltag meistern und sich theoretisches und praktisches Wissen und Können aneignen. Doch dazu müssen die Kinder von Anfang an ihren eigenen Kräften vertrauen und für sich selbst verantwortlich handeln. Sie müssen soziale Beziehungen zu ihren Klassenkameraden aufbauen und Verantwortungsbewusstsein in Bezug aufeinander lernen. Das sind Kompetenzen, die in jedem Job als wichtige Grundlage für Teamwork gelten. Zusammenfassend gesagt: „Der Anspruch der Berliner Schule ist es, jede Schülerin und jeden Schüler individuell zu fördern und stärker die unterschiedlichen Voraussetzungen und Bedürfnisse zu berücksichtigen. Deshalb stützen sich die Lehrer in der Schulanfangsphase auf folgende Annahmen: Jedes Kind hat schon vor Schuleintritt vieles mit Erfolg gelernt. Jedes Kind will lernen. Kinder sind aktive Konstrukteure ihres Wissens und Könnens. Jedes Kind geht beim Lernen seinen eigenen Weg. Jedes Kind benötigt für sein Lernen seine Zeit und passende Angebote".[3]

Was bedeutet das beispielsweise für das Erlernen eines Buchstabens? Viele Pädagogen schwören auf den „Buchstabentag", an dem man lernt, einen Buchstaben in verschiedenen Farben nachzuziehen, ihn mit Glasperlen zu legen, ihn vielleicht auf einem Seil nachzugehen bis hin zu einem Buchstabenpuzzle oder einer Buchstabengeschichte. In Österreich schleppt mancher Montessori-Anhänger eine Kiste mit Vogelsand in den Klassenraum. In den Sand sollen die Schüler Buchstaben zeichnen, die sich ertasten und erfühlen lassen. Montessori nutzte dafür einen speziellen, fein rieselnden Sand, doch den können die meisten Schulen in Österreich sich nicht für alle 1. Klassen leisten. Maria Montessori lebte vor mehr als 100 Jahren. Heute üben viele Kinder lieber am Tablet das Buchstabenschreiben. Ich bewundere den Einsatz aller Kollegen, die den Unterricht auflockern wollen, vielleicht sogar noch mit süßem Backwerk in Buchstabenform, das in nächtlichem Eifer im heimischen Backofen entsteht. All diese gut gemeinten Versuche lassen aber etwas Wesentliches außer Acht: Voraussetzung der für das Schreiben nötigen Feinmotorik ist, dass man seinen Körper kennt und weiß, wie man seine Hand steuert.

Meine Schüler in der Dorfschule konnten jede Menge motorische Erfahrungen sammeln, die den Kindern im Schöneberger Kiez fehlten: beim Toben auf der Wiese, dem Hinaufklettern auf den Traktor, dem Herumflitzen mit dem Fahrrad oder einfach dem Springen in Pfützen. All das trägt später in der Grundschule dazu bei, Bewegungsabläufe schneller zu automatisieren, und hilft dabei, sich selbst in der persönlichen Umgebung besser erleben und einschätzen zu können.

Fehlen diese Voraussetzungen, dann muss die Körpergeschicklichkeit im ersten und zweiten Schuljahr mühsam eingeübt werden, mit psychomotorischen Trainingsstunden. In Berlin stieß das auf heftigen Widerstand der Eltern. Ich musste dort in meinen ersten Jahren als Schulleiterin förmlich um ihre Einwilligung dazu kämpfen, dass ihr Kind an Förderstunden teilnehmen durfte, in denen es grobmotorische Erfahrungen sammeln konnte. Wir hatten das Glück, einen Hortraum für diese Förderstunden herrichten zu können. Vormittags stellten wir dort Klettergeräte und Bewegungsmaterial auf. So konnten die Kinder ihr Geschick zum Beispiel beim Rollbrettfahren erproben oder im Ballbecken herumtoben. Wir boten Bewegungsspiele zu passender Musik an, was den Spaß bei den Aktivitäten sichtlich steigerte. Das Problem war nur: Diese Art des Tobens oder Sich-Erfahrens bezeichnete der Berliner Senat als Psychomotoriktraining. Für unwissende oder unerfahrene, mit der deutschen Sprache oft weniger vertraute Eltern mit Migrationshintergrund klang das wie Nachhilfe für dumme Kinder. Wie soll sich ein arabischer Vater jemals damit abfinden, dass sein kleiner Stammhalter an einer Einzel- oder Gruppenstunde teilnehmen soll, die mit der Krankenkasse abgerechnet wird? Hatte ihm doch sein Arabisch sprechender Arzt erst vor Kurzem mitgeteilt, dass sein Sohn gesund und kräftig sei und später gute Geschäfte machen werde. Versuchen Sie dann als Schulleiterin einmal, dem Vater die Vorteile dieser unterstützenden Maßnahme für sein Kind zu erklären!

Was eigentlich selbstverständlich sein sollte, nämlich Informationsabende mit Dolmetschern abzuhalten, scheiterte an der Personalknappheit. So blieb es wieder an mir hängen, Elternbriefe zu verfassen und diese übersetzen zu lassen, in der Gewissheit, dass sie in den meisten Fällen sowieso nicht gelesen wurden oder so lange in der Schultasche steckten, bis sie zu Altpapier wurden. Folglich nahm an unseren Informationsabenden, die eigentlich das Bezirksamt – der Schulträger – hätte organisieren müssen, nicht einmal eine Handvoll Eltern teil. Mit ihnen kämpften wir Pädagogen für eine im Prinzip sehr positive Maßnahme, die ein Selbstläufer hätte sein können. Auf Verständnis stießen wir nur in wenigen Einzelfällen. Psychomotorisches Training wurde nach wie vor als Hilfe für kranke Kinder missverstanden.

Im Flyer des Gesundheitsamtes von Tempelhof-Schöneberg, dem Verwaltungsbezirk meiner Schule, heißt es: „Psychomotorik verbindet das Geistig-Seelische (Psyche) mit dem Körperlich-Motorischen (Motorik). Sie ist ein ganzheitliches Konzept zur Entwicklungsförderung der Kinder."[4] Das Bezirksamt stellte eine Spezialistin zur Verfügung. Zusätzlich schickte ich interessierte Kollegen zu Fortbildungen, um dauerhaft eine Bewegungsbaustelle[5] in der Schule einrichten und sie den Schülern permanent zur Verfügung stellen zu können. Eigens angefertigte, schön gestaltete Holzbauelemente konnten zu einer Bewegungslandschaft mit Balken und Treppen zusammengebaut werden, die den Kindern half, ihren Gleichgewichts- und Wahrnehmungssinn zu verbessern. Darüber hinaus lernten sie, sich besser zu konzentrieren, verbesserten ihre Ausdauer und begannen, sich gegenseitig zu helfen und zu unterstützen, was wiederum zu einer Steigerung ihrer Sozialkompetenzen führte. Nebenbei verbesserte sich die schulische Leistung.

Versuchen Sie es doch einfach einmal selbst und lösen Sie eine zweistellige Multiplikationsaufgabe, während Sie gleichzeitig über einen Balken balancieren! „Hand bewegt Kopf" hieß das zur Zeit meines Fortgehens aus Österreich in Linz eingeführte Programm. Allein der Name ließ Eltern nicht fürchten, ihr Kind sei psychisch krank oder hätte eine Bewegungsstörung. Den Landwirten unter den Eltern, die tagtägliche harte Arbeit gewohnt waren, leuchtete sofort ein, dass körperliche Fitness, Beweglichkeit, Schnelligkeit und Kraft notwendig sind, um im Leben voranzukommen, um das Heu einzubringen, die Tiere zu versorgen und letztlich auch die Finanzen eines Betriebes kontrollieren zu können.

Eine bewegte Schule will die Kinder von den Stühlen reißen, macht Schulräume zu Bewegungsräumen. Sie bietet Spielpausen, in denen sich die Kinder nicht um einen Schaukelplatz prügeln oder resigniert am Rande des Fußballfeldes sitzend ihr Pausenbrot kauen, sondern verschiedene Spielgeräte ausprobieren können (man google dazu einmal das fantastische Angebot des Landes Berlin unter dem Stichwort Spieletonnen). Die Materialien animieren zu vielfältigen Gruppenspielen. Hierauf gründet ein gezielter, abwechslungsreicher Sport- und Bewegungsunterricht. Dazu kooperiert man mit regionalen Partnern wie Sportvereinen, die körperliche Aktivität außerhalb des Unterrichts ermöglichen. Natürlich sind auch Wettkämpfe oder Spiel- und Sportfeste als Bewegungsangebot für eine Lernentwicklung nicht zu vernachlässigen. Egal ob in einer Dorfschule in Oberösterreich mit knapp 50 Schülern oder in einer Schule in der Großstadt Berlin mit mehreren Hundert Kindern: Bewegung beeinflusst die physische, psychische, kognitive, emotionale und soziale Entwicklung des Kindes positiv. Ich spreche hier bewusst nicht von einem pädagogischen Konzept, sondern von einem pädagogischen Grundverständnis, Kinder vom eigenen Tun zur Abstraktion, auf die sogenannte symbolische Ebene, zu bringen. Lassen wir unsere Kinder doch mit den Fingern zählen, wenn diese ihre von Geburt an gegebene „Rechenmaschine" benötigen, und zwingen wir sie nicht zum Kopfrechnen, wenn dieser dafür noch nicht bereit ist! Ich habe mich nie auf die Diskussion eingelassen, ob der Bewegungsmangel die Ursache für Aufmerksamkeitsdefizite (ADHS), Hyperaktivität oder aggressives Verhalten ist. Die Erfahrung lehrte mich immer wieder, dass Kinder lernen wollen, wissbegierig sind und wir es nur schaffen müssen, diesen Erkenntnisdrang zu befriedigen. Tun wir es gemeinsam mit den Schülern, forschen wir, singen wir und haben wir vor allem gemeinsam Spaß! Kein Kind wird jemals böse oder verärgert sein, wenn es ein bisschen mehr gefordert wird. Es wird vielleicht stöhnen, am Bleistift kauen, angestrengt in die Ferne schauen – aber dann mit erhobenem Kopf das Ergebnis präsentieren, zu dem es gekommen ist.

Ich bin immer wieder fasziniert, wie stolz Schüler sind, wenn ihnen mit einem Tintenroller ihre ersten Buchstaben und Wörter gelingen. Mit ganzem körperlichem Einsatz, gerunzelter Stirn, oftmals auch herausgestreckter Zunge, wird der Buchstabe geschrieben oder besser anfangs eher „gemalt". Man sieht es den angestrengten Gesichtern an, dass das, was die Finger hierbei tun, direkt in den Kopf geht. Unter höchster Konzentration wird die richtige Schreibweise von Buchstaben und Zahlen gelernt. Hier erfahren die Kinder auch das erste Mal, dass beim Schreiben wenig Platz für kreative Freiräume bleibt und sowohl Schreibrichtung als auch Form und Lineatur eingehalten werden müssen, damit das Geschriebene für andere lesbar wird. Deswegen halte ich es beinahe für pädagogischen „Klamauk", wenn man Kinder, die sich bereits in dieser Schreibphase befinden, noch dazu nötigt, Buchstaben mit dem Finger in einer Sandwanne zu schreiben, so gut gemeint die Idee auch sein mag.

In Oberösterreich war ich in der glücklichen Lage, Kinder vorzufinden, die körperlich trainiert waren und darauf brannten zu lernen, um endlich aus dem Makel des Kleinen, Unwissenden heraustreten zu können und den älteren Geschwistern ebenbürtig zu sein. Das Schreiben mit dem Bleistift und dann mit dem Füller war ein Riesenschritt dorthin und galt beinahe als Krönung – wurde man dadurch doch einer von den Großen, die schreiben und lesen konnten. Um den pädagogischen Arbeitsalltag aufzulockern und interessanter zu gestalten und um die Kinder weiterhin zu fordern und ihnen Anreize zu geben, ließ ich mir einiges einfallen: Wir schrieben zum Beispiel ein Kinderbuch und gewannen einen Preis bei einem internationalen Schreibwettbewerb. Und wir organisierten eine Gedichtvernissage, bei der die Schüler selbst geschriebene Gedichte optisch ansprechend präsentierten und vorlasen sowie Radiointerviews dazu gaben.

Wir häkelten die längste Schnur der Welt, um daraus Hunderte Teppiche weben zu lassen, diese zu verkaufen und mit dem Erlös den Schmetterlingskindern zu helfen. Das sind Kinder, deren Haut so dünn ist, dass sie permanent reißt. Monatelang haben die Schüler einer 4. Klasse gehäkelt, insgesamt eine über 80 Kilometer lange Schnur. Dieses Rekordprojekt stand unter dem Motto „Kinder helfen Kindern". Mehr lebensnahes Lernen in Zusammenarbeit mit den verschiedensten Kooperationspartnern an unterschiedlichen Lernorten ist kaum möglich! Politiker unterstützten das Projekt, und so gelang es, die offizielle Eintragung in das Guinnessbuch der Rekorde im Januar 2007 am Rande einer internationalen Veranstaltung – des Hahnenkamm-Skiweltcuprennens in Kitzbühel – einem großen Publikum zu präsentieren. Diese 15-minütige Präsentation war eine tolle Möglichkeit, unsere karitative Arbeit zur besten Sendezeit einer breiten Öffentlichkeit vorzustellen – ein einzigartiges Erlebnis, von dem die Schüler auch noch ihren Enkelkindern berichten werden.

Ganz nebenbei erwarben die Kinder bei diesem Projekt zusätzliche Sprachkompetenz – ein heutzutage höchst populärer Begriff. Es ging dabei jedoch nicht um Sprachbildung im Zusammenhang mit Migration und dem damit verbundenen Erlernen der jeweiligen Landessprache, sondern vielmehr um den Gebrauch der Bildungssprache im Alltag, in der Erwachsenenwelt. Das Gelernte und Geübte konnte angewandt werden; Schreiben und Lesen waren keine simplen Unterrichtsfächer mehr, sondern notwendig, um sich mit Erwachsenen verständigen zu können, um das Ziel zu erreichen, eine möglichst hohe Spendensumme einzunehmen. Oder im anderen Fall ein Buch zu schreiben, das spannend genug war, um Leser zu finden.

Auch wenn ich gemeinsam mit den Kindern viele tolle Sachen umsetzen konnte und mein Arbeitstag durch die Organisation dieser Projekte mehr als ausgefüllt war, half mir das in meiner beruflichen Entwicklung bestenfalls als Erfahrung weiter. Wollte ich mich auf eine Leitungsposition bewerben, kam es auf meine beruflichen Vorerfahrungen aber nicht wesentlich an. Es schien nicht wichtig, dass ich einen Schulbetrieb organisieren konnte. Führungskompetenz, Ziel- und Ergebnisorientierung sowie Entscheidungsfähigkeit oder Innovationskraft fielen nicht ins Gewicht. Dass ich enorm belastbar war, musste dem Landesschulrat zumindest aus der medialen Berichterstattung und wegen der vielen gemeisterten Projekte bekannt gewesen sein.

Wesentlich bei einem Schulleiterauswahlverfahren in Österreich sind bestimmte formale Voraussetzungen. Dienstalter zählt da mehr als Können. Und da konnte ich nicht so viel vorweisen wie ein alteingesessener, wahrscheinlich seit seinem 24. Lebensjahr unterrichtender Mitkandidat.

2008 kam es mir nach verweigerter Beförderung gelegen, dass mein Dienstgeber ein Stipendium für eine Fortbildung in Berlin anbot. Ich konnte in einem Ergänzungsstudiengang den European Master in Intercultural Education an der Freien Universität Berlin absolvieren. Dieser postgraduale europäische Studiengang ermöglichte mir, einen akademischen Grad zu erwerben, der in Österreich Voraussetzung für einen Führungsposten ist. Für mich war das die Chance, endlich einmal über den Tellerrand zu schauen. Ich wollte aus dem homogenen Dorfleben heraus und meine interkulturelle Sensibilität schärfen. In meiner Dorfschule war ich weit entfernt von multikulturellen Klassenzimmern. Dennoch war ich stets bemüht, den Schülern den Umgang mit Fremdheit, mit einer anderen, meist für sie neuen Kultur eines ausländischen Klassenkameraden zu erleichtern. Durch die sich langsam verändernde politische Lage und den Zuzug von immer mehr Flüchtlingen wurde es wichtig, sich darin fortzubilden. Ich wollte mehr darüber erfahren, wie Kulturen gleichberechtigt nebeneinander bestehen und ein wechselseitiger Lernprozess stattfinden kann. Bei meinen Schülern wollte ich Vorurteile in Bezug auf andere Lebensweisen abbauen und das Bewusstsein für deren kulturelle Identität fördern. Dies gelingt, indem man sich mit anderen Kulturen beschäftigt. Ich war neugierig darauf, Möglichkeiten zu finden, Kinder für verschiedene Sprachen zu sensibilisieren. Kinder ohne Kenntnisse der Sprache des Gastlandes wollte ich dabei unterstützen, sich auf angemessenem Niveau zu verständigen, damit sie in der neuen Heimat bessere Chancen hatten.

Wie schnell und intensiv die globalen politischen, sozialen, wirtschaftlichen, kulturellen und ökologischen Entwicklungen der darauffolgenden Jahre sich in meinem Berufsalltag widerspiegeln würden, ahnte ich zu diesem Zeitpunkt noch nicht. Bei meinem Weg vom Bergdorf nach Berlin kam ich in Kontakt mit unzähligen Menschen und Kulturen, mit unterschiedlichsten Weltbildern, Lebensformen und Gewohnheiten, die bei mir viele Fragen aufwarfen. Mir wurde bewusst, dass gerade in dieser Situation Bildung und Schule eine entscheidende Rolle zukommt: Die Schule vermittelt nämlich neben der Familie grundlegende Kenntnisse und Fähigkeiten und ermöglicht den Menschen, über Grenzen hinweg zu kommunizieren und gleichberechtigt miteinander zu leben. Im Nachhinein gesehen war dieser europäische Ergänzungsstudiengang ein wichtiger Schritt, um meinem Bildungsauftrag in Berlin gerecht zu werden.

2009 war natürlich noch nicht absehbar, dass auch Österreich nach 2015 bis in die friedlichsten Bergdörfer hinauf von Flüchtlingen besiedelt werden und interkulturelle Kompetenz sich in allen europäischen Ländern zu einer der wichtigsten sozialen Qualifikationen entwickeln würde. Die Berliner hatten aufgrund ihrer Metropolsituation und der Tatsache, dass sie das einzige Bundesland in Deutschland waren, in dem „Ossis" und „Wessis" gleichermaßen zu Hause waren, einen riesigen Vorsprung dabei, ein Problembewusstsein für das gedeihliche Zusammenleben von Menschen zu entwickeln, die aus verschiedenen Kulturen kommen. So dachte ich jedenfalls.

2

ERSTER
KULTURSCHOCK

EIN HUND UND zwei Katzen in einem vollgepackten Auto waren meine Gefährten, als ich im Februar 2009 in Berlin ankam. Heidi aus den Bergen im Moloch – es sollte ein Abenteuer werden, über dessen Ausmaße ich keinerlei Vorstellung hatte. Ich bin keine Hinterwäldlerin, bewege mich gerne in Metropolen. Aber bis dato halt nur für ein paar Tage. Nun wollte ich in der Großstadt sesshaft werden. Das fiel mir nicht leicht. Dem schicken Charme der mit 180 Quadratmetern riesigen Altbauwohnung meines damaligen Freundes konnte ich trotz Berliner Zimmers, zweier Balkone und eines Aufzugs direkt vor der Wohnungstür wenig abgewinnen. Die Stadt roch auch im gutbürgerlichen Bezirk Charlottenburg nach Betriebsamkeit, Stress, Hektik. Der kalte Nebel lähmte meinen Drang nach Bewegung im Freien, trotz der Nähe des Parks rund um das Schloss Charlottenburg. Ich wagte mich kaum hinaus in die neue Umgebung, die mir wie ein Dschungel vorkam. Zu Recht, wie sich gleich am zweiten Morgen erwies. Ich fand mein Auto mit einer eingeschlagenen Seitenscheibe vor. Willkommen in Berlin!

Diese Stadt atmete anders als meine gewohnte Dorfidylle in der klaren Bergluft. Sie hyperventilierte. Atemberaubend war die Geschwindigkeit, mit der ich lernen musste, wie sich kriminelle Energie brutal durchsetzt. Und wie hilflos man sich ihr ausgeliefert fühlt. Mein Freund und ich zogen nach zwei Jahren in den benachbarten Landkreis Potsdam-Mittelmark in ein nettes Einfamilienhäuschen mit geräumigem Garten. Was mich in Berlin so schockierte und ängstigte, waren die Brutalität des Alltags, das raue Miteinander der Menschen, der unaufhaltsame Verkehr, die lauten Geräusche, die Rastlosigkeit. Und es waren die täglichen Schauspiele der Armut, die mich erstarren ließen und mir die Kehle zuschnürten. Drogensüchtige oder volltrunkene Männer und manches Mal auch Frauen, die mich frühmorgens oder am Ende eines langen Arbeitstages immer wieder aufs Neue erschreckten, selbst als ich schon in Brandenburg wohnte und lediglich den Regionalzug erreichen wollte. Wilde Hunde, Tierquälerei, bettelnde Mütter mit schreienden Säuglingen – ich wollte wegschauen, konnte es aber nicht. Oft brauchte ich Tage, um die Bilder aus dem Kopf zu verbannen. Und ich spreche nicht von Übergriffen oder Tätlichkeiten, sondern vom Alltagsbild Berlins im öffentlichen Verkehr, das sehr befremdlich auf einen wirkt, wenn man es nicht von Kindheit an gewöhnt ist. Es bedurfte einer geraumen Zeit, sich an diese Bilder zu gewöhnen: Dreck auf den Gehwegen und am Straßenrand, zerschlagene Bierflaschen, Essensreste, überfüllte Mülleimer, Kondome, Erbrochenes – all die Spuren unruhiger Nächte einer Großstadt. Einer Stadt, die ihr Regierender Bürgermeister zur Partymetropole stilisieren wollte.

Viele meiner Freunde und Ex-Kollegen beneideten mich, weil sie ebenfalls gerne in der bunten, schrillen Welt voller Vergnügen und kulturellem Überangebot leben wollten, das Shoppingparadies genießen, die Stadt, in der Läden, Restaurants und Bars täglich bis in die frühen Morgenstunden geöffnet sind. Ja, dieses Berlin gab es natürlich auch, genauso wie die Villenbezirke mit den Jachten auf der Havel und am Wannsee; gepanzerte Limousinen hochrangiger Regierungsmitglieder oder Ferraris und Porsches, die auf dem Ku'damm neben meinem Gebrauchtwagen an der roten Ampel hielten; die Feinkostabteilung im Dachgeschoss des berühmten Kaufhauses KaDeWe, kurz gesagt: die Welt der Reichen und Schönen, der VIPs, der internationalen Preisverleihungen und spektakulären Großveranstaltungen. Diese Seite der Stadt konnte ich leider viel zu selten genießen, war ich doch mit meinem Arbeitstag vollends ausgelastet. Ich verstehe gut, dass Berlin jungen Menschen und Familien für eine Großstadt idealtypische Bedingungen bietet, ein abwechslungsreiches Leben zu führen, und genügend Freiräume, um sich persönlich zu entfalten. Es gibt viele Grünanlagen, Parks mitten in der Betonwüste, wunderschöne Wander- und Bademöglichkeiten. Was mir neben meinem hektischen Berufsleben inmitten der Stadt aber fehlte, war die Ruhe, um zu mir selbst zu finden. Dafür brauchte ich frische Luft und Natur. Und das bot mir Berlin nicht in ausreichendem Maße. Sicher, es gibt auch lauschige Ecken, man denke an den Grunewald und die Königsallee im Südwesten Berlins – doch verdiente ich zu wenig, um dort zu wohnen. Und mir reichten ein paar Pflanzen auf dem Balkon nicht als Naturersatz. Ich war Lehrerin, Konrektorin und Schulleiterin und hatte eine Unmenge von Aufgaben und Verpflichtungen – ähnlich wie ein Manager eines mittelständischen Betriebes. Nur dass die Besoldung im öffentlichen Dienst bekanntlich eine andere ist als die für Führungskräfte in der Privatwirtschaft.

Um den Unannehmlichkeiten des öffentlichen Nahverkehrs aus dem Weg zu gehen, blieb mir nichts anderes übrig, als mich für die täglichen 80 Kilometer Anreise und Rückfahrt zu meiner Arbeitsstelle in mein Auto zu flüchten. Es wurde meine rollende Wagenburg, in der ich unbeschadet durch den Großstadtdschungel kam. Doch musste ich auch in meinem motorisierten Zufluchtsort aufpassen beim Halt an Kreuzungen wie dem Kottbusser Tor oder am Messedamm. Hier lauerten sie schon auf mich, die Wegelagerer, die mit hastigem Wischen meine Windschutzscheibe verschmierten, um mir ein Trinkgeld abzunötigen. Ich verriegelte dann das Auto, konnte das Seitenfenster aber oft nicht schnell genug vor den flinken Langfingern hochfahren. Lief ich durch Berlins Straßen, so störten mich die mit Graffitis beschmierten Hauswände, die besprayten Parkbänke, die vermüllten Fußwege. Ich war verängstigt, fühlte mich nicht frei, und das zu einer Zeit, als viele Viertel noch keine Zonen waren, in denen kein deutsches Wort mehr zu hören ist und männliche Flüchtlinge das Straßenbild prägen wie in der Potsdamer Straße zwischen Kurfürsten- und Pallasstraße in Schöneberg-Nord. Ich war in Berlin, studierte interkulturelle Erziehung und mich beschlich das Gefühl, die studierten klugen Köpfe an der Universität versuchten, uns ein Weltbild der Diversität und Multikulturalität zu vermitteln, das es vor der Haustür in Berlins Straßen zwar gab, aber nicht in der von ihnen beschriebenen Friedfertigkeit. Schnell lernte ich, das Wort „Neger"[1] aus meinem Wortschatz zu streichen, beschäftigte mich mit Rassismustheorien, mit sozialer Ungleichheit, antirassistischer Erziehung, sah Diskriminierung und Rassismus als pädagogische Herausforderung und suchte nach der Relevanz dieses Studiums für den Schulalltag. [In den bunten Blättern las ich vor Kurzem mit Interesse, welchen positiven Effekt die Hochzeit des englischen Prinzen Harry mit Meghan Markle hatte, deren schwarze Abstammung dem englischen Königshaus zu einem ungeheuren Popularitätsschub unter der schwarzen Bevölkerung des Vereinigten Königreiches verhalf und noch mehr in den Gebieten des Commonwealth mit schwarzer Bevölkerung, etwa in der Karibik oder im Pazifischen Ozean.] Welche Werte sollte ich den Schülern vermitteln in einer Zeit, in der viele von ihnen ihre Kindheit und somit auch ihre Schulerfahrungen in einer Welt der Umbrüche erleben? Wie sah es mit dem Spracherwerb aus, wie konnte ich in einer Klasse unterrichten, in der mich überhaupt nur der kleinere Anteil der Schüler verstand? Und ich meine nicht meinen österreichischen Akzent oder das teilweise unterschiedliche Vokabular meiner Heimat. Es geht um das Verstehen der Bildungssprache Deutsch. Wie musste ich mit den großen Themenkomplexen Migration, Flucht und Globalisierung umgehen, wenn sie nicht im Fernsehen distanziert auf der Mattscheibe abgehandelt wurden, sondern ich ihnen unmittelbar im Alltag des Klassenraums begegnete?

Man könnte meinen, dass die Stunde Fahrt von der Schule nach Hause genau jenen Abstand schaffen würde, den ich brauchte, um die Arbeit hinter mir zu lassen und mich auf den Feierabend vorzubereiten. Ich hatte während der Autofahrt die seltene Möglichkeit, durchzuatmen und zu verschnaufen. Auch an kurzen Arbeitstagen hatte ich immerhin schon zehn Stunden Dienst hinter mir und wusste: Wenn ich mich für eine Verbesserung der Situation in der Schule und für die Schüler starkmachen wollte, begann jetzt der strategische Teil meiner Arbeit. Neben dem Unterrichten, den Verwaltungsaufgaben und dem Personalmanagement galt es, auch die Schulentwicklung voranzutreiben. Konkret hieß das: Berichte verfassen und E-Mails schreiben. So kam es nicht selten vor, dass ich weit nach Mitternacht die Versendung einer Mail auf sieben Uhr morgens datierte, um nicht als hoffnungsloser Workaholic abgestempelt zu werden. Waren meine Vorgesetzten solch einen Einsatz nicht gewohnt? Fühlten sie sich in die Enge getrieben? Wurde ihnen deutlich, dass das von mir an den Tag gelegte Engagement eigentlich von ihnen hätte ausgehen müssen oder dass sie es von allen Schulleitern erwarten müssten?

Ob ich eine gute Lehrerin bin oder nicht, kann ich nicht beurteilen. Zumindest habe ich immer versucht, das Maximum aus den Schülern herauszuholen. Ich habe es abgelehnt, die Schwachen durch das Herabsetzen der Leistungsanforderungen an die gesamte Klasse zu fördern. Mir war wichtig, auch die leistungsstärkeren Kinder zu fordern. Mag sein, dass es für die Eltern meiner Berliner Schüler ungewohnt war zu sehen, dass ihre Kinder täglich Hausaufgaben in Mathematik und Deutsch bekamen und sie als Eltern in den Bildungsauftrag miteinbezogen wurden, zum Beispiel mit meiner Bitte, die Leseübungen zu kontrollieren. Es war wahrscheinlich auch gewöhnungsbedürftig, im Haushalt wöchentlich immer wieder neue Lernwörter auf Türen, Regalen oder auf dem Fenster vorzufinden. Die Kinder sollten diese Merkwörter in ihrer häuslichen Umgebung anbringen, um sich auf das Diktat am Freitag vorzubereiten. Der Erfolg wurde sichtbar. Die Kinder lernten, systematisch mit Lerninhalten umzugehen, eigneten sich Wissen an und freuten sich über gute Noten.

Es gab viel zu lernen, auch für mich, und so startete ich im Februar 2009 als engagierte, energiegeladene Lehrkraft in multikulturellen Klassenzimmern in Berlin durch. Ich hatte mir meine Einsatzorte nicht ausgesucht – schon damals war der beginnende Lehrkräftemangel genau in diesen Schulen zu spüren, war Unterstützung durch verlässliche Kollegen gefragt. So kam ich als Krankheitsvertretung in eine Grundschule im Bezirk Tempelhof-Schöneberg, wo ich vier Schuljahre später eine andere Grundschule als Rektorin übernehmen sollte.

In Tempelhof musste ich zunächst meinen Platz finden – als Erstes einen Parkplatz. Reservierte Parkmöglichkeiten für Lehrer waren spärlich. So drehte ich meist um 7:15 Uhr im Rushhour-Frühverkehr ein paar Runden um den Block. Hatte ich mein Auto dann endlich verkehrssicher geparkt, begrüßte mich hinter der schweren hölzernen Eingangstür der Hausmeister. Bei uns in Österreich heißt dieser Schulwart und ist bei der Gemeinde angestellt. Meist läuft er im Blaumann herum und erledigt alle kleinen Instandhaltungsarbeiten in der Schule. Im Winter veranlasst er die Schneeräumung und im Sommer mäht er den Rasen. Schultische und Bänke kontrolliert er auf Schäden und er hilft mit, das Schulhaus sauber zu halten. Er ist zumeist männlich und die gute Seele einer Volksschule, für die Kinder eine väterliche Figur und für die vielen Lehrerinnen der Mann, an den sie sich bei technischen Nöten im Klassenraum wenden können.

In der Schule in Tempelhof fungierte unser Hausmeister, wie ich überrascht feststellte, hauptsächlich als Aufsichtsperson. Er saß in seiner Portiersloge, den Blick auf die große Eingangstreppe gerichtet, und kontrollierte freundlich das Ankommen der Kinder. Eltern durften nur an ihm vorbei, wenn sie im Sekretariat angemeldet waren. So wurde verhindert, dass ganze Horden von ihnen die Treppen überfluteten und sich auch nach dem Läuten zu Unterrichtsbeginn noch über viele Stockwerke bewegten. Gleichzeitig garantierte der Hausmeister durch bloße Präsenz Ordnung. Ja, Ordnung. Unter seinem wachsamen Auge stürzten die Schüler nicht Hals über Kopf mit Rempeleien die Treppe hinauf oder hinunter, auch wenn keine Lehrkraft sie beaufsichtigte. Der Hausmeister war ein wirksames Regulativ, das Ruppigkeiten oder gar Gewalt von vornherein eindämmte – falls die Schule das Glück hatte, die Hausmeisterstelle überhaupt besetzt zu bekommen. Und falls der Hausmeister nicht permanent krank war. Oder zu tief ins Glas geschaut hatte, um seinen Dienstpflichten noch nachkommen zu können. Dafür brauchte man jedoch ein Portierzimmer im direkten Eingangsbereich. Das Arbeitspensum des Hausmeisters musste es zulassen, bei pädagogischen Aufgaben zu helfen, ohne dadurch Unmengen von Überstunden anzuhäufen. Und schließlich, als wichtigste Bedingung: Er musste sich bei kleinen wie großen Schülern sowie deren Eltern durchsetzen können. So ein Hausmeister könnte einen Wachdienst oder einen Schulsozialarbeiter ersetzen. Dafür müsste er allerdings entsprechend qualifiziert sein, das nötige „Standing" mitbringen und angemessen bezahlt werden.

Meine Grundschule war ein Komplex mit großem Innenhof und unzähligen Klassenräumen. Inner- und außerhalb des Gebäudes herrschte lebhaftes Treiben, das mich überraschte. Später lernte ich, dass das Verhalten der Schüler in dieser meiner ersten Grundschule in Berlin im Nachhinein als äußerst gesittet zu bewerten ist und die Pädagogen bemüht waren, die Kinder immer wieder an die Einhaltung der Schulordnung zu erinnern. Es wurde speziell darauf geachtet, dass die Schüler sich ruhig und gemäßigt in den Fluren bewegten. Das war für eine Schule mit einer Gesamtschülerzahl von über 500, von denen die knappe Hälfte von Kulturen geprägt war, in denen man seiner Lebensfreude mit fröhlichen Zurufen Ausdruck verleiht, eine beachtliche Leistung. Ich kam allerdings von einer Dorfschule mit 50 Schülern und war gewohnt, dass sich die Kinder in Zweierreihen an den Händen haltend den Flur entlang anstellen und danach leise und geordnet durchs Schulgebäude „schleichen". Auch das äußere Erscheinungsbild der Schüler verunsicherte mich: Meist schauten mich dunkle, große Kulleraugen an, Mädchen mit langem, festem schwarzem Haar liefen an mir vorbei, und viele Jungen waren zu schwer für ihr Alter. Manchmal traf ich auf ein kleines Mädchen mit einem Kopftuch. Neu war für mich, dass die Mütter häufig ihre Körperformen unter schweren, meist dunklen, langen Kleidern versteckten und ihr Haar verschleierten. Entweder trugen sie einen Hidschab (also ein Kopftuch, das Haare, Ohren, Hals und Ausschnitt bedeckte) oder sogar einen Tschador, einen langen Mantel, der Kopf und Körper verbarg. Manche trugen auch einen Niqab, eine Ganzkörperverhüllung, die nur einen Schlitz für den Blick in die Welt freiließ. Die ganze Anmutung erinnerte mich an Basare in der Türkei oder in Nordafrika. Das hatte ich in Deutschland nicht erwartet.

Alle Dimensionen in Berlin versetzten mich in Erstaunen. Hier waren zwei Klassen so groß wie meine ganze Schule daheim. Vier Stockwerke war das Gebäude in Tempelhof hoch. Was der Aufzug zur privaten Altbauwohnung mir an Treppensteigen ersparte, musste ich im Dienst mehrmals täglich nachholen. Hatte ich in Österreich eine Handvoll Kollegen, mit denen ich mich abstimmen musste, fand ich nun eine Belegschaft von 50 Lehrkräften vor. Hinzu kamen die Erzieher, die den für den Nachmittag angeschlossenen Hort leiteten. Ich musste mich daran gewöhnen, dass zwei Personen an der Spitze der Schule standen: eine Schulleiterin und eine Konrektorin. Auch daran, dass es ein eigenes Sekretariat und ein Amtszimmer für die Schulleiterin gab. Ich kannte so eine Leitungsfunktion nur als One-Woman-Show.

Die Klassen 1 bis 3 waren altersgemischt. Das heißt „JüL 3", steht für Jahrgangsübergreifendes Lernen und bedeutet, dass Schüler der ersten bis dritten Jahrgangsstufe in die gleiche Klasse gehen. Das Kollegium hatte sich dafür entschieden, weil die Kinder dabei länger in einer Gruppe zusammenbleiben. Das verringert die Konkurrenz untereinander und fördert soziale Kompetenzen, weil die Drittklässler als Paten die Verantwortung für die Erstklässler übernehmen. Ich kannte dies schon aus meiner Dorfschule. In Berlin war es üblich, die Jahrgangsgruppen nach kindgerechten Symbolen zu benennen. Vermutlich wollte man so verhindern, dass jüngere Kinder sich als die Kleinen diskriminiert fühlen. An meiner Schule hatte ich es mit Klassen zu tun, die sich jeweils zu etwa einem Drittel aus Sonnen (1. Klasse), Monden (2. Klasse) und Sternen (3. Klasse) zusammensetzten. Ab der Jahrgangsstufe 4 wurden die Kinder in Jahrgangsklassen (4., 5. und 6. Klasse) unterrichtet, die keiner besonderen Namensgebung bedurften. So fand man hier wie schon zu meiner Schulzeit eine 4a, 4b, 5a und so weiter vor.

Auf der Homepage einer Neuköllner Grundschule wird JüL 3 wie folgt erklärt: „Die Schüler bleiben normalerweise drei, manchmal aber auch zwei oder vier Jahre in ihrer JüL-3-Klasse. Leistungsstarke Kinder können problemlos den Stoff der höheren Klassenstufe ausprobieren und feststellen, ob sie ihn auch wirklich bewältigen. Es ist so auch ein Überspringen einer Klassenstufe möglich, ohne dass die Klasse gewechselt werden muss. Ebenso kann ein Kind ein viertes Jahr in seiner JüL-Klasse bleiben, also sich den Unterrichtsstoff von drei Jahren in vier Jahren aneignen, ohne die Klasse verlassen zu müssen. Darüber, ob ein Kind ein viertes Jahr in der JüL-Klasse verweilt, wird oft erst kurz vor dem Wechsel in die 4. Klasse entschieden. Bis dahin kann das Kind in Ruhe seinem individuellen Lernweg folgen. Kein Kind ist auf diese Weise immer das leistungsstärkste, kein Kind ist immer das leistungsschwächste. Auch ein leistungsschwaches Kind erlebt, dass es Lernfortschritte macht und schon mehr weiß als andere Kinder. Kein Kind muss sich mehr langweilen, weil es schon mehr kann als andere Kinder in seiner Altersstufe."[2]

Im Kollegium, unter den Eltern und in der Öffentlichkeit gab es auch Vorbehalte und Bedenken gegenüber dem jahrgangsübergreifenden Lernen. Zunächst habe ich als Fachlehrerin in der JüL 3 Mathematik unterrichtet, bevor ich die Klasse nach den Osterferien als Klassenleiterin übernahm. Man war froh, dass ich als Neue dieser Herausforderung des Unterrichtens gewachsen war, und ich freute mich, endlich auch für den Deutschunterricht verantwortlich zu sein. Ich musste also vor allem die Kunst des jahrgangsübergreifenden Unterrichtens beherrschen und daneben den vielen Kindern mit geringen Deutschkenntnissen beim Spracherwerb helfen. Natürlich tickt jede Schule, jede Klasse und jedes Kollegium anders und hat andere Arbeitsmöglichkeiten, Regeln und Eigenheiten. Aus meiner Dorfschulklasse in Österreich kannte ich es so: Titus sitzt neben Adelheid, die sich beide in der Mundart ihrer alpenländischen Region unterhalten. In Berlin sitzt Mehmet nie neben Aysha, weil der große Bruder oder der Cousin von Mehmet ihn verprügeln würde, wenn er herausfände, dass er mit einem Mädchen die Schulbank teilt. Außerdem würde Ayshas Vater in meiner Sprechstunde erscheinen und darauf bestehen, dass die Jungfräulichkeit seiner siebenjährigen Tochter geschützt wird. Wenn die deutsche Schule es schon nicht fertigbringe, Jungs und Mädchen in verschiedenen Klassen zu trennen, müsse zumindest eine gewisse Sitzordnung gewahrt sein.

Es ist wichtig, in der Klasse zunächst Regeln einzuführen, die einen gemeinsamen Unterricht zulassen. Auch müssen die Kinder lernen, dass es Arbeitsphasen gibt, in denen zugehört und nicht gequatscht wird. Die Selbstständigkeit der Kinder zu fördern bedeutet nicht, dass jeder machen kann, was er will. Es ist zunächst wichtig, eine Arbeitsatmosphäre herzustellen. Dazu gehört, dass man nicht beliebig seinen Platz verlassen kann, etwa um ein Brot zu essen, sich ein Spiel zu holen, seinem zwei Gruppentische weiter hinten sitzenden Freund etwas mitzuteilen oder einfach Pause zu machen. Auch das Antworten auf Fragen in ganzen Sätzen muss trainiert werden, um sich anderen Klassenkameraden mitteilen zu können.

Zusätzlich sollen die Eltern nach Möglichkeit miteingebunden werden: So ist es ihre Aufgabe, die Schultasche zu „entmüllen" und für den nächsten Schultag vorzubereiten, Essensreste zu entsorgen und die Federtasche zu sortieren. So viele ungespitzte Bleistifte, nicht mehr schreibende Filzstifte, fehlende Tintenpatronen, eingetrocknete Tintenkiller und abgebröselte Radiergummis wie hier hatte ich noch nie erlebt. Häufig konnten die Schüler nicht arbeiten, weil die elementarsten Materialien kaputt waren oder fehlten.

Ich war schockiert, wie viele Kinder ohne Deutschkenntnisse mich in den gemischten Klassen erwarteten. Es war fast die Hälfte der Schüler. Unterschiedliche Muttersprachen, Lebensalter und Kenntnisstände in ein und demselben Klassenverband – das verunsicherte sogar mich, obwohl ich mich schon in Österreich an die Maxime gehalten hatte: „Language first!" Einen Bauernjungen muss man von seinem Dialekt an die Hochsprache heranführen. Ein Kind aus einer

Erster Kulturschock

Unterschichtfamilie muss lernen, seine Ausdrucksweise zu erweitern. Und Schüler mit fremder Muttersprache sind von Grund auf Deutsch zu alphabetisieren. Sprache ist der Schlüssel zu Bildung und gesellschaftlichem Erfolg. Die Sprachförderung ist daher eine der zentralen Aufgaben der Grundschule. Ich wollte mich der Herausforderung stellen, die sprachliche Kompetenz dieser Kinder zu vertiefen, um ihre individuellen Handlungsmöglichkeiten in der Gesellschaft zu erweitern. Daher beschloss ich, mit den Schülern die erste Berliner Kinder-Gedichte-Vernissage zu organisieren. Didaktische Vorerfahrungen hatte ich schon in Österreich sammeln können. Nun galt es, das Projekt den Berliner Verhältnissen anzupassen. Als wir im Mai/Juni 2009 loslegten, besuchten meine Klasse 27 Mädchen und Jungen, zehn im ersten, elf im zweiten und sechs im dritten Schuljahr. 13 Kinder hatten einen sogenannten Migrationshintergrund, das heißt, mindestens ein Elternteil hatte Deutsch nicht als Muttersprache und war nicht in Deutschland geboren. Die Familien zu Hause sprachen Türkisch, Griechisch, Serbokroatisch, Polnisch, Hindi und Arabisch.

Als ich die Deutsch-Arbeitshefte des vorangegangenen Halbjahres dieser Klasse durchsah, fiel mir auf, dass alle Arbeitsaufträge erledigt waren, in denen etwas auszumalen, nachzuzeichnen oder nur kurz auszufüllen war. Aber jene Seiten, auf denen es um Textverständnis und Schreibaufträge ging, waren fast immer leer geblieben. Ich sah mich vor die Aufgabe gestellt: Wie kann ich diese Kinder zum Schreiben motivieren, wie können sie selbstständig und schöpferisch mit Sprache umgehen? Wie kann man eine so mühsame Tätigkeit wie Schreiben mit Spaß und Lust verbinden? Das Geheimnis ist: Alltag und Bildungssprache müssen eine sinnvolle Verbindung eingehen. Das Kind muss in seiner persönlichen Wirklichkeit erfahren können, wie hilfreich es ist, sich präzise auszudrücken, argumentieren, begründen und diskutieren zu können. „Der ‚maximale Lernerfolg' stellt sich genau dann ein, wenn der Drill abgelöst wird durch die Herausforderung, Probleme in der Wirklichkeit zu lösen und sich die Welt im Humboldt'schen Sinne anzuverwandeln." Das schrieb mir

Jürgen Zimmer, Emeritus-Professor für Erziehungswissenschaften der FU Berlin, der zur Zeit unserer Ausstellungsvernissage bei der Entwicklung eines zweiten „School for Life"-Projekts in Thailand engagiert war und dem ich die Arbeitsergebnisse der Kinder zugesandt hatte. Aus dem Mathematikunterricht wusste ich, dass die Kinder in meiner Klasse Freude an der Arbeit hatten, solange sie ihrem Leistungsvermögen entsprechend gefordert wurden, selber Erfolgserlebnisse erzielen und kreativ tätig werden konnten. Ähnliches liest sich auch in den Begleitschriften zu dem von Ingrid Gogolin geleiteten Forschungsprojekt „Förmig"[3], dessen Ergebnisse in Berliner Lehrkräfte-Weiterbildungen einflossen. Der Aufbau von Textkompetenz müsse im Kindergarten- und frühen Grundschulalter beginnen: „Kinder hören Geschichten, lernen Bücher kennen und erfahren, dass sie sich über die Sprache (oder Sprache und Bilder) neue Vorstellungs- und Gedankenwelten erschließen können." Diese Einsichten prägten auch den Ansatz meiner Projektidee. Doch wie viele Kinder konnten bereits solche Erfahrungen sammeln? Wie vielen wurden noch Geschichten vorgelesen oder Wimmelbilder in Geschichten gepackt?

Unser Projekt musste so interessant sein, dass alle Kinder einen Sinn darin erkennen konnten, Aufgeschriebenes zu reproduzieren, also still zu lesen, um es zu verbessern, oder vorzulesen, um ein kritisches oder bestätigendes Echo zu erhalten. Darüber redeten wir. Die Kinder meinten, sie wollten nicht immer das schreiben, was irgendwo in einem Arbeitsbuch oder auf Aufgabenbogen stand. Sie wollten etwas Eigenes machen, selber schreiben.

Wie sollte das gehen? In einem Gesprächskreis versuchten wir, folgende Fragen zu beantworten: Wozu muss man etwas aufschreiben? Welche Schriftformen kennen wir außer unseren Schulheften und -büchern? Es begann ein erstes Brainstorming. Ein Brief, eine E-Mail, eine SMS, eine Einkaufsliste, eine Geschichte, eine Zeitung, eine Illustrierte, ein Fernsehprogramm, Comics mit SpongeBob, Asterix, Lucky Luke, Micky und seinen Gefährten aus Entenhausen. Was würden wir gern aufschreiben und wieder (vor-)lesen? Für Helden aus Kinderbüchern könnte man neue Abenteuer erfinden: für Spiderman oder Superman, für Lillifee, die kleine Hexe, Pippi Langstrumpf, Pu, den Bären, auch für Märchenfiguren. Über Tiere könnte man schreiben, über Dinos, Hasen, Hunde, Katzen, Pferde, Wellensittiche und Meerschweinchen. Dann kamen die Gegenargumente: Das sei alles zu lang, zu schwer oder es interessiere nur wenige. Schließlich fanden einige Kinder heraus, dass Gedichte und Liedtexte, also gesungene Gedichte, vielleicht für alle, die Kleinen und die Großen, zu schaffen waren.

In meinen ersten Wochen in der Berliner Schule hatte ich Vorleseübungen moderiert. Diese Schule beteiligt sich seit Jahren an dem innerschulischen, bezirklichen und letztlich landesweiten jährlichen Vorlesewettbewerb. Als Schul-AG bot ich Chorsingen an. In beiden Veranstaltungen konnte ich erleben, wie viel Freude viele Kinder an Poesie, an gereimten Texten, am experimentierenden Umgang mit Sprache hatten. Das konnte also klappen. Wir wollten Gedichte schreiben.

Sogleich stellte sich die Frage: Welches Thema war umfassend und spezifisch genug, um alle beteiligten Kinder lange genug zu fesseln? Da half eine frühe Hitzewelle im April. Sie gab den Ausschlag, sich für den „Sommer" zu entscheiden. „Sommer, Ferien, Urlaub, Reise", das hatten alle schon erlebt, darauf konnte man sich jetzt schon freuen. Es stand noch eine lange Schulzeit bevor, fast drei Monate bis zu den Sommerferien, die nur durch wenige unterrichtsfreie Tage unterbrochen wurde. Da machte es Spaß, sich bereits vorab mit den Freuden des Sommers zu beschäftigen, zu träumen, zu planen, vom letzten Jahr zu berichten und das auch künstlerisch zu gestalten. Mit dem Jahreskreislauf zu arbeiten, ist ohnehin eine sichere Bank, denn alle Kinder können ihre eigenen Erlebnisse, Vorlieben und Ängste zum Ausdruck bringen. Darüber hinaus würden wir auf Ausflügen und im Unterricht anderer Fächer verwandte Themen bearbeiten und unsere gemeinsamen Erfahrungen und Erlebnisse dokumentieren und auswerten. Um allen das Schreiben zu ermöglichen, machten die Kinder ein Brainstorming zum Thema Sommer. An der Tafel sammelte ich auf Zuruf Wörter, deren Schreibweise man kennen musste, um später Texte entstehen zu lassen. Hier sind einige Beispiele der von uns gebildeten Wortfamilien: Mückenstich und Sonnenstich, Sonnenbrand, Sonnenbrille, Sonnenstrahl, Sonnenschein, Fahrschein. Für das Wortfeld Gewässer waren es etwa Meer, See, Fluss, Kanal, Bach, Teich, Planschbecken; zum Wortfeld Eis fiel den Kindern Eis essen, Schokoladeneis, Erdbeereis, Tüte, Waffel, Becher, Lolli ein. Wollten wir in der Klasse miteinander reden, brauchten wir Wörter, das verstanden alle. Sonst wären wir nicht in der Lage, Konflikte zu lösen, und müssten unsere Meinungsverschiedenheiten mit den Fäusten austragen. „Darüber hinaus ist die Wortschatzarbeit für die Rechtschreibung, das Leseverstehen und die Kommunikation von besonderer Bedeutung. Ein quantitativ und qualitativ ausreichender Wortschatz ist Voraussetzung sowohl für ein differenziertes Leseverständnis als auch für die gelingende Gesprächsführung und für einen sach- und situationsangemessenen schriftlichen Ausdruck. Gerade für Kinder, deren Herkunftssprache nicht Deutsch ist und/oder die aus eher bildungsfernen Elternhäusern kommen, ist systematische Wortschatzarbeit im Unterricht unerlässlich, brauchen sie doch in allen oben genannten Kompetenzbereichen eine besondere Unterstützung."[4]

Die Wörter wurden auf Karten geschrieben, die wir für den allgemeinen Gebrauch in Kästen sortierten. Die Kinder konnten den neuen Wörtern überall wiederbegegnen: auf Plakaten im Klassenraum, als Übungsaufgabe für die Schreibanfänger, als Anregung, Reimwörter hinzuzuerfinden oder entgegengesetzte Begriffe zu bilden. Die Kleinen mussten sich mit einfachen Wörtern beschäftigen, indem sie sie vom Graphem (Buchstaben) über die Silbe zum ganzen Wort aufbauten und wieder abbauten (M-Ma-Mam-Mama). Es gab Buchstaben- und Wörterpuzzles, um alle drei Klassenstufen je nach Lernfortschritt und Kenntnisstand angemessen zu fordern und für die selbst gesetzte Aufgabe fit zu machen. Und wir haben Sätze zum „Sommer" gewürfelt: Auf dem ersten Würfel waren Substantive, die den Sommer repräsentieren, auf dem zweiten fand man einschlägige Adjektive, auf dem dritten zum Sommer passende Verben.[5] Die älte-

ren Kinder machten aus ihren Notizen vollständige Sätze und über-
prüften sie auf Richtigkeit.

Für alle waren Zweiwortsätze wie „baden gehen" oder „Eis essen"
die Initialzündung zum Beschreiben von Sommererlebnissen und
weckten die Vorfreude auf eine Zeit, in der man im Freien schöne
Dinge mit der Familie oder Freunden unternehmen kann. Dazu sollten Gedichte entstehen. Alle hatten jetzt Pläne, was sie schreiben
wollten. Das war nicht mehr schwer, wenn man wusste, dass die benötigten Wörter alle irgendwo in der Klasse zu finden waren und
man die Älteren um Hilfe bitten konnte. Bald hatte fast jeder seinen
eigenen Wörterkanon, der wiederholt abgeschrieben wurde – in
unterschiedlichen Formaten, auf farbigem Karton oder extra ein-
gefärbtem Papier. So entstand eine ganz individualisierte Lernhilfe
für jedes Kind. Ich hatte lustige Karikaturen und Zeichnungen aus
dem Internet ausgedruckt. Die konnten beschriftet werden und später beim Schreiben der Gedichte als Lernhilfe dienen. Die Stapel der
Produkte wuchsen. Die falsch geschriebenen Wörter wurden korrigiert; bei den Kleinen kam es zusätzlich darauf an, Ober- und Unter-
längen der einzelnen Buchstaben richtig auf der Linie zu platzieren.

Zum Glück gab es in der Schule eine eigene Filiale der bezirklichen
Jugendbibliothek – einen in eine „Leseinsel" umgewandelten
Klassenraum. Hier standen fast 3.000 Bände, darunter auch Sach-
bücher sowie Kinder- und Jugendlexika. So konnten unsere leseser-
sierten Drittklässler als Spurensucher und Materialdetektive selber
darin stöbern oder sich von den dort tätigen Mitarbeiterinnen beraten lassen. Jedenfalls lernten alle aus den Berichten und Beispielen,
die die „Großen" mitbrachten, zeigten und vorlasen. Wie keine andere Sprachform hilft die Lyrik, Gefühle und Gedanken zu vermitteln.
James Krüss' „So viele Tage das Jahr hat" und mehrere Kinderlieder-
und Kinderreim-Bücher, die die Schüler auch von zu Hause mitbrachten, boten den Älteren Anregungen, die sie den Jüngeren mitteilen wollten. Allmählich wurden die Gedichte fertig. Im Anschluss
wurden Bilder gemalt, die Gedanken aus dem Gedicht aufnahmen
und sie originell präsentierten.

Kapitel 2

Einige Kinder bekamen mithilfe einer befreundeten Dozentin eine Übersetzung ihres Gedichts in die Familiensprache. Die beiden Fassungen wurden gemeinsam ausgestellt. Hier ist ein Beispiel:

Sommermücken

Erholung im Park,
Eis essen mit Frenden
Erholung im Park,
Sonnenstrahlen blenden mich.
Mücken stechem,
Mückenstiche jucken.
Sonnenstrahlen blenden meine Augen.
Eis essen -
ich vergesse den Mückenstich.

Dinlenme

Kuşlar parkta cıvıldıyorlar,
Suların içinde oynamak çok keyifli.

Parkta ve güneşin altında dinleniyorum.

Kuşlar,
gürültü yapıyorlar
motorlu tekne de

Böylece yüz üstü
yatarak güneşleniyorum.

Damit die ästhetische Komponente des Lesens nicht zu kurz kam, sollten Bilder es unterstützen. Wir überlegten uns, welche der zentralen Sommer-Symbole sich gut darstellen ließen und wie man das variieren konnte, damit sich nicht alle Bilder glichen. Sonne, Schmetterling, Wasser, Eis, Sonnenbrille, Sand und Badehose lassen sich leichter malen oder zeichnen als Fahrrad oder Baumhaus. Man konnte aber auch einen Sachtext über die Sonnenblume in Schönschrift in die vorgezeichnete Form dieser Blume hineinschreiben.

Als das Projekt und seine Präsentationsform bereits Gestalt angenommen hatten, sollten die Schüler bei ihrer Vorstellung beschreiben, wie sie sich beim Ausdenken und Schreiben der Gedichte gefühlt hatten. Hier ein paar Beispiele: „Ich schreibe gerne Gedichte, weil es sich so schön anfühlt, wenn ich Gedichte schreibe." „Ich schreibe gerne Gedichte, weil es Spaß macht und ich damit meine Freunde unterhalten kann." „Ich mag Gedichte, weil die lustig sein können." „Ich mag Gedichte sehr gerne, aber das Schreiben kann ich noch nicht so gut." „Bis ich aufschreibe, was mir einfällt, ist es auch schon wieder weg."

Auch im Mathematikunterricht nahmen wir unser Thema auf. Eintrittspreise und Fahrgeld, die Preise für gekühlte Getränke oder Unkostenbeiträge für Klassenausflüge wurden Inhalt von Sachaufgaben. Im Sachunterricht passte es gut, dass viele Kinder in den Ferien Verwandte in den Herkunftsländern ihrer Familien besuchen wollten. So konnten wir auf dem Globus, auf der Kinderlandkarte und mit Unterstützung der pädagogischen Fachkräfte auch im Internet diese Länder suchen und markieren. Die Ländernamen waren teilweise schwierig zu schreiben, das übernahmen die Älteren. Ich stellte laminierte Wortkarten her und wir hefteten sie an Fotos der Kinder, die wir an den Korktafeln des Klassenzimmers anbrachten. In den Bereich der Gesundheitserziehung und Unfallprävention fielen Unterrichtsgespräche zu Baderegeln und Hautschutz gegen Sonnenbrand. Unsere regelmäßigen Exkursionen und Wandertage führten nun aus aktuellem Anlass in den Britzer Sommergarten, wo die Kinder im Wasser toben und planschen konnten, ohne dass die Nichtschwimmer unter ihnen in Gefahr gerieten. Bei einem Ausflug an den Teufelssee im Grunewald konnten wir die Badewachen der DLRG befragen und die Kinder lernten, dass man nicht unmittelbar nach dem Essen oder sehr erhitzt ins Wasser gehen soll.

Es blieb noch die Frage nach der konkreten Vorbereitung der Vernissage. Wer musste ins Boot geholt werden? Kinder, Eltern, Kollegen, Schulleitung, gewählte Repräsentanten, Sponsoren, Öffentlichkeit, Presse, Kommilitonen aus dem Studiengang, Dozenten aus den lehrerbildenden Fachbereichen der Freien Universität. Denn die Arbeitsergebnisse der Kinder sollten nicht nur in der Schule, sondern einer breiteren interessierten Öffentlichkeit, nämlich Lehramtsstudierenden und ihren Ausbildern im Fachbereich Erziehungswissenschaft und Psychologie, präsentiert werden. Dazu wollten wir uns gemeinsam mit unserem Sommergedicht vorstellen. Von jedem Kind gab es ein Foto und wir besprachen, was sie über sich mitteilen möchten, wie alt sie sind, welche Sprachen sie mit wem sprechen und in welchem Land ihre Eltern geboren sind.

In einem Hörsaal trafen wir als Klasse mit den Studierenden und allen Interessierten der Fachbereichsveranstaltung in der FU zusammen. All jene Kinder, die das Reden weitgehend ihrer Lehrerin, Mutter oder Vater überlassen wollten, sollten aber nicht nur stumme Zuhörer und später Erklärer der Bilder sein, sondern sich gemeinsam mit einigen Liedern vorstellen. Das hatten wir vorab geprobt. Die Lieder hatten die Chorkinder der Klasse vorgestellt und mit ihnen eingeübt.

Die Ausstellung fand im großen Foyer des oberen Stockwerks des Henry-Ford-Baus statt. Mithilfe des Hausmeisterteams bauten wir die Ausstellung auf. Leider konnte sie nur eine Nacht hängen bleiben, da die Räumlichkeiten für das Wochenende bereits vergeben waren. Mitarbeiter des FU-European-Master-Teams und einige Eltern halfen beim Transport der Ausstellungsobjekte und bei der sachgemäßen Befestigung. Der Gebäudetechniker unterstützte uns bei den Projektionen an die Leinwand des Hörsaals, der Regulierung des Saallichtes, der Verdunklung und der Lautsprecheranlage.

Um sicherzustellen, dass die Mühe, die die Kinder in ihre Arbeit gesteckt hatten, und die Anstrengungen beim Lernen und bei der Präsentation der Arbeitsergebnisse belohnt würden, kontaktierte ich einige Dutzend Unternehmen und bat sie um Unterstützung unseres Projekts. Vor allem sollte ein gesundes Catering gefunden und passend zum Sommer-Motto auch Eis zur Belohnung angeboten werden. Das Berlin Marriott Hotel war schließlich bereit, uns zu versorgen. Die Direktoren sowie die Servicemanagerin ermöglichten, dass alle Gäste ein exorbitantes Angebot an Speisen und Getränken erfreute. Für die Kinder war eine eigene Tafel mit kindgerechten Spezialitäten eingedeckt und das umsichtige Personal kümmerte sich speziell um die kleinen „Dichter". Für die Erwachsenen gab es Stehtische und ein Büfett. Der Kanzler der Universität gestattete sogar die Nutzung der VIP-Küche im Senatstrakt des Gebäudes. Außerdem sollte die Fürsprache der höchsten politischen Repräsentanten des

Staates und prominenter Wissenschaftler öffentliches Interesse wecken, um das nötige Geld zusammenzubekommen und dem Projekt
in den Augen aller mittelbar und unmittelbar Beteiligten Motivation
und Anerkennung, Breitenwirkung und Nachhaltigkeit zu verschaffen. Die zuständigen Referenten von Bundespräsident Köhler,
Bundeskanzlerin Merkel und dem Berliner Regierenden Bürgermeister Wowereit reagierten mit anerkennenden, unterstützenden
Schreiben, ebenso der Chicagoer Ökonom und Nobelpreisträger
James Heckman, den ich auf seiner „distinguished lecture" an der
HU Berlin kennenlernte, wo er den hohen volkswirtschaftlichen
Nutzen von Investitionen in die frühkindliche Bildung vorgerechnet
hatte. Der Veranstalter dieser Lecture, der Direktor des MPI für
Bildungsforschung, Professor Baumert, bot mir ein beratendes Ge-
spräch an. Der Senator für Bildung, Wissenschaft und Forschung,
Professor Zöllner, ließ seine Fachreferentin antworten, die eine Mit-
arbeiterin schon in unsere vorbereitende Arbeit in der Klasse und als
Vertreterin der Senatsverwaltung in die Vernissage entsandt hatte.
Ekkehard Band, der Bezirksbürgermeister von Tempelhof-Schöneberg, übernahm schließlich die Schirmherrschaft für die Veranstaltung und beteiligte sich mit 100 Euro an der Finanzierung des
Busses, der die Kinder von der Schule in die FU und wieder zurück-
brachte. Viele bezirkliche Funktionsträger zeigten Interesse und
wünschten gutes Gelingen. Der Dekan des Fachbereichs für Erziehungswissenschaften und Psychologie, Professor Dr. Kuper, begrüßte die Kinder auf der Eröffnungsveranstaltung.

In *campus leben*, der Onlinezeitung der Freien Universität Berlin,
erschien am 19.6.2009 ein Bericht über unser Projekt: „Deutschunterricht muss nicht langweilig sein – und eine Universität nicht nur ein
Ort für Erwachsene. Das bewiesen die Kinder der Tempelhofer
Grundschule, die mit ihrer Lehrerin Doris Unzeitig die erste ‚Kinder-
Gedichte-Vernissage' an der Freien Universität Berlin mit Gesang
und Lyrik eröffneten. [...] Ziel des Projekts [...] war [...] das asso-
ziative und freie Spiel mit Sprache und Dichtung – ein Schlüssel für
die Entfaltung von Kreativität und Ausdruckskraft. [...] Die Poesie-

stücke erzählten von traumhaften Augenblicken, von der Schönheit des Sommers und vom bezaubernden Reichtum der Sprache [...] – ob auf Türkisch, Deutsch oder Polnisch."

War all der Aufwand die Sache wert? Auf jeden Fall! Wer die Kinder gesehen hat, wie selbstsicher und mutig sie sich auf solch einer großen Bühne präsentierten und welche enormen Kräfte sie beflügelten, wird verstehen, dass wir als Grundschulpädagogen die Verpflichtung haben, zu solchen Entwicklungsschüben zu befähigen und derartige Höchstleistungen zu ermöglichen. Später erfuhr ich, dass sich Freundinnen oder Freunde in den Ferien geschrieben hatten: „Ich war jetzt dort, wo deine Eltern herkommen." Lange nach der Ausstellung erhielt ich viele an mich oder die Klasse gerichtete Urlaubsbriefe und Ansichtskarten, die die Thematik variierten oder die Wortmuster der Gedichte-Vernissage aufnahmen. Es waren sogar neue „poetische Versuche" darunter.

Viele Schüler hatten Lust zum Schreiben bekommen und sich kreativ mit Sprache auseinandergesetzt. Das ist es, was mich immer wieder aufs Neue antreibt: den Kindern aus ihrer Grundschulzeit mehr an Erinnerung und Antrieb mitzugeben als Pflichtaufgaben in Lehrbuch und Arbeitsheften. Besonders gelungen war an diesem Projekt, dass alle Kinder sich zielstrebig auf eine Aufgabe konzentriert hatten, zu deren Lösung jeder etwas beitragen konnte. Die Arbeitsergebnisse wurden alle präsentiert und erfuhren Anerkennung. Jedes Mädchen, jeder Junge konnte seine Eltern, Freunde, Verwandten an die Hand nehmen und stolz das Gedicht und dessen Präsentation vorzeigen.

Sicher gefielen manche Werke den Ausstellungsbesuchern besser und wurden häufiger „zitiert" als andere. Aber da konnte man sich mitfreuen, so wie die gesamte Mannschaft den Torschützen feierte, der seinem Team zum Sieg verhalf und nicht hätte treffen können ohne die Zuarbeit der anderen. Zum Schluss war fast vergessen, wie oft ein Gedicht neu geschrieben werden musste, weil man selbst noch nicht mit der Struktur zufrieden war oder die Banknachbarin Fehler darin gefunden hatte. Jedes Kind war mit seinem Werkstück vertreten, von jedem gab es einen Steckbrief, eine Vorstellungskarte mit

Foto. Sich selbst zu präsentieren und zu beschreiben, lieferte einen weiteren willkommenen Schreibanlass.

Unsere „Sommergedichte" und ihre Darstellung in der Vernissage boten viel Potenzial, lustbetont zu arbeiten. Die Erfolgserlebnisse, die alle gemeinsam und jeder auch ganz individuell aus diesem Projekt mitnehmen konnten, haben nicht nur die persönliche Schreibkompetenz gefördert. Das Selbstwertgefühl erhielt eine deutliche Stärkung, ohne dass andere darunter leiden mussten. Jeder konnte Teil der Erfolgsgeschichte der Klasse sein, je nach seinem persönlichen Können.

Es wurde erfahrbar, dass Schreiben Regeln unterworfen sein muss, damit andere den Text entziffern können. Die Scheu, Gedanken aufzuschreiben, sich ein weiteres Medium zur Kommunikation zu erschließen (das war noch vor dem revolutionierenden Siegeszug der sozialen Medien, den wir gegenwärtig erleben), verschwand während des Projekts. Durch das Fragen, Vergleichen, Nachschauen und Anwenden von Regeln bauten die Schüler ihre Angst vor Fehlern ab. Wir hatten unser Ziel erreicht: ein gemeinsames Werk von Schülern aus der sogenannten deutschen Mehrheitsgesellschaft und Kindern von Arbeitsmigranten und Flüchtlingen, ein Austausch zwischen verschiedenen kulturellen Lebensansätzen zum Nutzen aller. Ein Unterricht, der so funktioniert, nimmt alle mit und lässt sie intellektuell, sozial, musisch und sportlich wachsen. Die hocherhobenen Häupter meiner Schüler nach dieser Erfahrung bewiesen es.

3

WARUM ALI
KEIN GUTER NAME
FÜR EINEN AFFEN IST

ALS ICH NACH Deutschland kam, arbeitete ich erst einmal an meiner eigenen Sprache. Ich versuchte, meinen Heimatakzent loszuwerden, weil ich nicht als Österreicherin erkannt oder gar den Bayern zugeordnet werden wollte. Sprache ist das wichtigste Instrument dafür, in einer Kultur dazuzugehören, seine Fähigkeiten anzuwenden, anerkannt und nicht ausgegrenzt zu werden. Sich eine Sprache anzueignen, bedeutet, den eigenen Handlungsraum zu erweitern. Die deutsche Sprache ist ein entscheidendes gemeinschafts- und identitätsstiftendes Element, wenn man als Einwanderer nach Deutschland kommt.

Die demografische Entwicklung des Landes Berlin seit 1992 lässt erkennen, dass eine trotz erheblicher Zuzüge abnehmende deutschstämmige Einwohnerzahl einer sich deutlich vermehrenden Zahl von Zuwanderern aus dem europäischen und außereuropäischen Raum gegenübersteht. Das hat bei einer absoluten Zunahme der Einwohnerzahl zu einer Umstrukturierung der Bevölkerungsanteile innerhalb der Metropole Berlin geführt.[1] Heute sitzen Kinder mit völlig unterschiedlichen sprachlichen Voraussetzungen in den Schulklassen. Schwerpunkt des Unterrichtsgeschehens muss deshalb die sogenannte Bildungssprache sein. Für viele meiner Schüler war es mit dem Ablegen eines Akzents nicht getan. Wegen ihrer unterschiedlichen Herkunftssprachen mussten sie für eine erfolgreiche Schulkarriere viel größere Herausforderungen meistern. In ihren Elternhäusern wurde entweder gar kein Deutsch gesprochen oder sie hörten dort eine Version, die stark von der Hochsprache abwich. Ihr Spracherwerb war stark verzögert, sie waren wenig motiviert, überhaupt Deutsch zu sprechen.

Die sprachlichen Voraussetzungen reichen bei einem Großteil unserer Schüler für einen Schulbesuch der ersten Klasse nicht aus. Oft sind zu geringe Spracherfahrung in der Verkehrssprache und unzureichende Sprachvorbilder die Ursache. Bei vielen Kindern sind grundlegende Fähigkeiten, die für einen Lese- und Rechtschreiberwerb vorausgesetzt werden müssen, altersgemäß nicht vorhanden. Sich eine Sprache anzueignen bedeutet, den eigenen Handlungsraum zu erweitern. Das sprachliche Handeln des Kindes baut auf seiner Erfahrung von Gemeinsamkeit auf. Sprache wird in der kindlichen Entwicklung nicht als ein abstraktes System behandelt, sondern mit jeder neuen Äußerung erprobt es seine Leistungsfähigkeit. Es geht also für das Kind darum, sich durch die Aneignung der Sprache Handlungsmöglichkeiten zu erarbeiten. Kinder, die in der heutigen Gesellschaft groß werden, erleben Sprache nicht nur im familiären Bereich, sondern in zahlreichen anderen Zusammenhängen. Dabei erwerben sie ein Strukturwissen, das sie für ihr Sprachhandeln einsetzen können. Sprache ist in der Schule ein zentrales Lernmittel in allen Fächern und in der gesamten Schullaufbahn. Über die Sprache werden emotionale, soziale und kognitive Zusammenhänge erschlossen.

Eltern haben von Anfang an großen Einfluss auf die Sprachentwicklung ihres Kindes. Es braucht dafür Zuwendung und den intensiven Kontakt mit Geschwistern und anderen Bezugspersonen. Das Kind muss sich angenommen fühlen, Liebe und Wärme erfahren und genügend sprachliche Anregungen erhalten. Wenn sich diese Bedingungen stark unterscheiden, bringen die Kinder folglich sehr unterschiedliche Voraussetzungen für ein erfolgreiches Sprachlernen in die Schule mit. Am Ende der Grundschulzeit sind die Bildungschancen weitgehend festgelegt, und zwar überwiegend in Abhängigkeit von der sozialen Herkunft der Schüler. Das ist für die Grundschule in einer demokratisch verfassten Gesellschaft ein unerträglicher Zustand. Der Versuch, ohne qualifizierte Aus-, Fort- und Weiterbildungsmaßnahmen zum Ziel zu kommen, ist inzwischen vielfältig gescheitert. Bedenken Sie nur, wie viele völlig verschiedene sprachliche Einflüsse heutzutage auf die Kinder einstürzen. Neben die Unterhaltung in der Familie, auf der Straße und dem Spielplatz treten das Kinderbuch, Comichefte, Fernsehprogramme und die Playstation, schließlich das Smartphone mit WhatsApp, Instagram und Snapchat – und das von klein auf.

Was all dies in der Praxis bedeutet, erfuhr ich in einer Grundschule in Charlottenburg-Nord, einer Trabantenstadt, die in den 1960er-Jahren die grüne Lücke zu den Nachbarbezirken Spandau und Reinickendorf mit typischen Hochhaussiedlungen füllte. In diesem Gebiet leben neben den älteren „Erstbewohnern" heute vor allem Einwanderer in den kleinen Sozialwohnungen. Hier spürte ich zum ersten Mal deutlich den Cultural Gap, die kulturelle Kluft zwischen Arm und noch Ärmer. 60 Prozent der 400 Schüler hatten eine nicht deutsche Herkunftssprache. Ich musste mit allen Problemen kämpfen, die auftauchen, wenn diese Kinder die Bildungssprache lernen sollen. Ich halte wie gesagt nichts von „Unterricht nach Buch" – für diese Schule zutreffender wäre eher „Unterricht auf unzähligen kopierten Blättern" gewesen. Es fehlten lebensnahe Situationen, die das Lernen für die Kinder spannend machten. Dennoch war ich überzeugt, ihnen Sprechen und Schreiben beibringen, ihnen einen möglichst umfangreichen Wortschatz vermitteln zu können, damit sie sich in der Schule oder im Alltag zurechtfinden und einen qualifizierten Beruf ergreifen können.

Dass eine Firma für elektrische Zahnbürsten zu diesem Zeitpunkt einen Wettbewerb ausgeschrieben hatte, um die Kinder zum Malen und Schreiben zu motivieren, war ein Glücksstreffer für uns, nicht nur für den Sprachunterricht, sondern auch für die Mundhygiene der Kinder. Um die stand es nicht zum Besten, wie ein Besuch der Zahnfee bewies. Die Zahnfeen sind zahnmedizinische Assistentinnen, die sich an Berliner Grundschulen um die Zahnprophylaxe kümmern. Um Karies zu verhindern, erklären sie den Kindern, wie die Erkrankung entsteht. Es geht um Zuckerwürfelstücke in Apfelsaft und Cola, in Marmelade und Nutella, aber auch um die heiß geliebten Süßigkeiten. Und vor allem um die Technik des richtigen Zähneputzens. Eine Handpuppe namens Kroko, ein Krokodil mit strahlend weißen Zähnen, ermutigt die Kleinen zum Putzen; die größeren Schüler sollen den Begriff Fluorid erklären können oder sich mit der Lebensmittelpyramide auskennen, um zu wissen, welche Stoffe die verschiedenen Nahrungsmittel enthalten. Die Kinder lieben die Zahnfee und Kroko. Er spricht mit ihnen über Zähne, und die Zahnfee schaut jedem Kind in den Mund, ohne jemandem wehzutun. Um den Zahnbelag und Kariesbefall sichtbar zu machen, bekommen die Schüler Kautabletten, die alle schlecht geputzten Stellen rot werden lassen. Es waren vor allem die vielen schwarzen Löcher, die mir Angst machten, weil sie ja auch große Schmerzen verursachen mussten. Also schrieb ich Mitteilungen an die Eltern mit der dringenden Bitte um einen zeitnahen Zahnarztbesuch. Der Karies mit Zahnlack entgegenzuwirken, ist nur eine kurzfristige Lösung. Wir als Schule waren gefordert, Schüler wie Eltern stärker auf gesunde Ernährung hinzuweisen. Gesundheitsförderung ist als fächerübergreifendes Thema fest im Rahmenlehrplan verankert. Es gab zahlreiche Querverbindungen zu anderen Fächern mit dem Ziel, mit gesunder Ernährung zumindest ansatzweise auf die Gesundheitsförderung der Schüler Einfluss zu nehmen.

Die Zahnfee hatte jedem Kind eine Zahnbürste für zu Hause dagelassen. Und ich konnte ihr noch weitere 24 für eine tägliche Zahnputzzeit nach dem Mittagessen in der Schule entlocken. Das bedeutete neben dem eigentlichen Unterricht eine zusätzliche große Herausforderung, aber ich hatte eine engagierte, junge Erzieherin an meiner Seite, die mich tatkräftig unterstützte.

Diese neue Routine im Tagesablauf meiner Klasse sprach sich bald in der Schule herum und nach und nach übernahmen sie auch andere Kollegen. Als weitere Maßnahme führte ich das „gesunde Frühstück" ein. All jene Kinder, die ein Vollkornbrot oder -brötchen und mindestens ein Stück Gemüse oder Obst mitbrachten, bekamen einen Pluspunkt auf der Gesundes-Frühstück-Liste, die im Klassenraum gut sichtbar aushing. Es war mit einem Blick zu erkennen, wer sich um ein gesundes Essen bemühte. Wer zehn Gesundheitspunkte gesammelt hatte, durfte sich eine Kleinigkeit wie zum Beispiel einen Duftbleistift, einen Leuchtbuntstift oder einen Radiergummi aus der Schatzkiste holen. Sowohl das Lob für die einzelnen Kinder, die ein gesundes Frühstück mitbrachten, als auch das Sammeln von Punkten animierten die Schüler außerordentlich. Bald ermahnten sie einander, wenn jemand immer noch eine Nutellastulle mithatte und dazu noch einen Schokoriegel. Als Getränke waren ausschließlich Wasser oder ungesüßter Tee erlaubt, denn Süßes machte diese ohnehin überzuckerten Kinder noch unruhiger und ließ sie im Unterricht schnell ermüden.

Jene Eltern, die meine Bitte um ein gesundes Frühstück nicht verstanden, versuchte ich, in einem persönlichen Gespräch von der Wichtigkeit dieser Maßnahme zu überzeugen. Auch wenn der Vater von Onur der Meinung war, dass sein Sohn um 9:15 Uhr bereits knuspriges Börek (eine Art Strudel mit würziger Füllung, in diesem Fall meist vom Vortag und kalt) essen müsse und seine „querschlanke" Frau mit barocker Figur als Mutter wohl am allerbesten wisse, was für ihren Sohn gut sei, musste ich versuchen, ihn eines Besseren zu belehren. Oftmals entspannen sich lustige, wenngleich nicht immer zielführende Diskussionen. Es kam aber auch vor, dass sich ein Vater persönlich angegriffen fühlte und mich zu beschimpfen begann. „Hast du selber Kinder? Nein? Was redest du dann überhaupt mit mir! Du weißt nichts. Du bist 'ne Frau! Du bist eine schlechte Frau, meinem Kind geht es gut. Mein Sohn muss stark werden." Die Atembeschwerden des Sohnes beim Schuheanziehen oder Treppensteigen interessierten ihn nicht. Ich hatte ihn in seiner Position als Familienoberhaupt angegriffen und somit seine Familie beleidigt. Dass so ein Verhalten nicht förderlich für die Veränderung der Essgewohnheiten ist, liegt auf der Hand. Obwohl ich mein ganzes

Wissen aus dem Masterstudiengang einbrachte, um Eltern mit Respekt und Höflichkeit zu begegnen, gelang mir dies nicht immer. Ich machte die Erfahrung, dass speziell bildungsferne Väter mit Migrationshintergrund große Schwierigkeiten damit hatten, wenn ich ihnen die Lerndefizite ihrer Kinder vor Augen führte. Die Zuständigkeit der Frau beschränkte sich in manchen Familien vor allem auf Bett, Küche und Haushalt. Das deckte sich nicht mit meinem Begriff von Frau und Weiblichkeit. Beschreibungen wie gutaussehend, dynamisch, intelligent, erfolgreich oder gar mächtig waren mit dem Frauenbild so mancher Väter nicht zu vereinbaren. Eine Frau mit diesen Eigenschaften stellte ihr Rollenverständnis infrage.

Sie befindet sich durchaus in Übereinstimmung mit dem Kampf der Frauen in ihrem Herkunftsland Türkei, das unter den von der OECD verglichenen 135 Staaten der Welt auf Platz 124 stand, was die Gleichberechtigung der Frau anging.[2] Frauenrechte müssen in allen Ländern erkämpft werden und die Fortschritte sind gegenüber den in Jahrtausenden geprägten gesellschaftlichen Überlieferungen nur allmählich schrittweise erkämpft worden. In Deutschland gibt es seit 100 Jahren das Wahlrecht für Frauen als Folge des verlorenen Ersten Weltkrieges. Doch obwohl die Väter und wenigen Mütter des Grundgesetzes die Gleichheit von Männern und Frauen in die Verfassung geschrieben haben, dürfen in der Bundesrepublik die Frauen erst seit 1978 ohne Einverständnis ihrer Ehemänner arbeiten und die Vergewaltigung in der Ehe ist sogar erst seit 1997 strafbar. Große Bedeutung hat auch, welches Erscheinungsbild der Frau in der Öffentlichkeit geduldet wird. Wichtig ist, dass eine gesellschaftliche Kultur entsteht, in der Gleichberechtigung als Wert akzeptiert ist. Körperbewusstsein und Geschlechtlichkeit von Mädchen und jungen Frauen mit Migrationshintergrund ist daher nicht zufällig ein Thema, das unterschwellig im öffentlichen Bewusstsein der Mehrheitsgesellschaft mit Vorstellungen von „schwieriger" Integration verbunden ist, weil die akzeptierten Normen der Mehrheitsgesellschaft durch andere körperkulturelle Ausdrucksformen infrage gestellt zu sein scheinen. Die Eltern, die diese Werte vertreten, fühlen sich bestenfalls nicht verstanden und nicht akzeptiert, häufiger aber in ihren kulturellen oder religiös bedingten Orientierungen abgewertet. Dass diese Werte in Deutschland durchaus auch für viele Menschen eine starke Attraktivität haben, wird deutlich an den Wahlerfolgen der AfD, die sich die Verteidigung der in der deutschen Kultur tradierten Bedeutung der Familie auf ihre Fahnen geschrieben hat.

Es war mir klar, dass mein Auftreten in meiner Schule eine eindeutige Zuordnung meiner Person zu einem Weltbild, in dem die Frauen gleichberechtigt und selbstbestimmt ihren Platz in der Gesellschaft suchen und verteidigen, darstellen musste. Mit meinem Aussehen entsprach ich nicht ihren Erwartungen. Lange, blonde Haare, die nicht hinter einem Kopftuch verborgen blieben, Leggins, ein kurzer Rock und Schuhe mit hohen Absätzen veranlassten einen Vater, mich „du Nutte" zu nennen. Und das in den Räumlichkeiten der Schule, eines Amtsgebäudes! Ich erstarrte. Auf solch eine Situation war ich an der Uni nicht vorbereitet worden. Dass ich den Vater des Klassenraumes und der Schule verwies, half mir in der momentanen Situation, aber schon auf dem Weg nach Hause beschlich mich zuerst ein Gefühl der Betroffenheit, dann überkam mich Wut. Noch nie hatte mich ein erwachsener Mann so beleidigt und diskriminiert. Ich hätte bei der Polizei Anzeige erstatten können, verzichtete aber darauf. Letztendlich schadete der Vater mit seinem Verhalten vor allem sich selbst und seinem Sohn und hatte eher Mitleid verdient.

Derartige Vorkommnisse hielten mich nicht davon ab, mich weiter um die Gesundheit und die Bildung der Klasse zu kümmern. Ja, und da war ja auch noch der Malwettbewerb rund um die erste Schallzahnbürste für Kinder. Die Schüler sollten eine möglichst funktionale, bunte Bürste malen. Sie entwarfen ganz unterschiedliche Modelle, aber wir waren uns einig, was die neue elektrische Zahnbürste unbedingt haben musste: eine coole Farbe, Glitzerelemente, einen Knopf für Musik, einen für Geschichten, einen für die Taschenlampenfunktion und einen auswechselbaren Bürstenkopf. Gemeinsam entschieden wir in der Klasse, welche der 24 Entwürfe für den Wettbewerb eingereicht werden sollten. Weil sich jedes Kind viele Gedanken um sein eigenes Modell machte, fassten wir diese Ideen in Geschichten zusammen. Die Zweitklässler schrieben schon einige Worte lautgetreu selber auf, die Erstklässler erzählten mir ihre Geschichte und ich schrieb sie für sie auf.

Emines Geschichte lautete: „Ich bin sieben Jahre alt, wohne in Berlin und bin auch hier geboren. Meine Zahnbürste kann mir drei Minuten lang eine Geschichte erzählen. Drei Minuten deshalb, weil ich mir jeden Tag mindestens zweimal genauso lange die Zähne putzen soll. Länger soll die Geschichte auch nicht sein, denn sonst geht mein Zahnbelag ab. Außerdem beginnt meine Bürste zu leuchten, wenn ich im Badezimmer das Licht abdrehe. So wie die Sterne bei mir an der Decke meines Schlafzimmers. So kann ich mir auch im Dunkeln die Zähne putzen. Deshalb heißt sie auch Glühwürmchen.“ Hung diktierte: „Ich bin in Vietnam geboren und habe eine normale Zahnbürste. Mit der ist es sehr schwer, meine kleinen Zähne zu putzen, weil sie hart ist und ich selber immer auf- und abfahren muss. Ich glaube, mit einer elektrischen Zahnbürste mit Schall gehen die Krümel schneller und leichter weg. Meine Zahnbürste hat ein Passwort. Ich kann sie nur einschalten, wenn ich mich mit meinem Fingerabdruck einlogge (deshalb heißt meine Zahnbürste Zauberfee). So kann ich meine Zahnbürste verwenden und niemand anderer aus meiner Familie putzt sich damit die Zähne, das ist nämlich ekelig.“ Hung wusste zum damaligen Zeitpunkt nicht, wie weit er seiner Zeit voraus war, und hatte die Sache mit dem Fingerabdruck sicherlich in einem Film gesehen. Mittlerweile ist die Identifikation mit Fingerabdruck keine Zukunftsmusik mehr. Cem war ein Autofreak. Sein Vater fuhr einen alten Sportwagen. Cem war immer ganz stolz, wenn er mit Papa durch Berlin fahren durfte. Er nannte sein Bürstenmodell „Ampel“ und begründete das wie folgt: „Meine Zahnbürste soll wie eine Ampel ausschauen. Und sie muss auch so funktionieren. Bei Rot bewegt sich gar nichts, und bei Grün bürstet sie meine Zähne ganz toll. Bei Gelb putzt sie nur ganz wenig, sodass ich es eigentlich gar nicht spüre, dass sie mich bürstet.“ Der siebenjährige Bolko taufte seinen Entwurf „All in One“ und erzählte: „Ich wohne in Berlin, meine Verwandten sind in Polen. Ich habe jetzt schon eine elektrische Zahnbürste, aber in Polen haben meine Freunde keine. Die haben dort noch normale Bürsten. Meine neue elektrische Zahnbürste muss total neu sein. Ich meine, technisch total modern. Die Bürste kann Märchen erzählen. Wenn ich ihr den Befehl gebe, wenn ich mit meiner Stimme ‚Märchen' sage, beginnt sie zu erzählen. Sie ist so eine Art Sprachcomputer. Wenn die Zahnputzzeit vorbei ist, geht die Geschichte auch zu Ende. Außerdem kann meine Zahnbürste leuchten. Dazu drücke ich auf einen bestimmten Knopf auf der Bürste. Bei Stromausfall kann ich die Zahnbürste als Taschenlampe verwenden. Ich kann aber auch im Finstern unter der Decke im Bett heimlich lesen. Die Zahnbürste hat auch eine alphabetische Tastatur, so kann ich nach Musiktiteln suchen und diese dann abspielen. Ich stecke einfach den Kopfhörer vom Handy an."

Es ist offenkundig, wie viel dieser unscheinbare Wettbewerb für Sprecharbeit und Sprachförderung bedeutete. Für die Zahnpflege hatten die Erst- und Zweitklässler sich einen Fachwortschatz erarbeitet. Sie waren stolz darauf, als „Wörter der Woche" Karies und Zahnbürste richtig schreiben zu können. Außerdem bekamen diese beiden Wörter durch den Besuch der Zahnfee und den Wettbewerb für ihr Leben eine nachhaltige Bedeutung. Es war gelungen, die Kinder im Hinblick auf ihre sprachlichen und sozialen Kompetenzen ein großes Stück voranzubringen. Ein fantastisches Gefühl für mich als Lehrerin, das all die Anstrengungen und Mehrarbeit rechtfertigte und mir zudem eine engere Bindung zu den Kindern und ihren Eltern vermittelte.

In der Zwischenzeit war die Parallelklasse im Arbeitsheft schon gefühlte drei Seiten weiter mit der Einübung der Buchstaben. Darin sollten die Kinder unter anderem angeben, ob sie den Buchstaben am Anfang, in der Mitte oder am Ende des Wortes hören. Wenn ich aber nicht weiß, dass das Tier Ente heißt, weil ich kaum Deutsch spreche, dann hilft es mir auch nicht, wenn die Ente abgebildet ist, denn im Türkischen heißt Ente ördek, und da höre ich als Kind das E in der

Mitte des Wortes, während im Deutschen der Laut an dessen Anfang und Ende klingt. Ich stand zwar auf Kriegsfuß mit dem Lehrwerk, musste mich aber der Teamentscheidung der Kollegen anschließen und die im vorangegangenen Schuljahr bestellten Arbeitsbücher verwenden.

Die Titelfigur war Ali, der Affe. Dieser begleitete die Kinder Buchstabe für Buchstabe durch den Schreiblehrgang. Eine nette Idee, wenn man in einer Schule unterrichtet, in der es keine Kinder mit Migrationshintergrund gibt. Eine ziemlich unbedachte, gar fahrlässige Namensgebung an einer Schule wie unserer mit beinahe 70 Prozent Kindern nicht deutscher Herkunftssprache. Alleine in meiner Klasse saßen zwei Alis, die nur sehr wenig mit einem Affen gemeinsam hatten. Kinder können gemein sein und „Ali, du Affe" wurde ein beliebter Ausdruck, um die beiden Jungen zu schmähen. Ich machte mich bei meinen Vorgesetzten unbeliebt, als ich auf diesen eklatanten Makel des Lehrwerks hinwies. Keine Fachkonferenz ließ dies als Grund gelten, die Materialien zu wechseln. Der Schulbuchverlag, den ich ebenfalls darauf hinwies, drohte mir daraufhin sogar mit einer Klage wegen Geschäftsschädigung.

Mit einem auch von den Eltern unterschriebenen Brief wandten wir uns an die leitende Schulrätin des Bezirks Charlottenburg, an den Bezirksstadtrat, den Beirat für Ausländerangelegenheiten und die Ausländerbeauftragte des Bezirks. In dem Brief erklärten wir, wie traurig und bestürzt wir darüber waren, dass ausgerechnet Kinder mit Migrationshintergrund mit einem Buch lernen sollten, das sich auf eine Identifikationsfigur „Ali" stützt, welche zwar niedlich aussieht, aber in den ersten Vorlesegeschichten als ein spuckendes „Affenferkel" vorgestellt wird. Nicht nur die Jungen in meiner Klasse, die den Namen Ali trugen, benutzten dieses Buch nicht gern. Ali ist einer der häufigsten männlichen Vornamen in Berliner Klassenzimmern. Der Kalif Ali genießt besonders bei den alevitischen Kurden wie Schiiten nahezu die gleiche Verehrung wie der Prophet Mohammed. Bis zum Ende des Schuljahres bekam ich keine Antwort, die Klassen setzten weiterhin dieses Buch ein.

Warum Ali kein guter Name für einen Affen ist

Ich konnte meinen Schulleiter auch nicht davon überzeugen, dass man inhaltlich und daher notwendigerweise auch didaktisch zwischen Deutsch als Fremdsprache und Deutsch als Zweitsprache unterscheiden muss. Er war der Meinung, dass in seiner Schule Deutsch als Fremdsprache unterrichtet werde. Sprachwissenschaftlich macht es jedoch einen großen Unterschied, ob ich im Ausland eine Fremdsprache erwerben möchte oder ob ich auf die zweisprachige Kompetenz angewiesen bin, um mir an meinem Aufenthaltsort eine Existenz aufzubauen. Ich wurde gezwungen, mit falschen Fachausdrücken zu arbeiten, weil es der Schulleiter nicht besser wusste und mit diesem Wissensdefizit offensichtlich kein Einzelfall war. Inzwischen ist Deutsch als Zweitsprache Inhalt des Lehramtsstudiums. Ich wollte diese Ignoranz nicht noch ein weiteres Jahr ertragen und bemühte mich um eine Anstellung in einem anderen Verwaltungsbezirk.

In Pankow sammelte ich als Konrektorin einer großen Grundschule weitere zwei Jahre lang Erfahrungen. Gut gerüstet startete ich im August 2013 in der Spreewald-Grundschule als Schulleiterin. Ich freute mich auf eine bunt gemischte Truppe von Kindern, Eltern und Pädagogen, deren Interesse es war, ihren Beitrag zur gesellschaftlichen Integration dieser Schüler zu leisten. Zu diesem Zeitpunkt befand sich die Schule in einer besonders prekären Situation, sogar im Vergleich zu anderen Schulen mit ähnlichem Einzugsgebiet. Mehr als die Hälfte der Eltern war davon befreit, Schulbücher und Unterrichtsmittel kaufen zu müssen. Mein neuer Arbeitsort galt als Brennpunktschule. Dieses negative Image schreckte bildungsorientierte Eltern mit Migrationshintergrund ab. Sie meldeten ihr Kind lieber in der benachbarten katholischen Privatschule an. Das hatte zur Folge, dass wir jedes Jahr weniger Schulanfänger hatten. Gleichzeitig nahm die Zahl der Kinder zu, die praktisch ohne Deutschkenntnisse zu uns kamen. Es bestand massiver Sprachförderbedarf. Bevor an eine systematische Sprachförderung zu denken ist, muss erst einmal der Stand der Sprachentwicklung wissenschaftlich fundiert ermittelt werden. Schülerarbeiten wie diese aus einer dritten Klasse zeigten mir, dass wir meilenweit von den Bildungszielen entfernt waren:

<u>Jens und San Farta</u>
(sein Vater)

Jens wel Foßball Spielen
aber mit San Farter. Der Fater rede mit
Hem kaol. Jens zit San Farter Pilowa
Jens sescha schaam boden über liese sen
waser mas fffs blöse sch hat me re nebe
and h liebaol und schis sane kot aob
San Farter saka warum aßbogem
ah Jens. sak esch wel mit bien Foßball
Spielen Jens Koten Fnt ayfhen kaol
mit Spielen wel her kaol sak ok
Lens und san Farten Ynd her kaol Spilen
Foßball

Lieber Meti, ich kann deine Geschichte
leider nicht bewerten, da ich sie nicht
lesen kann.

Warum Ali kein guter Name für einen Affen ist

Die Ergebnisse der standardisierten Leistungstests im dritten Jahrgang (deutschlandweite Vergleichsarbeiten VERA 3) bestätigten, dass die Schüler der Spreewald-Grundschule selbst im Vergleich mit denen anderer Brennpunktschulen schwächere Leistungen erzielten. Ich konnte Frau Professor Dr. Schründer, die an der Universität Potsdam den Bereich Grundschulpädagogik leitete und die ich durch mein Studium kennengelernt hatte, für die Konzeption und wissenschaftliche Begleitung eines Sprachförderkonzeptes gewinnen, das speziell auf unsere Bedürfnisse zugeschnitten sein sollte. Sie hatte unsere Schule im Rahmen einer Studie vor rund zehn Jahren schon einmal untersucht.[3] Ich erhoffte mir von ihr eine objektive Problemanalyse, die ich auch dem Kollegium präsentieren konnte. Viele meiner Kollegen unterrichteten nach der Methode „Lesen durch Schreiben" und traktierten die Kinder mit Anlauttabellen, ohne sich auch nur ansatzweise um einen messbaren Kompetenzzuwachs im Schriftspracherwerb und im Lesen zu kümmern.

Eine Anlauttabelle ordnet jedem Buchstaben ein Bild aus der kindlichen Lebenswelt zu. Will ein Kind zum Beispiel das Wort „Dose" schreiben, schaut es auf der Anlauttabelle beim Bild „Dino" für den Buchstaben D nach, bei dem „Ordner" für O, bei dem Bild „Sonne" für den Buchstaben S, und bei dem Entenbild findet es den Buchstaben E. Am Ende hat es viele Bilder im Kopf und weiß oft gar nicht mehr, welches Wort es anfänglich schreiben wollte – ganz abgesehen davon, dass „Dose" im Türkischen „kutu" heißt und es deshalb beim Anlautbild „König" oder „Kamm" nach dem richtigen Buchstaben sucht. Jedes Lehrwerk hat eine andere Anlauttabelle. Schüler, die während der Alphabetisierungsphase an eine andere Schule wechselten oder in eine Parallelklasse, die ein anderes Buch benutzte, mussten neue Bilder für den gleichen Buchstaben lernen. Diese vor mehr als 30 Jahren von einem Fibelgegner namens Jürgen Reichen eingeführte Methode ist alles andere als praktisch und stiftet Verwirrung. Die Schüler werden dadurch am flüssigen Schreiben gehindert, da sie die Buchstaben zum Teil malen und kein Gefühl für Schreibrichtung und Buchstabenlängen entwickeln. Außerdem fehlt ihnen eine Lineatur als Schreibhilfe. Da falsch geschriebene Wörter nicht korrigiert werden sollen, prägen sich die Kinder oftmals eine falsche Schreibung ein. Im Deutschen schreibt man bekanntlich nicht immer so, wie man spricht. Man hört beispielsweise „lip" und schreibt „lieb". Dazu kommen die verschiedenen Dialekte, mundartliche Besonderheiten und die Sprache der sozialen Unterschicht. Wie sollen Kinder mit Migrationshintergrund oder ohne jegliche Deutschkenntnisse sich so die deutsche Sprache aneignen? Es ist fast absurd, diese Methode an einer Brennpunktschule zu favorisieren. Nach Reichen sollen Kinder lernen, zu Bildern eigene Sätze zu schreiben. Doch wie soll das funktionieren, wenn die Schüler sich in der Zweitsprache kaum oder gar nicht ausdrücken können? Es mag Spaß machen, mit der Anlauttabelle zu arbeiten, Wortschatz und Grammatik werden bei dieser Methode jedoch nicht gefördert. Die Kinder schreiben beinahe zwei Schuljahre lang ausschließlich nach Gehör und prägen sich somit falsche Wortbilder ein. Von einem mit einer Fibel arbeitenden Lehrgang, wie man das als Erwachsener aus der eigenen Schulzeit kennt, profitieren Kinder mit geringen Deutschkenntnissen oder rechtschreibschwache Schüler deutlich mehr. Gerade im ersten Schuljahr ist es sinnvoll, mehr lehrergesteuerte Schreibaufgaben zu geben und weniger frei schreiben zu lassen. Die Schüler sind oft glücklich darüber, aus drei vorgegebenen Wörtern Sätze zu bilden, und würden die Lust am Schreiben verlieren, wenn ich sie ohne Worthilfen ganze Sätze schreiben ließe. Und es macht Kinder glücklich, wenn sie merken, dass nicht nur sie, sondern auch alle anderen lesen können, was sie geschrieben haben. Das motiviert zum weiteren Schreibenlernen.

Das bisherige Schulprofil sah insbesondere auch eine Förderung der Herkunftssprache Türkisch vor. Das mussten wir anpassen, da die Zahl von Schülern mit anderen Muttersprachen, vornehmlich Arabisch, zunahm. Es gab fast keine Kinder deutscher Herkunft. Dies ist aber für eine zweisprachige Erziehung notwendig. Allerdings wuchsen viele unserer Schüler in einem mehrsprachigen Umfeld auf und lernten Deutsch dort als Zweit- oder Drittsprache. Viele Kinder türkischer oder arabischer Herkunft kommen mit nicht ausreichender

Sprachkompetenz in Türkisch, Arabisch und Deutsch in die Schule. Weder im Elternhaus noch im Kindergarten bekommen sie angemessene Hilfe bei ihrer Sprachentwicklung und werden somit in ihren Lernprozessen, ihrer Mehrsprachigkeit und Multikulturalität vernachlässigt. Darunter leidet ihre Persönlichkeitsentwicklung und vor allem ihr Selbstwertgefühl. Da die Schule sich zum Ziel gesetzt hat, die Mehrsprachigkeit der Kinder wertzuschätzen und zu fördern, wandte ich mich im Januar 2014 an den Schöneberger Schulrat, um ihm meinen Ansatz einer Revision des Lese- und Schreibunterrichts an der Spreewald-Grundschule vorzustellen. Eine schulinterne Fortbildung sollte insbesondere in den ersten und zweiten Klassen eingesetzte Kollegen davon überzeugen, dass die umstrittene Reichen-Methode in unserer Situation nicht zu den gewünschten Ergebnissen führt. Unterstützung erhielt ich dabei von Frau Professor Schründer, die sich schon lange kritisch mit dem Ansatz „Lesen durch Schreiben" auseinandergesetzt hat. Wir sollten unseren Anfangsunterricht methodisch nicht einseitig ausrichten, sondern einen individuellen, angepassten Unterricht anbieten, der jedem Kind einen erfolgreichen Schriftspracherwerb ermöglichte. Mein Schulaufsichtsbeamter unterstützte mich bei meinem Vorhaben. Von der Senatsverwaltung gab es keine Stellungnahme zum Thema Sprachbildung, aber auch keinen Widerspruch. Fünf Jahre später nahm die Senatorin in der *Berliner Morgenpost* Stellung und meinte, die Wissenschaftler seien sich einig, dass es wichtig sei zu korrigieren, damit die Schüler die richtige Schreibweise verinnerlichen.[4] In einer regionalen Fortbildung von Tempelhof-Schöneberg im Februar 2014 hingegen wurde behauptet, es gebe dazu keine eindeutigen wissenschaftlichen Befunde und die Fruchtbarkeit des lautorientierten Schreibens im Anfangsunterricht als ein wesentlicher Zugang zu unserem alphabetischen Schriftsystem sei empirisch belegt.[5]

Sprachbildung findet in allen Fächern statt und ist nicht auf den Deutschunterricht beschränkt. Als Pädagogen sind wir gefordert, möglichst vielfältige und interessante Inhalte und Fragestellungen anzubieten. Das gelingt besonders leicht, wenn man an Alltag und Freizeit der Kinder anknüpfte. Kinder hören Geschichten, lernen Bücher kennen und können sich so über Sprache und Bilder neue Vorstellungs- und Gedankenwelten erschließen. Systematisches Lernen, das Einüben sprachlicher Strukturen, ist jedoch ebenso wichtig. Man kann die Schüler nicht mit Wörtern überschütten und dann darauf hoffen, dass sie die Grammatik nach diesem „Sprachbad" zufällig mitlernen. Sie brauchen „Lerngerüste". Der Fachbegriff für diese pädagogische Aufgabe lautet daher „Scaffolding", zu Deutsch etwa „Einrüsten". Gemeint ist, dass Wortschatz und Grammatik den Kindern bei der Sprachentwicklung festen Halt bieten sollen. Inzwischen hat unser Ansatz von 2014 Eingang in die Berliner Schulpolitik gefunden: An sechs Grundschulen gibt es den Schwerpunkt „Scaffolding – ein Gerüst für sprachliche Bildung in fachlichen und alltäglichen Kontexten"[6]. Unsere Schüler konnten schon Jahre früher strukturiert sprechen und schreiben lernen.

Als Schulleiterin muss man Unterricht und Lernangebote im Rahmen der Bildungspläne und gesetzlichen Vorschriften für eine bestimmte, in der jeweiligen Zusammensetzung einmalige Gruppierung von Individuen planen. Das Land Berlin verpflichtet jede Schule, ein Sprachförderkonzept für zwei- oder mehrsprachige Kinder vorzulegen, was gerade in der Grundschule besonders wichtig ist. Als Pädagoge ist man für den Lernfortschritt der Schüler verantwortlich. Doch die entsprechenden Pionierleistungen dieser Schule bei der zweisprachigen Erziehung lagen lange zurück. Im Jahr 2011 legte die damalige Schulleiterin ein Förderkonzept vor, wonach die Sprachförderung parallel zum Deutschunterricht in einem separaten Gruppenraum mit eigener Lehrkraft stattfand. Man ging davon aus, dass die Kinder nicht deutscher Herkunftssprache durch das „Sprachbad" im Kindergarten ihren passiven Wortschatz bereits so weit ausgebaut hatten, dass sie in der Lage waren, der Lehrkraft im Unterricht zu folgen. Eine wichtige Voraussetzung für den Erfolg war die Mitarbeit der Eltern, die ihr Kind unterstützen sollten, indem sie ihm

Fragen stellten und zuhörten. Auch regelmäßige Büchereibesuche sowie das Mitlesen kindgemäßer Texte wurden empfohlen. Eltern sollten durch Zeitunglesen ihre Vorbildfunktion erfüllen. Doch wie sollte das bei Eltern funktionieren, die der deutschen Sprache nicht mächtig waren und die ihre Kinder meist nicht einmal in ihrer Muttersprache angemessen unterstützen konnten? Geplant war zudem, dass die Mütter einen Deutschkurs in der Schule erhielten. Doch dieser Plan wurde nie umgesetzt. Es gab zwar Sprachförderklassen, aber das waren die sogenannten Willkommensklassen für Schüler ohne Deutschkenntnisse. Sie wurden zunächst nur halbtags unterrichtet, da wir weder genug Personal für eine Mittags- und Nachmittagsbetreuung noch Erzieher für diese Klassen hatten. Eine ganztägige Betreuung wäre nicht nur für die soziale Integration dieser Kinder entscheidend, sondern auch unerlässlich, damit sie im Spracherwerb schnell Fortschritte machen. Zwar stellte das Quartiersmanagement[7] Geld für Integrationsprojekte zur Verfügung, doch Unterricht und Freizeitangebote waren die ureigenste Aufgabe einer Ganztagsschule. Will man solche Kinder einbinden, muss man ihnen von Anfang an differenzierte Lernangebote bieten, was nicht immer gelang. Häufig blieb nur der Ausweg, erneut das Lernniveau zu senken. Die Folge: Die bereits in der ersten Klasse festgestellten Rückstände im Lesen und Rechtschreiben blieben bis zum Ende der vierten Klasse im Wesentlichen bestehen. Die Schüler verharrten auf dem niedrigen Niveau, mit dem sie eingeschult worden waren.

Zu Schulbeginn sind viele der Kinder in der Lage, situationsgebundenen Gesprächen zu folgen und sich an ihnen zu beteiligen. Sie benutzen allerdings vereinfachte oder starre Satzstrukturen, verfügen nur über einen begrenzten Wortschatz und vermeiden schwierige sprachliche Situationen oder Strukturen. Steigt das sprachliche Niveau im Laufe der Schulzeit an (beispielsweise bei Sachaufgaben, Erklärungen fachlicher Inhalte oder komplexer Zusammenhänge), stoßen die Kinder an ihre Grenzen. Der immer häufiger verlangte Umgang mit (Sach-)Texten überfordert sie. Sie können dem Unterricht nicht mehr folgen und fallen zurück. Das bedeutet nicht, dass kein Kind Fortschritte gemacht hätte. Die Leistungen waren breit gestreut – aber es gab viele extrem schwache. Deswegen ist Schul- und Unterrichtsentwicklung so wichtig. Damals musste ich vor allem Vorbehalte mir gegenüber und Widerstand gegen Reformen abbauen, die durch externen Sachverstand angeregt wurden.

Offenbar vertraute man mir als Schulleiterin und meinen fachlichen Qualifikationen zu wenig, sodass ich mich für die Schulentwicklung permanent rechtfertigen musste. Meine Verzweiflung zeigt sich in der Mail vom März 2014:

„Liebe Frau Prof. Schründer,
ich möchte noch einmal betonen, dass es mich doch kränkt, in welchem Maße einige Mitglieder meines Kollegiums meinen Bemühungen, endlich eine Verbesserung der gegebenen Situation anzupacken, mit totaler Ablehnung begegnen ... Sie wissen, dass Lehrer mit langjähriger Praxiserfahrung jeder Kritik aus der Bildungsforschung wie seitens der Schulaufsicht mit dem Totschlagargument zu begegnen versuchen, diese Fachwissenschaftler und Persönlichkeiten hätten ja von den konkreten praktischen Problemen des Schulalltags keine Ahnung und könnten somit ihrer Arbeit nicht gerecht werden. Natürlich steckt dahinter die Angst, in einer Situation, die man tagtäglich als unbefriedigend erlebt, mit objektiven Argumenten auf die eigene Unzulänglichkeit hingestoßen zu werden. Fakt ist selbstverständlich, dass die Kinder mit unbestreitbaren Defiziten ihre Schullaufbahn beginnen. Genauso wäscht uns aber kein Regen ab, dass wir einen Unterricht anzubieten haben, der diesen Kindern die Möglichkeit gibt, ihre Defizite zu reduzieren. Wir wollen nicht jeden Schulanfänger zum Abitur führen. Aber jedes Kind hat ein Recht darauf, nach zehn Jahren Schulbesuch mit einem anerkannten Abschluss die Schule zu verlassen, wenn dem nicht untherapierbare physische oder psychische Schwächen entgegenstehen. Deshalb ist es für unser erstes großes Zwischenziel – die Beherrschung der deutschen Sprache in Wort und

Warum Ali kein guter Name für einen Affen ist

Schrift als Voraussetzung zum Schulerfolg in allen übrigen Fächern – erforderlich, nicht an Methoden festzuhalten, die bei Kindern mit in unserer Schule gegebenen Ausgangsvoraussetzungen keinen Erfolg versprechen."

In vielen Einzelgesprächen mit den Lehrkräften kristallisierte sich für mich heraus, dass diese sich überlastet und enttäuscht über den mangelnden Unterrichtserfolg fühlten, den sie auf das schwierige Einzugsgebiet der Schule zurückführten. Unter der Oberfläche wurden auch Spannungen innerhalb des Kollegiums deutlich. In den Arbeitsgruppen und Fachbereichen wurden Informationen oft nicht geteilt, Erfahrungen nicht ausgetauscht. Um den Unterricht zu verbessern, holten wir uns Feedback bei Externen, die uns nicht beurteilten, sondern uns beratend zur Seite standen. Neben meinen Schulleitungspflichten unterrichtete ich zehn Stunden pro Woche und nutzte als Teil des Teams die Chance, eine qualifizierte Rückmeldung zu bekommen und meinen Unterricht analysieren zu lassen. Begleitend gab es schulinterne Fortbildungen. Über alle Schritte berieten wir gemeinsam und in Zusammenarbeit mit dem wissenschaftlichen Team der Universität. Das Programm erstreckte sich über drei Jahre und war nicht nur in Berlin einzigartig, zumal es von der Senatsverwaltung bis dato (Schuljahr 2014/2015) kein einheitliches Sprachkonzept für Schulen gab – obwohl bereits im Dezember 2011 eine Rektorin auf einer Schulleitersitzung dringlich die versprochenen wissenschaftlichen Erkenntnisse angefordert hatte. Lange Zeit blieb also unklar, ob alle Berliner Schulen auf gleiche Weise den Sprachentwicklungsstand feststellen würden oder dafür jede ihren eigenen Weg wählen sollte. Daraus resultierende Fördermaßnahmen standen nicht zur Debatte. 2017/2018 wurde schließlich ein landesweiter Fortbildungsschwerpunkt durchgängiger Sprachbildung angeboten. Wir mussten einen Fragebogen der Senatsverwaltung dazu ausfüllen, obwohl wir ein Jahr zuvor unser 50-seitiges Konzept vorgelegt hatten und dieses von der Schulinspektion abgesegnet worden war.[8] Ob und in welchem Umfang die

Senatsverwaltung die erhobenen Daten auswertete, war nicht er-sichtlich.

Im Februar 2018 nahm unsere Schule am Berliner Fachtag zur Schulqualität im Fortbildungszentrum der Länder Berlin und Brandenburg teil. Dieser Fachtag richtete sich an die Führungskräfte der Senatsverwaltung und Mitarbeiter der dezentralen Schulaufsichten. Unsere Brennpunktschule hatte mit fachlicher Unterstützung durch Externe ein Sprachbildungskonzept entwickelt, das messbare Erfolge aufwies und die Leistungen der Schüler schon nach kürzester Zeit verbesserte. Dieses auch auf andere Schulen übertragbare Modell orientiert sich am individuellen Lernstand und der aktuellen Sprach-erwerbsstufe der Kinder. Mit den Testinstrumenten werden Proble-me identifiziert, die in zusätzlichen verpflichtenden Förderstunden behoben werden können. Kinder im ersten und zweiten Schuljahr hatten fünf Deutschstunden mehr pro Woche, insgesamt 27. Wir taten das Gegenteil von dem, was vorher üblich war.

Bisher hatte ein zweiter im Unterricht anwesender Förderlehrer für Deutsch die Kinder auch in anderen Fächern unterstützt. Jetzt wur-den sie in Kleingruppen mit maximal elf Teilnehmern unterrichtet, die alle ähnlichen Förderbedarf hatten. Uns standen jährlich 70 Lehrerstunden pro Woche nur für die Sprachförderung zur Ver-fügung. Bei einer Lehrverpflichtung von 28 Stunden pro Woche waren das mehr als 2,5 Lehrerstellen. In den Jahrgangsstufen 1 und 2 trugen die einzelnen Sprachfördergruppen Tiernamen, um sprach-liche Leistungsunterschiede der einzelnen Gruppen für die Kinder nicht sichtbar werden zu lassen. Die Klassenstufen 3 und 4 suchten sich Märchen für die Gruppeneinteilung aus, und die Klassen 5 und 6 entschieden sich für Planetennamen. Nach dem Mittagessen wur-den von Montag bis Freitag jeden Tag etwa 100 Kinder von ihren Lehrkräften zum Förderunterricht abgeholt, der in Klassen- oder Freizeiträumen stattfand. Anfangsschwierigkeiten (etwa das Chaos und der Lärm während des Wartens auf die Förderlehrkräfte) be-kamen wir schnell in den Griff. Ein Kind blieb so lange in einer Sprachfördergruppe, bis es die nächsthöheren Ziele erreicht hatte.

Förderte man in den Klassen 1 und 2 vor allem die mündliche Sprachkompetenz, lagen in der Klassenstufe 3 und 4 die Förderschwerpunkte im Bereich Lesen und Leseverständnis und in den Klassen 5 und 6 in der Erweiterung der Rechtschreibkompetenz.

Im August 2018 informierte uns die Senatsverwaltung über ihre Sprachförderungspläne.[9] Nur 12,3 Prozent aller Berliner Schulen erhielten zusätzlich zur Regelstundentafel eine Sprachförderung in Lerngruppen. Man empfahl uns eine integrative Förderung in den Klassen 1 und 2, um mit zwei Lehrkräften differenzierter und individueller unterrichten zu können. Das war genau die Methode, mit der wir an unserer Schule zuvor Ressourcen vergeudet hatten.

Ein erfolgreiches Sprachlernmodell muss nicht nur auf dem Papier stehen, sondern vom Kollegium getragen werden. Angesichts der großen Personalfluktuation und der steigenden Zahl von Berufsneulingen in den Schulen sind intensive Auffrischungskurse unabdingbar. Das Einüben der Inhalte kostet zusätzliche Arbeitszeit. Dafür Fachkräfte und Mentoren zu finden, ist derzeit die wohl größte Herausforderung, die die Senatsverwaltung zu bewältigen hat – inmitten einer Personalnot, in der man auf Studenten und Pensionäre zurückgreift, um notdürftig den Unterricht sicherzustellen.

4

DIE SCHULE NEBEN DEM
„SOZIALPALAST"

500 WOHNUNGEN AUF 14 Stockwerken, 2.000 Bewohner aus 25 Nationen und fast an jedem Fenster eine Satellitenschüssel – das ist das Berliner „Pallaseum" (eine Anspielung auf die dort gelegene Pallasstraße) in unmittelbarer Nachbarschaft der Spreewald-Grundschule. Früher trug die innerstädtische Wohnmaschine am ehemaligen Standort des Berliner Sportpalasts (wo Goebbels 1943 seine berüchtigte „Wollt-ihr-den-totalen-Krieg?"-Rede bellte) den Spitznamen „Sozialpalast". Hier leben vor allem sozial schlecht gestellte Menschen mit Anspruch auf eine Sozialwohnung; die Warmmiete liegt bei vergleichsweise günstigen 9,50 Euro pro Quadratmeter. Das Areal gilt als sozialer Brennpunkt mitten im gutbürgerlichen Schöneberg. Es ist ein offenes Geheimnis, dass arabische Gangsterfamilien eine Straße beherrschen, die nur fünf Gehminuten von der Schule entfernt ist. Vandalismus und Kriminalität gehören zum Alltag. Das Viertel ist vom Straßenstrich geprägt. Dennoch liegen jährlich mehrere 100 Bewerbungen für die zwischen 40 und 100 Quadratmeter großen Ein- bis Vierzimmerwohnungen im „Pallasseum" vor. Inzwischen braucht man einen Berechtigungsschein für besonderen Wohnbedarf, um dort unterzukommen.

An der Spreewald-Grundschule begegnen sich viele Kulturen und Sprachen. In den 1980er-Jahren galt sie als Vorzeigeschule. Hier wurde ein Modell für die zweisprachige Erziehung in Deutsch und Türkisch verwirklicht. Damals gab es auf der Spreewald-Grundschule neben deutschen ausschließlich türkische Kinder, ideale Bedingungen für diesen Ansatz, der die Alphabetisierung in der Muttersprache Türkisch[1] mit dem gemeinsamen Lernen deutscher und türkischer Kinder verband. Mehr als 20 andere Schulen mit ähnlichen Voraussetzungen ahmten dieses Modell nach. Später wurde es aufgegeben, weil es zu viele Schüler mit anderen Herkunftssprachen gab. Es war politisch nicht gewollt, Klassen nach dem Sprachpotenzial ihrer Schüler zusammenzusetzen. Stattdessen sollten Kinder mit unterschiedlichen Herkunftssprachen verstärkt in Deutsch gefördert werden, damit alle erfolgreich lernen konnten. Das Konzept der Integration behinderter Kinder in die Regelschule geriet dabei aus dem Blick. Berlin ist an einer Vielzahl gleichzeitig angestoßener Schulreformen[2] gescheitert. Politiker denken in Wahlperioden, richten ihr Handeln danach aus und wollen vor dem nächsten Wahlkampf vor allem Zählbares präsentieren. Reformen, die einen längeren Atem erfordern, sind dann oft zum Scheitern verurteilt.

Doch kommen wir zur Spreewald-Grundschule zurück. Sie besteht aus zwei Gebäuden: einem renovierten Altbau und einem Neubau mit Sporthalle, Freizeit- und Essensräumen sowie einer Schulküche. Im Altbau befindet sich ein Theatersaal, dessen technische Ausstattung mit jeder professionellen Bühne konkurrieren kann. Auch eine große Bibliothek ist vorhanden. In allen Klassenräumen stehen Whiteboards; die Schule verzichtete als eine der ersten in Berlin auf Kreide. Wir standen allerdings vor dem Problem, dass der Haushalt zu knapp bemessen war, um die Whiteboards instand zu halten. Deshalb waren immer mehr von ihnen nur teilweise einsetzbar. Wir mussten dennoch mit ihnen weiterarbeiten, weil wir keine Kreidetafeln mehr hatten. Am Eingang der Schule und in den Klassenzimmern hingen golden gerahmt und von Schülern in Schönschrift geschrieben unsere „Goldenen Regeln", illustriert mit Kinderbildern: „Ich lache andere nicht aus. Ich tue niemandem weh. Ich höre anderen zu. Ich helfe anderen." – und Ähnliches mehr. In der Schulordnung stand außerdem: „Wir gehen friedlich, freundlich und höflich miteinander um. Wir wollen niemand verletzen, auch nicht mit Worten. Wir dulden keine Gewalt auf dem Schulhof und im Schulgebäude." Regeln sind für ein friedliches und tolerantes Miteinander unverzichtbar, gerade in Schulen mit Kindern unterschiedlicher sozialer und ethnischer Herkunft. Ferner galt in der Schule ein grundsätzliches Handyverbot. Sahen wir einen Schüler sein Handy benutzen, zogen wir es ein, die Eltern konnten es dann bei mir abholen. In meinem Amtszimmer stapelten sich stets Mobiltelefone der neuesten Generation. Den Eltern boten wir Schulungen an, um sie für die Notwendigkeit einer gewalt- und streitfreien Umgebung zu sensibilisieren. In einem „Lerncafé der Vielfalt" konnten sie sich mit pädagogischen Fachkräften über ihre Probleme und Sorgen in Bezug auf den Schulalltag austauschen. Wir versuchten, eine möglichst konfliktfreie Umgebung zu schaffen. Die Kletterlandschaft im benachbarten Park durften unsere Kinder nur nach einem festgelegten Zeitplan benutzen, damit sich nicht zu viele gleichzeitig darauf tummelten und sich verletzten. Das Gleiche galt für den Fußballplatz. Die Kinder schafften es nicht, friedlich miteinander zu spielen. Sie prügelten sich um den Ball (aus Sicherheitsgründen benutzten wir ausschließlich Softbälle), täglich gab es Verletzungen.

Wir versuchten, die Schüler mit spannenden Freizeitangeboten zu locken, um dem entgegenzuwirken. So konnten sie mit den „Erdforschern"[3] experimentieren und bauten einen eigenen Vulkan, den sie auch zum Ausbruch brachten. „Ackerdemia"[4] half uns dabei, unseren verwilderten Schulgarten wieder bepflanzbar zu machen. Es wurde gesät, Unkraut gejätet, gewässert und geerntet. Das Gemüse wurde anschließend in der Schülerküche zu leckerem Essen verarbeitet. Der Musiker Peter Fox (Sänger der Gruppe Seeed) nahm Kinder aus unserer Schule im Rahmen einer Arbeitsgemeinschaft in seine 1. Berliner Drumline-School auf. Eine Sporttrainerin mit Ballett- und Artistikausbildung bot zusätzlichen Turnunterricht zu Musik an. Leider gaben einige interessante Kooperationspartner ihre Tätigkeit wieder auf, weil sie es schwierig fanden, mit unseren Kindern zu arbeiten. Unser Ziel war stets, dass alle gerne in die Schule kommen und ein freundlicher Umgangston herrscht, doch der Kontrast zur Lebenswirklichkeit der Kinder außerhalb der Schule war enorm. Wenn sie am Montagmorgen in der Klasse von ihrem Wochenende erzählten, berichteten sie oft von Streitigkeiten und Schlägereien. Es war jedoch schwer, zu unterscheiden, welche dieser Geschichten real waren und welche sich nur virtuell abgespielt hatten.

Vor Halloween beschäftigten Vorbereitungen für den Straßenkampf mit Feuerwerkskörpern viele Kinder in meiner Klasse. Sie erzählten von geheimen Lagern mit illegalen, sprengkräftigen Polenböllern. Zu Halloween und zu Silvester war der Kiez rund um die Schule regelmäßig Schauplatz für Großeinsätze von Feuerwehr und Rettungsdiensten, wenn Jugendliche und Kinder aus meist türkischen und arabischen Einwandererfamilien mit Sprengkörpern den starken Mann markierten, Wartehäuschen an Haltestellen brannten, Schaufenster barsten und Passanten verletzt wurden. Im Vergleich damit erscheint es beinahe lächerlich, dass wir Pädagogen überlegten, wie wir um die obligatorische Feueralarmübung herumkommen könnten, da wir fürchteten, das schrille Warnläuten der Schulglocke könnte traumatisierte Flüchtlingskinder ängstigen. Vor Halloween machten die Kinder meiner Klasse einen Ausflug nach Brandenburg, um dort Kürbisse zu schnitzen. Sie waren mit Spaß bei der Sache und trugen ihre großen und schweren Kürbisse voller Stolz nach Hause. Dennoch waren sie wie ihre Schulkameraden bei den nächtlichen Krawallaktionen dabei, die sich vor dem „Sozialpalast" abspielten. Vielleicht wollten sie endlich einmal in die Tat umsetzen, was sie tagtäglich am Computer übten. Selbst ein massives Polizeiaufgebot schreckte diese Zehnjährigen nicht ab. Sie fühlten sich von älteren Brüdern, Cousins und Vätern ermutigt. Auch orientierten sie sich an Intensivtätern, die anscheinend ungestraft Jahr für Jahr davonkamen und damit zu Idolen werden konnten. Der Rechtsstaat versäumte es, den Jugendlichen klare Grenzen aufzuzeigen. Nur bei tatsächlich schweren Gewaltvorfällen war die Polizei bereit, in unsere Schule zu kommen. Eine blaue Uniform flößte den meisten unserer Schüler keinen Respekt ein. Die Behörden erklärten, ihnen lägen keine Informationen über Ausschreitungen zu Halloween und Silvester im

Die Schule neben dem „Sozialpalast"

Schöneberger Norden vor.[5] Obwohl ich meine Dienststelle, den Stadtrat, das Jugendamt und das Quartiersmanagement über vorausgegangene Vorfälle informiert und immer wieder vergeblich um Hilfe gebeten hatte, gab es weder Vorbeugungsmaßnahmen noch zog man die verantwortlichen Erziehungsberechtigten zur Rechenschaft. Wenn die Bezirks- oder Landesregierung es zulässt, dass Polizeibeamte und Berufsfeuerwehrleute verbal attackiert, als „Hurensöhne" bezeichnet und mit Böllern beworfen werden, darf es uns nicht wundern, dass Kinder in der Schule keinen Respekt vor Lehrkräften, Erziehern und Schulpersonal haben. Viele Schüler konnten mir auf die Frage, was sie werden wollten, keine Antwort geben. Geblendet vom schnellen Geld durch Drogenhandel oder Diebstahl hofften sie auf eine ähnliche Karriere. Große SUV und schnelle, teure Autos prägen das Bild der Potsdamer Straße ebenso wie junge Männer in Markenklamotten. Eine meiner Aufgaben war, die gelegentliche „Abrichtung" von Kindern zu kriminellen Handlungen, den Einfluss von Drogen, Alkohol und Prostitution, die Erwerbsgrundlage der kriminellen Familienclans, aus der Schule herauszuhalten. Im Februar 2019 gab Nordrhein-Westfalens Innenminister Herbert Reul zu, dass alle deutschen Innenminister es „verpennt" hätten, den verschiedenen Clans mit der Macht der staatlichen Exekutive massiv entgegenzutreten. Als Schulleiterin führte ich Elterngespräche mit den Bossen zweier konkurrierender Familienclans, deren Kinder bei uns Schüler waren, plauderte und scherzte mit Schwerverbrechern, denen niemand das Handwerk legte.

Als ich die Spreewald-Grundschule verließ, lernten dort rund 300 Schüler, unter denen sich immer mehr Flüchtlingskinder befanden. Diese waren oft traumatisiert und hatten kaum Kontakt mit der deutschen Sprache und dem hiesigen Wertesystem. Über 95 Prozent der Schüler dieser gebundenen Ganztagsgrundschule hatten einen Migrationshintergrund. In meiner Klasse, also bei den „Kleinen", gab es unter den 22 Jungen und Mädchen nur ein Kind, dessen Eltern deutscher Herkunft waren. Es ist nicht zwangsläufig so, dass sich eine Migrantenfamilie mit zunehmender Aufenthaltsdauer immer besser anpasst. Vielen Eltern meiner Schüler fiel es schwer, sich mit der deutschen Gesellschaft zu identifizieren. Sie halten die eigene Integration nicht für erstrebenswert und geben ihren heimatlichen Traditionen den Vorzug. Im Einzugsgebiet des „Sozialpalasts" mit seinen ghettoähnlichen Strukturen braucht keine Mutter Deutsch zu lernen, um den Alltag zu bewältigen: Sämtliche Dienstleistungen werden in ihrer Muttersprache angeboten. Im Kiez erlebte ich den Ausbau einer Parallelgesellschaft. Hierbei spreche ich nicht von einem Medienkonsum, den türkisches oder arabisches Fernsehen dominieren. Ich meine auch nicht das religiöse Brauchtum. Mir geht es um türkische Supermärkte, arabische Anwälte und Ärzte, Friseure, also eine komplette Infrastruktur, die gar keine Notwendigkeit aufkommen ließ, das Berliner Leben und die europäische Kultur kennenzulernen und mit ihr zu verschmelzen. Die diskriminierende Haltung allem Fremden gegenüber – und das schon von Kindergartentagen an – war erschreckend.

Liebevoll bemühten sich der Islamkundelehrer, die Religionslehrerin und später die Lebenskundelehrkraft (es gab nicht genug Kinder, die an evangelischem und katholischem Religionsunterricht teilnehmen wollten) um das Verständnis für andere Religionen. Sie besuchten mit den Kindern eine Moschee, eine Kirche und eine Synagoge. Doch der außerschulische Einfluss, sei es durch die Bezugsgruppe oder das Elternhaus, war mächtiger. Wer nicht dunkelhäutig war, wurde als „Schweinefleischfresser" beschimpft, egal ob es sich um polnische, lettische, russische, deutsche oder israelische Kinder handelte. Spie man während des Ramadans nicht cool im Treppenhaus aus, so wurde man als „Scheißchrist" beschimpft. Juden wurden im besonderen Maße verachtet, da viele arabische Familien ihre Flucht auf israelische Aggression in ihrem Heimatland zurückführten. „Du Jude" war noch die harmlosere Art, beschimpft und beleidigt zu werden. Wir Lehrkräfte bemühten uns, auf die Gemeinsamkeiten von Islam, Christen- und Judentum hinzuweisen. Doch mit Grundschülern kann man über moralisch-ethische Grundprinzipien noch nicht diskutieren. Dass Religion eine Privatangelegenheit ist, deckt sich nicht mit ihrer Lebenserfahrung. Und viele Eltern in unserem Sprengel verfolgten andere Erziehungsziele als die Schule.[6] Wenn Berzan seinem Klassenkameraden ins Gesicht schlug, weil er schlechte Laune hatte, ging es nicht um Kulturunterschiede.

Allerdings befanden wir uns mit unseren Regeln in Konkurrenz mit der Koranschule im Pallas-Kiez. Sie heizte verächtliches Denken über andere Kulturen und Bräuche an. Was die Kinder dort nachmittags oder abends lernten, half unserem Bemühen um einen respektvollen Umgang miteinander nicht unbedingt. Dort wurden Verse aus dem Koran auswendig gelernt. Es ging nur darum, sie lesen und schreiben zu können, inhaltliches Verständnis war nicht vonnöten. Nicht Integration in die Gesellschaft war das Ziel, sondern Abgrenzung. Statt der Vermittlung von Gemeinsamkeiten stand die Bewahrung des Trennenden im Mittelpunkt. Die Kinder lernten, sich an die Regeln ihrer Familie zu halten. Nie hätte ich geglaubt, dass der Einfluss einer Religion die Integration in den Schulalltag derartig behindern könnte. Es ist zwar verständlich, dass den muslimischen Eltern die religiöse Erziehung ihrer Kinder wichtig ist. Doch die Verhaltensregeln, die ihnen der lokale Imam vermittelte, umfassten auch Vorurteile gegen Muslime anderer Bekenntnisrichtungen, Christen, Konfessionslose und Juden. In der Koranschule erfahren die Kinder viel über Allah, dessen Namen man nicht aussprechen darf, weil er heilig ist. Sie hören Geschichten über Mohammed und lernen, die fünf Säulen des Islam zu beachten: öffentliches Glaubensbekenntnis, tägliches rituelles Gebet, Almosenspende, Fasten während des Ramadans, Wallfahrt nach Mekka. Ihnen wird nahegebracht, wie ein guter Muslim in Körperhaltung und Worten korrekt betet und dass man sich Mitmenschen gegenüber freundlich und hilfsbereit zu verhalten hat. Die Kinder meiner Klasse entschuldigten sich immer öfter, keine Zeit für Hausübungen oder zum Lernen am Wochenende gehabt zu haben, weil sie in der Koranschule gewesen waren. Die Schulanfänger, die sich mit dem Erlernen von Buchstaben beschäftigten, begannen, im Heft von rechts nach links zu schreiben. Ein Schüler erklärte mir: „Wir lernen das so in der Koranschule." Ich besprach mich mit den

Eltern und zog den Islamkundelehrer beratend hinzu, aber für viele Eltern war es wichtiger, dass ihr Kind in der Koranschule erfolgreich ist, als fürs nächste Diktat oder den nächsten Mathetest zu üben. Der Imam hatte oft mehr Einfluss auf die Kinder als wir Pädagogen in der Schule. Was wir ihnen zu vermitteln versuchten, stellten manche Eltern grundsätzlich infrage. Bei meinen Bemühungen, hier einen Schritt voranzukommen, lernte ich den Vorstand der liberalen Sehitlik-Moschee im Berliner Bezirk Neukölln kennen. Der Imam war ein aufgeschlossener, vielfältig gebildeter Mann, dem meine Probleme vertraut waren. Ich konnte ihn für eine Fortbildung in unserer Schule gewinnen, um uns für die Elterngespräche mit Argumenten zu wappnen, die mit dem Islam im Einklang standen.

Ein drängendes Problem war der Umgang mit dem Fastenmonat Ramadan. Von 300 Schülern wollte nur noch ein Drittel zu Mittag essen. Dieses Drittel wurde dann auch noch beschimpft: keine guten Muslime! Als besonders cool galten dagegen Mitschüler, die auch noch auf das Trinken verzichteten. Nach islamischem Recht ist es durchaus möglich, Kinder zumindest bis zur Pubertät vom Fasten zu befreien. Es war aber nicht leicht, die Eltern davon zu überzeugen. Manche belohnten ihre Kinder sogar mit extra Taschengeld, wenn sie tagsüber hungerten. Völliger Irrsinn, wenn man bedenkt, dass der Unterricht in einer gebundenen Ganztagsschule bis 16 Uhr geht. Zudem fiel der Fastenmonat in den Jahren 2014 bis 2018 immer in den Sommer, was besonders den Sportunterricht für Fastende riskant machte. Wir konnten sie aber nicht generell vom Turnen befreien, dafür war der Ramadan zu lang und der Sportunterricht zu wichtig. Von der Senatsverwaltung gab es keine Vorgaben dazu, wie zu verfahren wäre. Die jährlich stattfindenden Bundesjugendspiele und unser Schulfest versuchten wir, außerhalb der Fastenzeit anzusetzen, was aber nicht immer möglich war. Elterninformationsveranstaltungen mit muslimischen Vertretern der Kiezgemeinde halfen nichts. Wir stießen auf die Haltung: Die Beachtung der Regeln des Fastenmonats konnte nicht gesundheitsschädlich sein, weil sie durch die Lehre des Propheten vorgegeben war.

Die Schule neben dem „Sozialpalast"

Weder Deutschland noch Österreich haben sich nach dem Zuzug von Millionen Muslimen darum gekümmert, Islamkunde durch eigene Lehrkräfte, die an deutschsprachigen Universitäten ausgebildet wurden, in den Schulen zu vermitteln. Deshalb hat der türkische Staatspräsident über seine konsularischen Vertretungen die volle Kontrolle über die Inhalte des muslimischen Religionsunterrichts auch im Ausland. Sein Einfluss auf ausgewanderte Türken zahlte sich bei den letzten Wahlen in der Türkei für ihn aus. Alle Schulen, in denen ich in Berlin unterrichtete, hatten einen erheblichen Anteil an Schülern mit Migrationshintergrund – bis zu über 90 Prozent. Sie unterschieden sich allerdings nach dem sozialen Einzugsgebiet. Es gab bürgerliche und kleinbürgerliche Eltern, viele Alleinerziehende, Patchworkfamilien und Hartz-IV-Empfänger. Zum Umfeld der Spreewald-Grundschule gehörte nicht nur der schwierige Kiez rund um das „Pallasseum", sondern auch ein weitaus größeres Gebiet auf den anderen Seiten des Winterfeldtplatzes mit bildungsorientierten Bewohnern. Von Jahr zu Jahr schafften es dort immer mehr Eltern, dass ihre Kinder nicht in die Spreewald-Grundschule eingeschult wurden. Das führte dazu, dass unsere Schüler zu nahezu 100 Prozent aus sozial benachteiligten Familien, aus Elternhäusern nicht deutscher Herkunftssprache kamen.

Unter diesen Umständen war es nahezu unmöglich, die gesetzlich garantierten Bildungs- und Erziehungsziele zu erfüllen. Das pädagogische Personal konnte sich noch so viele interkulturelle Kompetenzen in Fortbildungen aneignen, im schulischen Alltag gestaltete sich das Miteinander oft äußerst kräftezehrend. Wir waren dennoch immer bemüht, den Kindern bestmögliche Bildungschancen zu erschließen. 2017 stellte der neue Schulplaner des Bezirksamtes einen abgewandelten Zuschnitt des Einschulungsbereichs vor. Einige Nachbarschulen konnten die ständig wachsenden Schülerzahlen nicht mehr aufnehmen. Wir hingegen hatten noch Platz, denn es gingen uns viele Anmeldungen verloren, die wir dringend benötigt hätten, um die gemischte Struktur unserer Gesamtnachbarschaft abzubilden. Die Behördenpläne intensivierten jedoch die Ghettoisierung künstlich, indem sie Nachbarschaften ähnlichen sozialen Milieus unserem Einschulungsbereich hinzufügen wollten. Dadurch hätte sich unser Schul-Image weiter verschlechtert und noch mehr Eltern davon abgehalten, ihr Kind an der Spreewald-Grundschule anzumelden. Meine Vorgesetzten in der Schulaufsicht teilten meine Bedenken nicht. Offenbar wollte man alle störenden Kinder im Bezirk in einer Schule sammeln, am besten noch zusammen mit Lehrern, die anderswo bereits Schwierigkeiten hatten, Leistung zu bringen – die man aber nicht in den vorzeitigen Ruhestand versetzen konnte. Von der Spitze der Berliner Landesregierung bis zu den Bezirksstadträten und den Amtsleitern verwiesen alle auf das Versagen anderer Verantwortlicher, um von den eigenen Fehlleistungen abzulenken. Ich plädierte für eine soziale Mischung im Einzugsbereich unserer Schule und machte deutlich, dass ich nicht bereit sei, diese Missstände stillschweigend zu tolerieren und den Eltern und Kollegen unsinnige Entscheidungen des Schulträgers schmackhaft zu machen. Mein ganzes Können, viel Zeit und Mehrarbeit hatte ich fünf Jahre lang in diese Schule investiert – ihre erkennbare positive Entwicklung wollte ich nicht auf diese Weise zunichtemachen lassen.

5

GEWALT VOR UND IN
DER SCHULE

2014 BOT DAS Bildungsnetzwerk Schöneberg-Nord den Schulen im Kiez das Kunstprojekt „Stark ohne Gewalt" folgendermaßen an: „Die Künstler Sofia Camargo und Thomas E. J. Klasen arbeiten mit dem Konzept der Sozialen Plastik. Wie bei Joseph Beuys steht die Entfaltung der Kreativität der TeilnehmerInnen im Fokus der Kunstaktivitäten. Hierdurch entwickelt sich spielerisch Erkenntnis der eigenen Möglichkeiten, eine Art Selbstschulung der individuellen Kompetenzwahrnehmung. Sich derart in einem Projekt verstanden zu wissen, generiert eine allumfassende Willkommenskultur, ist Inklusion und die Basis einer friedlichen Kommunikation." Offenbar sollte es um Graffitis gehen. Dafür war unter anderem vorgesehen: „Das Malen mit dem Mittel des beliebten Graffitisprühens, mit Maske und schonend, da auf Wasserbasis, ist stets frei, ohne Bewertung und farblich zueinander abgestimmt. Es ist in jedem Stadium des Betrachtens harmonisch. Deshalb, da der Respekt vor der Erkenntnis in sich selbst in einem konkurrenzbefreiten Miteinander dem Werdenden stets die Aura der Vollkommenheit gibt. Dieser Tiefenempfindung kann sich keiner entziehen." Das Konzept versprach weiter: „Die Kinder werden frei malen und allein das hat einen ‚Ha-Ha-Effekt'. Sie werden täglich ‚neue' Räumlichkeiten mit einem anderen Bewusstseinszustand erleben. Dazu gehört mehr Freude haben, zur Schule zu gehen, weil dort etwas Wichtiges selbst gestaltet wurde."

Kapitel 5

Trotz des schwammig und unfreiwillig komisch formulierten Angebots setzte ich mich im Herbst 2014 mit den beiden Kiez-Künstlern in Verbindung. Die Renovierung des Schulcafés stand bevor und Eltern hatten sich über die allgegenwärtige Gewalt gegen Schüler beschwert. Zudem wünschte die Schulbehörde mehr Zusammenarbeit mit den Vereinen vor Ort. Die meisten Kollegen waren skeptisch, doch ich erklärte ihnen, beim gemeinsamen Malen und Gestalten der Wände müssten die Kinder sich nonverbal verständigen, es entstünden neue Freundschaften und mit einer selbst mitgestalteten Schule würden sie sich besser identifizieren. Schwieriger war es zu begründen, warum wir gerade dieses vom Bildungsnetzwerk favorisierte Künstlerpaar einbeziehen sollten und nicht etwa einen angesagten Sprayer oder einen befreundeten Künstler einer Kollegin. Doch im Bildungsnetzwerk wurde es nicht gern gesehen, wenn Fördermittel an „fremde" Dienstleister oder Vereine gingen statt an eigene freie Mitarbeiter aus dem Kiez. Bei diesem Projekt sollten die Kinder ihre Ängste großflächig auf Kartons und Leinwänden veranschaulichen, abstrakt oder konkret. Die Entwürfe wurden dann auf die Wandflächen des Schulcafés und des Flurs übertragen.

So entstanden etwa 400 Bilder. Harun malte auf eine große Pappe „I love Palestine", was seinen Nachbarn zur Gestaltung eines Herzens mit dem Kontext „I love Türkei" animierte. Es gab auch sehr düstere Bilder, auf denen Häusertrümmer oder Waffenansammlungen dargestellt waren. Eine Chance für die beobachtenden Lehrer, Kinder in ein Gespräch über diese Bilder zu ziehen, was am ehesten gelang, wenn pädagogisches Personal mit einschlägigen Muttersprachkenntnissen Hilfe leisten konnte. Die Dokumentation des Projekts zeigt fröhlich lachende Kinder. Was auf den Fotos nicht erkennbar ist, sind die beträchtlichen Farbmassen, die wie Schneebälle aufeinander geworfen wurden und auf dem – abgedeckten – Boden landeten. Noch mehr Spaß machte den Kindern die Ganzkörperverhüllung in weißen Plastikschutzanzügen, die die Voraussetzung dafür war, mit großen Spraypistolen Sternenhimmel oder Regenbogen an die Wände rund um das Schulcafé zu sprühen und so die triste Farbgebung des wilhelminischen Zweckbaus aufzulockern. Zum Projektabschluss besuchte uns Frau Marcone, die Mutter von Giuseppe Marcone. Ihr Sohn wurde Opfer eines in Berlin zu trauriger Bekanntheit gelangten Gewaltvorfalls am U-Bahnhof Kaiserdamm. Auf der Flucht vor Angreifern kam er bei einem Verkehrsunfall ums Leben. Sein Bruder zeigte eine Fotodokumentation, die im Zusammenhang mit dem Prozess zur Beweissicherung angefertigt worden war, und leitete anschließend die Diskussion mit den Kindern über die Notwendigkeit, Gewalt zu vermeiden.

50 der Bilder unserer Schüler erschienen mir äußerst präsentabel, sodass die Schule zu einer öffentlichen Ausstellung hätte einladen können. Wir wollten sie zum Kauf anbieten und die Einnahmen jeweils zur Hälfte für ein Projekt im Gazastreifen und für die weitere Anti-Gewaltarbeit an der Spreewald-Grundschule verwenden. Die übrigen Bilder sollten im Schulgebäude ausgestellt werden. Die Eltern hätten sie bei einer Finissage zum Schuljahresende beim Schulfest gegen eine Spende erwerben können. Leider wollte keiner meiner Kollegen die Veranstaltung organisieren und einen Ausstellungsort dafür suchen. Auch die beiden Künstler waren nach Projektende nicht mehr verfügbar. Nachdem sie ihr Geld empfangen hatten, war ihr Engagement erloschen. Ein Bild wollte der Stadtrat erwerben, doch später konnte er sich an sein Versprechen nicht mehr erinnern. Das großflächig gemalte Bild in verschiedenen Rottönen, das nach den Aussagen der Kinder Feuer, aber auch Liebe symbolisieren soll, schmückt seither den Gang vor dem Sekretariat und der Schulleitung.

In Berlin hat es sich schnell rumgesprochen und auch die lokalen Zeitungen berichten darüber: Doris Unzeitig, die aufmüpfige Chefin der Spreewald-Grundschule, hat aufgegeben. So oder ähnlich lautet der Tenor in den Medien, vielfach ist von „Schulleiterin hat hingeschmissen" die Rede. Plötzlich rufen mich ganz viele Reporter an, deutsche und ausländische Zeitungen und Fernsehsender wollen Interviews. Sie wissen, dass der Maulkorb, den mir mein Dienstherr verpasst hatte, nicht mehr gilt. Die Pressestelle der Senatsverwaltung für Bildung teilt den Medien mit, ich könne sagen, was ich wolle. Nach meinem Eindruck sind die politisch Verantwortlichen bemüht, der Öffentlichkeit zu vermitteln, sie hätten nichts gegen größtmögliche Offenheit im Fall Unzeitig. Nur wenige Wochen zuvor zwang mich die oberste Dienstbehörde noch, zu schweigen, und drohte bei Zuwiderhandlung mit Konsequenzen. Jetzt wollen alle wissen, warum ich aufhöre. Nicht nur die Medien, auch meine Schüler und deren Eltern fragen nach: „Warum, Frau Unzeitig?" Ich müsste erklären: „Ich habe keine Lust mehr, mich mit bornierten Politikern herumzuschlagen." Ich ziehe es vor, nicht die volle Wahrheit zu sagen, sondern auszuweichen. Ich brauche Zeit, um mich zu sammeln. Am Abend meines letzten Arbeitstages lasse ich meine Zeit an der Spreewald-Grundschule Revue passieren. Viele Erinnerungen tauchen auf, eine gruseliger als die andere.

Ich gehe zu dem Schrank, in dem ich all die Leitz-Ordner „Schwierige Schülervorgänge" chronologisch sortiert habe – es sind mehr als zehn Stück. Ich blättere in den vielen Hundert Seiten, die meine Kollegen und ich verfasst haben. All diese Fälle von verbaler und körperlicher Gewalt sind zwar äußerst vielfältig, aber keine Einzelfälle, sondern trauriger Alltag. Ich lese und lese und muss immer wieder schlucken, was da zusammengekommen ist. Manchmal bin ich angesichts der Lektüre fassungslos, mitunter sogar angewidert. Der Gedanke, dass die Spreewald-Schule nur eine von vielen Bildungseinrichtungen in Deutschland mit ähnlichen Problemen ist, lässt mich schaudern. Natürlich kann das an jeder Schule passieren. In den Wohnsilos der Großstädte oder in Siedlungen in der Nähe einer großen Fabrik, wo Tausende Menschen, arbeitende Eltern und ihre Kinder auf engstem Raum zusammenleben, kommt es zu Gewalt und Kriminalität. Dennoch hat das, was ich an meiner Schule erlebt habe, andere Ausmaße. Es ist dort brutaler Alltag – trotz aller Anstrengungen engagierter Kollegen, die Auswüchse zu unterbinden. An der Spreewald-Grundschule ist es eine selbstverständliche, sich täglich wiederholende Herausforderung, nicht nur unter erschwerten Bedingungen zu unterrichten, sondern zusätzlich Kinder, Lehrer und

Gewalt vor und in der Schule

gelegentlich auch Eltern vor Gewalttätigkeiten zu schützen: vor offenen Angriffen und verdeckten hinterhältigen körperlichen und verbalen Attacken im Klassenzimmer und auf dem Schulhof, vor direkter und indirekter, nach außen und innen gerichteter Aggression. Tagtäglich heißt, dass sich an jedem Schultag mindestens einmal eine Lehrkraft, ein Erzieher, die Schulsozialarbeiterin, ein Elternteil oder oftmals auch die Kinder selbst an mich wenden. Die meisten dieser Vorfälle versuchen wir, selbst zu lösen – wenn nötig, wird ein Krankenwagen bestellt. In Einzelfällen rufen wir die Polizei zu Hilfe, um Straftatbestände zur Anzeige zu bringen. Stets geht es zunächst darum, den Kindern ihr Fehlverhalten zu erklären und sie zur Einsicht zu bringen. Ein regelmäßiger Polizeieinsatz in der Schule würde die Gewalttäter nur als Helden dastehen lassen. Viel zu oft haben sie schon bei älteren Geschwistern oder Cousins miterlebt, dass die Polizei denen nichts anhaben kann, weil sie noch nicht strafmündig sind. Der mahnende Zeigefinger des Polizisten schreckt nicht ab, sondern beweist nur, dass es keine Instanz gibt, die ihr Verhalten bestraft – ein Eindruck, den wir unbedingt vermeiden wollen.

Zur Gewalt unter Kindern gibt es eine Fülle wissenschaftlicher Studien. Wie ein Schüler agiert, ob er ein Pöbler und Schläger wird, hängt vom Alter ab und davon, zu welcher Gruppe er sich selbst zugehörig fühlt. Die Erfahrung zeigt, dass Jüngere häufiger Opfer und Ältere häufiger Täter sind. Bei Kindern muss früh angesetzt werden, um sie auf den rechten Weg zu bringen. Die Schule übt dabei einen wesentlichen Einfluss aus, auch im Hinblick auf die Intensität der Aggression: Je höher der Bildungsanspruch der Einrichtung ist, desto seltener treten körperliche und verbale Gewalt auf. Das heißt also: Im Elitegymnasium sind Prügeleien und Flegeleien viel seltener als in einer Schule in einem von Armut und Prekariat geprägten Wohnviertel. Mit anderen Worten: Brennpunktschulen sind geradezu als Ort der Gewaltausübung prädestiniert. Diese Erkenntnis ist wissenschaftlich untermauert. Es ist Aufgabe der Politik, die richtigen Schlüsse daraus zu ziehen. Dieser Entwicklung tatenlos zuzusehen und die Mär vom friedlichen Miteinander der Kulturen fortzuspinnen, wie man das in Berlin-Schöneberg zu tun pflegt, hilft nicht weiter. Gewalttätiges Verhalten von Kindern lässt sich auf eine Reihe von Ursachen und begünstigenden Faktoren zurückführen. Das Elternhaus spielt eine wesentliche Rolle dabei. Kinder, die verbale und ausgeübte Gewalt daheim erleben, verstehen Kloppe und beleidigende Kraftausdrücke als Mittel zur Durchsetzung eigener Interessen oder des Ziels, das Sagen zu haben. Denn so erleben sie es zu Hause. Aggression von Kindern und Jugendlichen wird durch äußere Umstände begünstigt, für die die jungen Haudraufs in der Regel nichts können. Sie wachsen in Familien auf, in denen Gewalt als Ausweis von Männlichkeit akzeptiert wird. Häufig ist das in Einwandererfamilien der Fall. Ihr soziales Umfeld besteht aus bereits auffällig gewordenen gleichaltrigen Freunden und Bekannten, die als Vorbilder gelten.

Kinder loten gerne Grenzen aus. Sie suchen gemeinsam mit älteren Geschwistern und Freunden außerhalb der Schule das Risiko und verlassen dann rasch die Grenzen des Erlaubten. Gründe für den Hang zur Gewalt unter jungen Menschen sind auch intensive, unkontrollierte Mediennutzung sowie Erziehungsfehler und inkonsequentes Verhalten seitens der Eltern oder Schule – sowohl vorbeugend als auch im Nachhinein. Kinder, die permanent die Schule schwänzen, haben nachgewiesenermaßen einen verstärkten Hang zu Fehlverhalten bis hin zur Kriminalität. Ein Grund mehr für staatliche Stellen, konsequent gegen Schulschwänzen vorzugehen und Eltern der säumigen Kinder zur Kasse zu bitten. Gerade in Berlin lassen die Verwaltungen zu oft Gnade vor Recht ergehen. Im Schuljahr 2016/17 etwa verhängten sie insgesamt 867 Bußgelder gegen die Eltern von Schulschwänzern, die bis zu 2.500 Euro hoch sein können. Davon waren nach einer Erhebung der Deutschen Presse-Agentur bis zum April 2018 gerade einmal 290 bezahlt worden. Diverse Bezirke verzichten generell auf diese Form der Sanktion mit der Begründung, sie bestrafe Eltern, die ohnehin unter der Situation litten, dass ihre Kinder die Schule schwänzten. Ich halte das für den falschen Ansatz. Es besteht zu Recht Schulpflicht. In erster Linie tragen Eltern die

Verantwortung dafür, dass ihre Kinder pünktlich zum Unterricht erscheinen. Sorgen sie nicht nachdrücklich für Abhilfe, müssen sie die Hand des Gesetzgebers spüren. Umgekehrt wirkt sich ein freundliches Schulklima positiv auf das Verhalten der Schüler aus. Dazu zählt die Einbindung der Kinder in schulische Projekte, die ein friedliches Miteinander fördern. Sie entwickeln Sozialkompetenz, lernen, sich selbst zu kontrollieren, beschäftigen sich mit Lerninhalten, stören nicht den Unterricht und es gibt weniger Schulschwänzer. Auch regelmäßiges Sporttraining, am besten in einem Verein, kann junge Leute vom Weg der Gewalt abbringen.

Auch wenn meine Erlebnisse in der Spreewald-Grundschule nur ein winzig kleiner Ausschnitt der gesamtdeutschen Realität sind, deckt sie sich mit den Erkenntnissen von Sozialwissenschaftlern und Kriminologen. Im Folgenden schildere ich den „ganz normalen" Schulalltag, wie ich ihn erlebt habe, und hoffe, dass Außenstehende dadurch besser verstehen können, was es heutzutage bedeutet, Lehrer einer Bildungseinrichtung in einem Problemviertel zu sein und wie viel Kraft und Zeit Pädagogen aufbringen müssen, um diesen Situationen Herr zu werden. Die Tage meiner Beispielwoche tragen kein konkretes Datum, weil sie sich an jedem Tag meiner fünfjährigen Dienstzeit ereignet haben könnten. Jeder Fall ist authentisch und steht für eine bestimmte Kategorie von Gewalt. Alle verwendeten Namen der Kinder sind auch hier zu ihrem Schutz erfunden.

Montag, 10:00 Uhr

Die Kinder sollten jetzt fröhlich, vielleicht noch erhitzt vom Spiel in der Pause, in ihre Klassen zurückkehren. Vom Schulhof müssen sie über drei Etagen die Treppen hinauflaufen. Oben auf dem Gang erinnert Abdul seinen Klassenkameraden Nadir daran, dass im Klassenraum Hausschuhe getragen werden müssen, er also die Straßenschuhe ausziehen muss. „Nein", antwortet Nadir. „Doch", besteht Abdul darauf, weshalb ihm Nadir eine schallende Ohrfeige verpasst und wegrennt. Abdul verfolgt ihn. Nadirs Freund Can will ihm helfen. Er stellt sich Abdul in den Weg und hält ihn fest, worauf der mit dem Fuß nach Can tritt. Daraufhin stößt Can Abdul mit solcher Wucht gegen die Tür des Klassenzimmers, dass diese sich nun nicht mehr richtig schließen lässt. Die Schulleitung fordert bei der Verwaltung eine neue Holzverkleidung für die Tür an – und einen Maler. Cans Eltern zeigen keine Einsicht, was das Fehlverhalten ihres Sohnes angeht. Der Junge ist schon häufig durch Stören des Unterrichts, Arbeitsverweigerung, Beleidigungen, Provokationen, aggressives Verhalten und Gewalt aufgefallen. Einmal hat er in der Pause einen Jungen verfolgt, der sich in seiner Not auf dem Klo einschloss. Can wartete, bis er wieder herauskam, und verprügelte ihn, sodass das Opfer mit blauen Flecken auf der Wange in die Klasse zurückkam und über starke Schmerzen klagte. Cans Mutter hat versprochen, die Reparatur der zertrümmerten Tür über 350 Euro zu bezahlen, doch das passiert nicht. Da sich die Sachbeschädigung nicht eindeutig einem der drei Jungen zuordnen lässt, kann die Schule den Betrag nicht einklagen. Also übernimmt die Schule die Rechnung und verzichtet auf den Erwerb von Büchern für die Schulbibliothek im Wert von 350 Euro. Nadirs Verhalten wird mit „Sozialdiensten" im Interesse der Schule bestraft, also Fegen, Putzen und Blumenpflege. Abduls Klassenkameraden haben ihn als Hurensohn beschimpft, weil er sich für die Einhaltung der Schulregeln eingesetzt hat.

Wie kann die Schule sicherstellen, dass er vor seinen Mitschülern deswegen nicht als Versager und Schlappschwanz dasteht? Im Lehrerzimmer entbrennt eine Diskussion darüber, ob es sich – angesichts all der anderen Probleme – lohnt, Kraft darauf zu verschwenden, die Schüler zum Schuhwechsel zu veranlassen. Für die Kinder dürfte es eigentlich kein Problem sein, da sie es aus dem Koranunterricht in der Moschee gewohnt sind. Das Gebetshaus darf nur mit gewaschenen Füßen und ohne Schuhe betreten werden. Allerdings liegen in der Moschee Teppiche aus. Das wäre auch etwas für die Klassenräume. Nur fehlt das Geld für Anschaffung, chemische Reinigung und mehrere Staubsauger. Die Organisation der Teppichpflege wäre ebenfalls schwierig und würde zu viel Personal binden. Die Diskussion endet damit, dass wir beschließen, Jungen wie Abdul zu unterstützen, damit sie sich weiter engagieren. Nur auf das Prinzip Hoffnung zu setzen ist ein Armutszeugnis für eine Schule im reichen Deutschland.

Dienstagnachmittag: Schulschluss

Es ist kurz vor 16 Uhr. Die Kinder werden an diesem Nachmittag von ihrer Erzieherin betreut. Ogün und Ilhan, Kinder aus einer sechsten Klasse, streiten schon den ganzen Tag. Trotz Verbots und Ermahnung ihrer Klassenerzieherin holt Emine ihr Handy aus der Schultasche. Denn Karem, ein Freund von Ogün, hat sie aufgefordert, eine Prügelei zu filmen. Ogün plant, Ilhan draußen zu verprügeln. Tatsächlich drischt Ilhan seinem Opfer mehrfach mit der Faust auf den Kopf – wobei sich der Angreifer einmal sogar vergewissert, dass die Filmaufnahme läuft, bevor er auf seinen Klassenkameraden einschlägt. Das Video zeigen der Gewalttäter und seine Freunde auf dem Nachhauseweg anderen Schülern, darunter Emines Bruder. Der Junge ist bekannt dafür, dass er sich nur an deutlich kleinere Kinder herantraut. Ogün steht oft mitten im Unterricht auf und schlägt ohne erkennbaren Grund andere Kinder auf den Hinterkopf. Wegen dieses Verhaltens waren in der Vergangenheit schon mehrere Gespräche mit seinen Eltern geführt worden. Als Konsequenz hatten wir mit den Eltern vereinbart, dass für Ogün ein Mitteilungsheft angelegt wird, das der Mutter Aufschluss über das Verhalten ihres Sohnes in der Schule gebe und das sie täglich kontrollieren solle. Auf Nachfrage bekennt die Mutter nun, dass das nicht funktioniere, da sie sich physisch nicht imstande sehe, die Vorlage des Heftes von ihrem Sohn zu erzwingen. Wahrscheinlicher ist meiner Meinung nach, dass sie die Liebe ihres kleinen Prinzen nicht verlieren will, der für sie einen wesentlichen Teil ihrer Daseinsberechtigung darstellt. Das Wohlergehen eines fremden Kindes, das Opfer von Ogüns Aggression, scheint im Vergleich dazu weniger wichtig. Vielleicht konnte sie die Mitteilungen der Schule auch gar nicht lesen, weil ihre Deutschkenntnisse dafür nicht ausreichten. Es ist eher unwahrscheinlich, dass ihr Sohn im Falle des Heftes – wie sonst üblich – Dolmetscherdienste leisten würde. Bei weiteren Gewaltausbrüchen oder sonstigen Beschwerden über Ogün solle ich sie sofort anrufen, fordert sie, damit sie unmittelbar reagieren könne. Die Klassenlehrerin sei offenbar unfähig. Warum habe sie denn nicht verhindert, dass Emine die Prügelei filmte? Und dem Mädchen hätte das Handy weggenommen werden müssen, beschwert sie sich. Unser Argument, dass es außerhalb der Schule gute Gründe geben könnte, ein Handy dabeizuhaben, ließ Ogüns Mutter nicht gelten. Auch der Vater von Emine kann kein Fehlverhalten seiner Tochter erkennen. Sie habe ja nicht ihr eigenes Handy benutzt, sondern das eines Schulfreundes. Emine und Ogün fordere ich auf, einen Aufsatz über ihre Verstöße gegen die Schulordnung zu schreiben. Emines Vater ist mit der Strafe nicht einverstanden. Seine Tochter habe mit dem Filmen nichts Falsches gemacht. Hier sei doch eindeutig die Schule für Erziehungsversäumnisse verantwortlich zu machen. Er beschimpft meine Kollegen und ruft aufgebracht: „Ich kann Sie nicht ernst nehmen, nicht als Schulleiterin und auch überhaupt. Ich habe keinen Respekt vor Ihnen!" Ich ermahne ihn, sich zu mäßigen, da ich ihn sonst des Raumes verweisen und ihm das Betreten der Schule bis auf Weiteres untersagen müsse. Daraufhin dreht er sich um und verlässt das Schulgebäude. Dieses Verhalten ist kein Einzelfall und trägt auch nicht dazu bei, Konflikte zu beheben. Sobald männliche Erziehungsberechtigte merken, dass sie nicht mit ihrer lauten Streitkultur punkten können, weil ich mich nicht einschüchtern lasse, knallen sie die Türen und verlassen die Szene.

Mittagessen, 12:30 Uhr

Die Kinder der Klasse 1 und 2 haben aufgegessen. Wer besonders leise ist, darf sich als Erster anstellen, wenn es für den Rest der Mittagspause auf den Hof zum Spielen geht. Das Mädchen Renan, der Junge Yeliz und einige andere Kinder stehen bereits in der Schlange und warten. Zwei Mädchen kommen aufgeregt zur Erzieherin und berichten, dass Yeliz Renan so stark geschlagen habe, dass sie weine. Renan bestätigt, Yeliz habe sie heftig am Arm gekratzt. Der Junge begründet seinen Ausbruch damit, dass seine Klassenkameradin ihn „einfach genervt" habe. Sie habe sich vordrängeln wollen, um schneller auf den Schulhof zu gelangen. Im Laufe des Nachmittags wird Renans Arm so dick, dass sie zum Arzt muss. Yeliz ist schon mehrfach negativ aufgefallen. Er verhielt sich immer wieder unbeherrscht und verletzte Mitschüler. Seit einem halben Jahr wird die Familie von einer Familienhelferin des Jugendamtes unterstützt. Die Schule hält ihn nicht für „regelbeschulbar", das heißt, ohne besondere Betreuung ist ihm weder auf unserer noch auf einer anderen Grundschule sinnvoll zu helfen. Der Betreuerin ist es allerdings bislang offensichtlich nicht gelungen, für Besserung zu sorgen.

Yeliz ist in der Türkei geboren und kam als Kleinkind nach Deutschland. Er versteht und spricht sowohl Türkisch als auch Deutsch, doch sind seine Kenntnisse beider Sprachen rudimentär. Er kann sich teilweise nicht verständlich ausdrücken oder zusammenhängend erzählen. Seine Eltern leben getrennt, der Sohn wohnt bei der Mutter, die kein Deutsch spricht. Da der Junge seiner Mutter gegenüber kaum verbalisieren kann, was ihn bedrückt, verleiht er seinen Gefühlen durch körperliches Verhalten Ausdruck. Er schlägt auf jemanden ein, der sich zufällig in seiner Nähe befindet und ihm physisch unterlegen scheint. Yeliz reagiert sehr emotional und ist oft von seinen Gefühlen überwältigt. Trauer, Wut und Freude bringt er unvermittelt zum Ausdruck. Seine Frustrationsschwelle ist äußerst gering, auf Kompromissvorschläge geht er nicht ein. Sobald es nicht nach seinem Kopf geht, greift er seine Mitschüler verbal und körperlich an. Jedes Kind in seiner Nähe ist ein potenzielles Opfer. Der Junge droht, sie zu schlagen oder zerstört ihre Arbeiten. Das hat zur Folge, dass niemand mit ihm spielen möchte und er keine Freunde hat, nach denen er sich eigentlich sehnt. Eltern warnen ihre Kinder vor dem Kontakt mit Yeliz. Durch Antippen, Anrempeln, Schubsen, Schlagen oder Spucken versucht er, die Aufmerksamkeit auf sich zu lenken. Das ist seine Art, Kontakt aufzunehmen. Yeliz versteht nicht, warum er sich dafür entschuldigen sollte. Es ist ihm unmöglich, konzentriert dem Unterricht zu folgen. Er ist nicht in der Lage, ein oder zwei Minuten lang ruhig auf seinem Platz zu sitzen. Entweder kippelt Yeliz mit dem Stuhl, wühlt in seiner Schul- oder Federtasche herum, nuckelt an der Trinkflasche, haut mit den Händen auf den Tisch oder er zieht sein T-Shirt oder seinen Pulli an oder aus. Er schmatzt und rülpst laut und lacht dabei, ruft irgendwelche unsinnigen Wörter in die Klasse, schreit ohne Grund seinen Sitznachbarn an oder brüllt ihm direkt ins Ohr. Immer wieder verlässt er seinen Platz und läuft in der Klasse herum, setzt sich unter den Tisch oder verlässt, ohne zu fragen, den Klassenraum. Spricht man ihn auf sein Verhalten an, reagiert er entweder überhaupt nicht oder er senkt den Blick und grinst. Seine Handlungen kann er nicht erklären. Damit er und die Kinder seiner Klasse ungestört lernen können, bräuchte er einen Kinderpsychologen, der ihn durch den kompletten Schulalltag begleitet. Und der hätte alle Hände voll zu tun – den ganzen Tag. Yeliz erinnert in seinen Ausbrüchen an den bösen Friedrich im „Struwwelpeter". Er zieht Kinder an den Haaren und reißt sie aus, er haut ihnen auf den Rücken, spuckt sie an, ohrfeigt sie, boxt sie in den Bauch oder stellt ihnen ein Bein. Er zieht ihnen den Stuhl unter dem Hintern weg und beschimpft sie mit den schlimmsten Ausdrücken. Spielsachen oder Arbeitsmittel, die er haben möchte, reißt er anderen Kindern ohne jede Vorwarnung aus der Hand. Nach dem Grund gefragt, behauptet er stets, die anderen seien schuld – oder er rennt einfach lachend davon.

So traurig es ist: Die Schule ist mit einem derartig aggressiven Kind hoffnungslos überfordert. Sie ist keine psychotherapeutische Anstalt, die das Übel an der Wurzel packen könnte. Sie muss andere Wege finden, die allerdings nicht mehr Ausdruck eben dieser Hilflosigkeit sind. Im Fall von Yeliz ist es am erfolgreichsten, wenn das Kind seinen Aggressionsstau durch Bewegung abreagiert. Wenn der Lehrer ihm während der Unterrichtszeit Gelegenheit gibt, bis zur Erschöpfung den Gang vor dem Klassenzimmer auf- und abzurennen, erscheint der Junge am glücklichsten. Aber sieht so eine Lösung aus, die dem Kind Zukunftschancen eröffnet? Weshalb muss ein solch aggressives Kind überhaupt in einer Regelschule unterrichtet werden? Das Land Berlin hat seine Sonderschulen aufgegeben und auf sehr wenige Förderzentren für Fälle wie Yeliz reduziert. Um dorthin überwiesen zu werden, bedarf es einer sorgfältigen jugendpsychologischen Diagnose und der Zustimmung der Erziehungsberechtigten. Man geht davon aus, dass sich bei Kindern in den ersten beiden Schuljahren Verhaltensauffälligkeiten entwicklungsbedingt noch auswachsen können, und lehnt, um die knappen Ressourcen zielgerichteter einzusetzen, zahlreiche Sonderbeschulungsanträge ab. Hier zeichnet sich zuletzt erfreulicherweise eine Trendwende ab. Jede Schule erhält eine pauschale Mehrausstattung von Lehrerstunden, um bereits vom ersten Schuljahr an lernschwache und verhaltensauffällige Kinder zusätzlich zu unterstützen und zu fördern.

Yeliz bekommt erst fachkompetente Hilfe, als er in die dritte Klasse kommt. Die Diagnose lautet „Lernbehinderung", obwohl wir seine Primärbehinderung seiner Verhaltensauffälligkeit zuordnen. Yeliz muss vor allem lernen, sich an Regeln zu halten, still zu sitzen und sich auf seine Arbeit zu konzentrieren, um dann allmählich auch dem Lerninhalt folgen zu können. Er ist nicht lernbehindert, es mangelt ihm nicht an Intelligenz. Da uns aber nur zusätzliche Lehrerstunden bei einer Lernbehinderung zugeteilt werden, erhält er die Diagnose „Lernbehinderung". So hat die Schule die notwendige zusätzliche personelle Ausstattung, die es ermöglicht, ihn im Regelunterricht wenigstens stundenweise durch eine eigene Lehrkraft zu betreuen. Warum man das so handhabt? Die Antwort der Schulverwaltung, die auch ich nicht verstehe und die immer wieder von Kollegen in unterschiedlichsten Positionen kolportiert wird, lautet: Die Schulverwaltung kann keine zusätzlichen Stunden für verhaltensauffällige Kinder geben, wenn sie nach dem gleichen Lehrplan unterrichtet werden. Seit dem Schuljahr 2018/19 hat sich diese Situation erfreulicherweise geändert. Heute gibt es eine verlässliche Grundausstattung, die der Schulleitung erlaubt, im Bedarfsfall diese Entscheidung aus den eigenen Mitteln zu finanzieren. Therapeutische Maßnahmen für Yeliz sind nicht bewilligt worden. Doch schnell ist klar: Yeliz benötigt eine kleine Lerngruppe mit einer höheren Anzahl von Pädagogen, die ihn individuell betreuen. Da dies für die Spreewald-Grundschule ein Ding der Unmöglichkeit ist, müsste die Mutter gemeinsam mit uns einen Antrag stellen, ihr Kind in einem sonderpädagogischen Zentrum fördern zu lassen. Die Mutter will allerdings keine „besondere" Schule für ihren Sohn. Sie wirft mir vor, wir würden Yeliz für dumm erklären, was er nicht sei. Wir könnten ihn nur nicht leiden und wollten uns nicht mit ihm beschäftigen. Dies ist leider kein Einzelfall. Diese Haltung ist bei Eltern aus sozial schwachen Milieus sehr häufig anzutreffen. Das gilt nicht nur für bildungsferne Deutsche, sondern auch sehr häufig für muslimische Einwanderer aus einer autoritären Volkskultur. Zur absoluten Unfähigkeit, die notwendigen minimalen Bildungsziele der Schule korrekt einschätzen zu können, tritt das Gefühl der Schande, wenn in einer Familie ein Junge groß wird, der nicht imstande ist, traditionell männlichen Attributen zu genügen. Sowohl der Vater als auch die Mutter leiden darunter. Ihrem Kind ist damit nicht geholfen, es verschlimmert nur die Lage.

Ich bitte die Mutter, sich gemeinsam mit der Familienhelferin eine andere Grundschule mit gezielter Förderung anzuschauen. Außerdem soll Yeliz an einer Ferienbetreuung teilnehmen, damit er nicht während dieser Zeit unbeaufsichtigt durch den Kiez streift. Ich lege der Mutter nahe, sich in einen Deutschkurs einzuschreiben, um sich in der deutschen Umgebung selbstständig zurechtzufinden und ihrem Sohn ein Vorbild zu sein. Nichts hilft. Yeliz verändert sein Verhalten nicht und die Situation eskaliert. Eltern von Kindern, die Opfer der Gewaltausbrüche des Jungen wurden, erstatten Anzeige. Die Mutter ist überfordert und entzieht sich einer nachhaltigen Lösung. Die Sommerferien verbringt sie mit Yeliz in der Türkei. Sie lässt ihn dort bei der Familie zurück. Das Land Berlin zahlt das

Kindergeld auch für Jungen und Mädchen, die nicht in der Stadt leben. Die Spreewald-Grundschule erstattet zu Schulbeginn eine Schulversäumnisanzeige. Ein Jahr später taucht der Vater überraschend auf und will Yeliz wieder in einer Berliner Schule unterbringen. Der Junge kann inzwischen fast kein Deutsch mehr. Eine Unterhaltung ist nicht mehr möglich. Da ich mich weigere, das Kind erneut aufzunehmen, wird er anderweitig untergebracht. Was aus ihm geworden ist, weiß ich nicht. Ich hoffe, dass Berlin ihm eine Chance gibt. Der Fall Yeliz offenbart das ganze Debakel: hier völlig überforderte Eltern und eine hilflose Schule, die keine Chance hat, für nachhaltige Besserung zum Wohle des Kindes und seiner Mitschüler, die unter seinem Verhalten leiden, zu sorgen; dort ein handlungsunfähiger Staat, der Schule, Kinder und deren Eltern alleinlässt. Niemand wird es wundern, dass Väter und Mütter aus gutbürgerlichen Milieus ihre Sprösslinge nicht in die Spreewald-Grundschule schicken wollen und sogar Tricks anwenden, um eine dortige Einschulung zu verhindern. Wer will es ihnen verübeln, dass sie vermeiden wollen, dass Schüler wie Yeliz ihren Kindern das Kindsein und das Lernen erschweren?

Mittwoch, vor Schulbeginn

Aufgeregte Mütter vor meinem Amtszimmer. Burhan, ein Junge im fünften Schuljahr, hat über soziale Netzwerke wiederholt gegen Mitschüler Morddrohungen ausgesprochen. Ermahnungen, solche Postings zu unterlassen, schlug er in den Wind. Eltern bedrohter Kinder zeigen mir eine von ihm verfasste WhatsApp-Nachricht mit einer Ankündigung, er werde einen Jungen und ein Mädchen mit einem Schwert töten. Die betroffenen Kinder sind traumatisiert und trauen sich vor panischer Angst nicht mehr in die Schule. An konzentriertes Lernen ist nicht zu denken. Ich schließe Burhan vom Unterricht aus und verbiete ihm das Betreten des Schulgeländes. Diese Maßnahme darf ich für maximal zehn Schultage verhängen. Mit meinem Team bespreche ich, was zu tun ist, den Beschluss effektiv umzusetzen. Zudem informiere ich die Polizei. Mir ist klar, dass Burhan dringend Hilfe braucht. Doch alle Ideen, die meinem Krisenteam und mir dazu einfallen, sind nicht umsetzbar, weil es an Lehrkräften fehlt. Alle Mitglieder des Krisenteams sind durch ihren ganz normalen Job in der Schule voll eingespannt. Auch für uns Lehrer hat der Tag nur 24 Stunden. Selbst die Organisation einer Krisenteamsitzung bedeutet schon Unterrichtsausfall in mehreren Klassen inklusive der Suche nach alternativer Betreuung der Kinder. Wenn es zu einem vergleichbaren Notfall ein- oder zweimal im Jahr kommt, mag das funktionieren. Aber wir brauchten das Krisenteam jede Woche. Wenn man das auf ganz Deutschland hochrechnet, ist das Maß des damit verbundenen Unterrichtsausfalls erschreckend hoch. Nicht allein wegen der – zum Glück seltenen – Amokläufe auch an deutschen Schulen müssen Verantwortliche im Bildungsbereich Gewalt- oder gar Morddrohungen von Kindern und Jugendlichen sehr ernst nehmen. Ich bin sicher, dass hier alle dazugelernt haben und konsequent dazulernen. Berlin beispielsweise will die Installation von Krisenteams an Schulen zur Pflicht machen. Ich hoffe, sie werden auch finanziell entsprechend dafür ausgestattet.

Die Behörden wollen Burhan an eine andere Schule versetzen. Wirklich geholfen ist ihm damit sicher nicht, aber uns bleibt keine andere Möglichkeit.

Und wieder eine Prügelei

Es klingelt zum Pausenende. Die Schüler drängeln sich durch das Schultor, unter ihnen Murat aus der dritten Klasse, der unvermittelt auf Mehmet einschlägt und ihn tritt. Murat war tags zuvor beim Friseur und trägt jetzt die moderne Kurzhaarfrisur, die Mehmet auch gefällt, für die aber seine Eltern kein Geld ausgeben wollten: kurz rasierter Hinterkopf, kahler Nacken, wegrasierte Koteletten, Schachbrettmuster auf dem Haupthaar. Statt eines Wortes der Anerkennung, den man sich mit einem solchen Haarschnitt ähnlich dem der Bodyguards von Erdogan erwartet, beschimpft Mehmet ihn als Kahlkopf. Nur verbal zu parieren kommt für Murat nicht in Betracht. Er schlägt seinem Gegenüber mit der Faust ins Gesicht. Dem Gewalttäter fehlt eine soziale Verhaltenspalette, die ihm gestattet, das Gesicht zu wahren – er kennt nur die Prügelei. Seine Frustrationstoleranz liegt knapp über null. Nachdem ein Lehrer die Raufbolde mit größter Mühe auseinandergebracht hat, beschimpfen sie sich auf übelste Weise: „Fick deine Mutter!" – „Pornoschwein!" Seine Lehrerin ist von Murat bereits einiges gewohnt. Seit Monaten beleidigt er seine Mitschüler, schlägt um sich, rennt aus der Klasse, knallt mit den Türen. Beim Elterngespräch machen Murats Vater und Mutter wie so oft die Schule für das Verhalten ihres Sohnes verantwortlich. Sie lasse es zu, dass ein Mitschüler Murat beschimpfe und ihm die Ehre abschneide. Der Versuch, die Eltern mit ins Boot zu nehmen, um ihrem Kind zu helfen, scheitert wieder einmal kläglich: Die Frustrationstoleranz der Eltern ist genauso niedrig wie die ihres Sohnes. Auch sie haben offenbar nicht gelernt, mit Konfliktsituationen umzugehen.

Während ich das aufschreibe, wird mir erst recht deutlich, dass den Kindern jede Möglichkeit fehlt, anders als mit körperlicher Aggression zu reagieren. Dahinter vermute ich einen autoritären Führungsstil der Familie zu Hause oder Ohnmacht – vor allem der Mütter –, ihre Kinder bei der Nutzung von Social Media zu beeinflussen, da sie über keine digitalen Kompetenzen verfügen. Nicht nur in Murats Fall, sondern generell muss ich immer wieder feststellen, dass sich Mütter nicht in der Lage wähnen, den Umgang ihrer Kinder mit den sozialen Medien zu kontrollieren, geschweige denn ihnen das Handy wegzunehmen. Sie kennen noch nicht einmal das Passwort des Smartphones ihres Kindes. Täuschungsmanöver der Schüler wie das Dunkelstellen des Displays durchschauen Mütter und selbst durchaus technikaffinere Väter nicht. Sie sind nicht in der Lage, nachzusehen, ob ein Spiel wirklich gelöscht wurde.

Sportunterricht, 5. Stunde

Zum Standardprogramm der Kinder gehört es, ältere Geschwister bei Auseinandersetzungen einzubeziehen. Weil Nurettin seinen Klassenkameraden Oran „Fettsack" genannt hatte, beschwerte sich dieser in der Pause darüber bei seinem älteren Bruder, der daraufhin den jüngeren Bruder rächte, indem er Nurettin schlug. Der Angegriffene zerkratzte seinem Gegner das Gesicht. Ich bitte die Streithähne zum Gespräch. Die Beleidigung „Fettsack" spielt nun keine Rolle mehr. Nurettin behauptet, seine Mutter sei schon während des Sportunterrichts von Oran beleidigt worden. Auf meine Nachfragen geht er nicht ein. „Du nervst", „Du lügst", muss ich mir anhören. Ob hier erzieherische Gespräche überhaupt sinnvoll sind? Uns Lehrern fehlen wirksame Mittel, um die Schulregeln durchzusetzen und Bedingungen zu schaffen, gemeinsames Lernen zu ermöglichen. Den fortgesetzten Beleidigungen fühlen sich meine Kollegen auf Dauer hilflos ausgeliefert. Für sie stellen sich keinerlei Erfolgserlebnisse ein. Deshalb wollen viele die Schule wieder verlassen, je schneller, desto besser. Uns sollte aber bewusst sein, dass wir in diesem Beruf neben Wissen auch soziale Kompetenzen vermitteln müssen und Menschen von Natur aus nicht zur Rücksichtnahme bereit sind, sondern ihren eigenen Vorteil durchsetzen möchten. Hier sind konsequente Erziehung und gute Vorbilder gefragt. Es gibt Berichte über Autofahrer, die Notärzte beschimpfen, weil der Rettungswagen ihnen den Weg versperrt. Da ist sich die Mehrheitsgesellschaft einig: Das geht so nicht! Notarzteinsätze müssen Vorrang haben. Aber auch in der Schule muss deutlich werden, dass Hilfe und Unterstützung nicht mit Gewalt erzwungen werden können.

Gewalt in den Pausen

Besonders verstörend sind Gewaltakte unter Schülern, die nicht durch äußere Anlässe wie Beleidigungen motiviert sind. Einem

Mädchen ist aus purem Übermut ein Bein gestellt worden. Es stürzt vornüber auf den Steinboden und kommt mit Verletzungen an Kopf und Bauch mit dem Rettungswagen ins Krankenhaus. Beliebt ist auch das „Nackenklatschen". Während der Hofpause spielen einige Jungen aus der vierten Klasse Räuber und Gendarm. Onur stört ständig, indem er unaufgefordert die Rolle des Gendarmen übernimmt und maßlos übertreibt. Er dreht den Arm eines Jungen brutal auf den Rücken und verteilt harte Nackenschläge. Das Flehen des Opfers, aufzuhören, ignoriert Onur.

Ein regelrecht sadistisches „Spiel" ist „Wahrheit oder Pflicht", das die etwa Zehnjährigen an meiner Schule exzessiv betreiben. Die „Pflichtübungen" müssen die Opfer auf der Toilette über sich ergehen lassen. Dazu zählt, den Boden oder den Penis eines anderen Jungen abzulecken. Im Gespräch erklären die Akteure, sie hätten diese „Bestrafungen" auf YouTube gesehen.

Beim Durchschauen der Papiere merke ich, wie viele der brutalen und boshaften Vorgänge ich bereits vergessen habe. Verarbeitung durch Verdrängung? Ich fürchte, ja. Kurt Hahn, der 1933 vor den Nazis geflohene, angesehene Reformpädagoge – er gilt als Erfinder der Erlebnispädagogik –, hat Schüler gezwungen, sich in Realsituationen auszuprobieren. Er ließ sie etwa eine Steilwand hinaufklettern, die im Alleingang nicht zu bezwingen war. In der Seilschaft musste sich einer auf den anderen verlassen. Daraus lernten die Schüler, füreinander da zu sein. Aber wie soll ich das Modell auf die Spreewald-Grundschule übertragen? Was können wir Lehrer Kindern Vergleichbares anbieten, damit sie gar nicht erst auf die Idee kommen, aus Frust und Langeweile Klassenkameraden zu schlagen oder zu schikanieren? Das Eingeständnis einer gewissen Ohnmacht schmerzt auch im Nachhinein.

6. Klasse, 4. Stunde

Nach einem kurzen Wortgefecht steht eine Schülerin wütend auf, läuft quer durch den Klassenraum zu einem Jungen und zerkratzt ihm die

Wange, dass die Schramme bis zu seinem Ohr reicht. Erst als die Lehrerin direkt vor der Angreiferin steht, lässt sie von dem Jungen ab, stürmt schreiend aus der Klasse und versteckt sich im Schulgebäude. Sämtliche Lehrer der Schule suchen das Mädchen. Sie finden es schließlich auf der Toilette. Das Mädchen ist zu keinem Gespräch bereit. Der Schulsozialarbeiterin fallen vernarbte Schnittwunden an ihrem Unterarm auf. Offenbar ritzt sie sich massiv. Auf die Narben angesprochen, läuft sie erneut weg. Die Eltern wundern sich nicht über das Verhalten ihrer Tochter – sie reagiere bei Auseinandersetzungen daheim ebenfalls mit Flucht. Auf meine Veranlassung geht das Mädchen zum Kinderarzt, der die Ursache der Verletzungen nicht diagnostizieren kann und rät, einen Psychologen aufzusuchen. Die Eltern behaupten, eine Überweisung oder Adresse hätte er ihnen nicht gegeben. Auf meine Nachfrage bezüglich eines Termins beim Psychologen blafft mich der Vater an, seine Tochter sei nicht krank und er würde keinesfalls zu diesem „Arzt für dumme Leute" gehen. Bis heute verstehe ich nicht, warum sich die Mutter nicht zu ihrer Tochter ans Bett gesetzt hat, um sie zu fragen, wo denn die Schnitte herkämen. Stattdessen geben die Eltern der Schule die Schuld für das autoaggressive Verhalten ihrer Tochter.

Da wir auf einer Behandlung bestehen, erklärt der Vater, er wolle sein Kind lieber auf eine andere Schule schicken. In Gesprächen mit Lehrkräften und Mitschülern erfahre ich, dass die Schülerin sich völlig apathisch und teilnahmslos verhalte, außer in den Situationen, in denen sie völlig ausraste. Sie erzählt allerdings von der Internetseite „Blauer Wal", die sie regelmäßig besuche. Mir war diese Seite unbekannt. Das Online-„Spiel" grassiert vor allem in Russland und anderen osteuropäischen Staaten und spricht sensible, psychisch labile Kinder und Jugendliche an. Sie werden erst liebevoll umgarnt, bevor ihnen die „Sinnlosigkeit des Lebens" deutlich gemacht wird. Aufgaben fangen relativ harmlos an: „Schau dir den ganzen Tag Horrorfilme an." Der Grad der Intensität und der Brutalität nehmen täglich zu, bis hin zur Selbstverstümmelung. Allein in Russland soll „Der blaue Wal" nach offiziellen Angaben für wenigstens 90 „Spieler" mit

Selbstmord geendet haben. Ich bitte die Eltern eindringlich, das Handy ihrer Tochter zu kontrollieren, und informiere außerdem das Jugendamt. Zu meiner Verblüffung ist eine offizielle Kinderschutzmeldung laut Jugendamtsmitarbeiterin jedoch nicht mehr notwendig, da bereits eine entsprechende Akte vorliegt. Diese ist jedoch wegen Geringfügigkeit wieder geschlossen worden. Man rät mir, den Krisendienst einzuschalten, falls sich das Mädchen in der Schule selbst gefährden würde. Um weitere Diskussionen zu vermeiden, meldet die Mutter ihre Tochter von unserer Schule ab.

Auch nach Unterrichtsschluss kein Frieden

Zur Vermeidung von Gewalt gibt es in der Schulordnung die Stopp-Regel, die jedes Kind verpflichtet, in freundschaftlichen Raufereien unter Kameraden innezuhalten, wenn jemand verbal oder durch Zeichen verkündet: Hör auf, es tut mir weh! Leider halten sich längst nicht alle Kinder daran. Engin steht mitten im Deutschunterricht auf und schlägt Klassenkameraden auf den Hinterkopf, einfach so, aus Spaß. Seine Mitschüler reagieren mit dem Stopp-Zeichen, weil sie im Unterricht keinen Ärger bekommen wollen. Doch Engin hört nicht auf. Die Lehrerin unterbindet die Auseinandersetzung und informiert die Eltern über den Vorfall. Zwei Tage später stehen Engins Vater und Mutter in der Schule und verwickeln die Lehrerin in eine heftige Auseinandersetzung, wie sie selbst an der Spreewald-Grundschule alles andere als alltäglich war. Der Vater wirft der Lehrerin vor, in ihrer Mitteilung habe sie allein die Gewaltanwendung seines Sohnes herausgestellt – die Verletzung der Stopp-Regel spielt für ihn keine Rolle. Die Mutter überschüttet sie ebenfalls mit befremdlichen und absurden Vorwürfen: „Sie wollen immer nur unseren Sohn in die Gewaltecke stecken und mobben. Immer ist er an allem schuld!" Die Lehrerin versucht dennoch, das Gespräch zu versachlichen, ihr geht es um eine konkrete Lösung. Als sie auf den Verstoß gegen die Stopp-Regel zu sprechen kommt, schreit die Mutter hysterisch: „Sie sind doch krank im Kopf!" Da die Lehrerin die Beleidigung ignoriert und das Gespräch mit dem Vater fortsetzt, wird die Mutter noch wütender, geht mit erhobenem Arm auf die Lehrerin zu und brüllt: „Ich schlag dich jetzt, du." Der Mann verhindert Schlimmeres, indem er sich zwischen die zwei Frauen stellt. Daraufhin erklärt meine Kollegin das Gespräch für beendet. Die Mutter fordert nun so laut, dass es die Lehrerin hören kann, ihren Mann auf, der Lehrerin auf dem Heimweg aufzulauern: „Komm, wir verfolgen sie jetzt bis zur U-Bahn-Station." Kollegen der verängstigten Lehrerin eilen schließlich zu Hilfe und alarmieren die Polizei. Die Beamtin erklärt, ähnliche Übergriffe von Eltern würden immer wieder auch von anderen Schulen gemeldet.

Ich erteile Engins Mutter Hausverbot, um zu verhindern, dass sie weitere Leute aus meinem Team attackiert. Von nun an muss sich die Frau von ihren Kindern vor dem Schultor verabschieden und sie dort abholen. Wollte sie selbst einen Termin in der Schule, musste sie telefonisch darum bitten. Dass sich meine Kollegin nach diesem Vorfall nicht hat wochenlang krankschreiben lassen, ist erstaunlich und spricht für ihr außergewöhnliches Engagement.

Der Schutz meiner Kollegen

Engins Eltern halten sich nicht an das Hausverbot und boykottieren alle unsere Maßnahmen, das Verhalten ihres Sohnes zu korrigieren. Der Vater gibt vor, nicht zu verstehen, weshalb sein Sohn und seine Frau den Hausfrieden und den Unterricht massiv stören. Ich befürchte, dass er keinerlei Verständnis für unsere Position hat. Die zuständige Kollegin vom Jugendamt zeigt sich ratlos, zumal die Eltern des Jungen es kategorisch ablehnen, ihren Jungen in einer – übrigens sehr kostenintensiven – Tagesgruppe zur Förderung der Sozialkompetenz unterzubringen. Der Vater wendet sich schließlich an die für schulische Angelegenheiten zuständige Beschwerdestelle der Landesregierung. Sie ist bei der Senatsverwaltung für Bildung angesiedelt und soll Streit schlichten, unbürokratisch Probleme aus dem Weg räumen und langwierige Verwaltungsverfahren beschleunigen. Obwohl „der Fall Engin" lückenlos dokumentiert ist und den zuständigen Entscheidern vorliegt, fordert die Beschwerdestelle von mir eine erneute Stellungnahme an. Obendrein verlangt sie, das erteilte Hausverbot aufzuheben. Die Beschwerdestelle wirft mir absurderweise vor, die Vorfälle nicht gerichtsfest dokumentiert zu haben. Was mich besonders ärgert: Die Streitschlichter verstoßen gegen die wichtigste Voraussetzung einer gelungenen Mediation, nämlich stets auch die Gegenseite zu hören. In ihrem Bemühen, den Wünschen der Eltern zu entsprechen, vernachlässigen die Verantwortlichen die Fürsorgepflicht gegenüber den Lehrern meiner Schule. Ihnen geht es offenbar allein darum, eine lästige Beschwerde aus der Welt zu schaffen. Ich bin nicht bereit, meine Mitarbeiter durch Engins Eltern beleidigen oder sie gar körperlich bedrohen zu lassen. Ich habe mich an eine Anweisung der Senatsverwaltung zum Schutz von Lehrern und Kindern gehalten: den Notfallplan für Berliner Schulen. Auf dieser Grundlage hätte der verantwortliche Schulrat die Beschwerdestelle in ihre Schranken verweisen und sich an meine Seite stellen müssen. Stattdessen erhalte ich von ihm folgende E-Mail:

„Sehr geehrte Frau Unzeitig,
ich bitte um Stellungnahme und Begründung,
warum hier ein Hausverbot von Ihnen ausgesprochen
ist und was das in der Praxis für die Eltern bedeutet.
Bitte noch heute.
Danke.
Mit freundlichen Grüßen
Im Auftrag …"

Darauf erkläre ich meinem überarbeiteten Vorgesetzten die Details noch einmal ausführlich und rate ihm, vielleicht selber noch einmal bei der Beschwerdestelle wegen einer weiterführenden Idee nachzufragen. Mit Erfolg. In seiner nächsten Mail bedankt sich mein Vorgesetzter für mein Verständnis und weist darauf hin, dass er gegenwärtig nicht zuletzt wegen Krankheitsvertretungen nahezu allein sämtliche Schulen des Bezirks zu betreuen habe, was seine Möglichkeit, Einzelangelegenheiten zu klären, erheblich einschränke. In meiner Antwort informiere ich ihn auch über die in diesem Fall unternommenen Aktivitäten des Jugendamtes und der Schulpsychologie des Bezirks.

Die Schule als Feindbild

Meine offizielle Dienstzeit reicht hinten und vorne nicht, den Aufgabenberg abzutragen. Meine nächtlichen Aktivitäten widme ich der besonderen Förderung einzelner Kinder. Diese pädagogisch enorm wichtige Maßnahme gestaltet sich häufig schwierig: Nachdem sich die Klassenlehrerin wochenlang mit anderen Erziehern und Lehrkräften um eine intensivierte Förderung des Schülers Yezdan bemüht hat, schreibt mir sein Vater:

„Mein Sohn Yezdan kommt nicht in den Förderunterricht. Ihr sollt uns in Ruhe lassen und glaubt ihr, dass, wir uns nicht mit dem Gesetzen auskommen!? Oder meint ihr Ausländer erkennt sich nicht mit den Gesetzen aus!? Ihr habt schon mal gemerkt, dass ich vor dem Gericht recht hatte. Wenn ihr uns nicht in Ruhe lässt, dann werde ich euch persönlich klagen wegen der Diskriminierung. Ich möchte keine Hilfe von eurer Schule; lassen sie uns einfach in Ruhe damit wir unsere Ruhe haben. Wenn es euch nicht passt, dann sucht für mein Sohn eine neue Schule".

Hier wird wieder einmal deutlich, wie wichtig eine obligatorische Elternschule ist, in der Eltern über ihre Rechte und Pflichten im deutschen Schulsystem informiert werden. Derartige Informationsveranstaltungen gibt es an unserer Schule, sie werden aber nicht von dem Personenkreis angenommen, der sie besonders nötig hätte. Der Gesetzgeber müsste initiativ werden, um Schaden von den Kindern abzuwenden, wenn Eltern von der Schule angebotene Fördermaßnahmen boykottieren. Zugleich wird deutlich, wie wenig die ohnehin überlasteten und in ihrem Bemühen häufig gar nicht gewürdigten hauptamtlichen Mitarbeiter der Schule auf Mütter und Väter im Bereich der Erziehung Einfluss nehmen können. Ein Integrationslotse oder Bildungsbotschafter wäre hier das falsche „Instrument". Es bedarf einer Autorität, vergleichbar den Mitarbeitern eines Jobcenters, die den extrem autoritätsgläubigen Vater unmissverständlich, das heißt mit Verweis auf finanzielle Konsequenzen, darauf hinweist, dass er verpflichtet ist, pädagogische Hilfen der Schule im Interesse des Sohnes zu akzeptieren.

Frühstückspause in einer 6. Klasse

Vier Jungen geraten in Streit, beleidigen einander lautstark und werden handgreiflich. Ein Lehramtsstudent ermahnt die Kinder, aufzuhören. Da sie nicht reagieren, trennt er sie, indem er dazwischengeht. Einer der Jungen schlägt wild um sich und erwischt dabei den Pädagogen im Gesicht. Die Streithähne werden für den Rest der Stunde räumlich getrennt. Einer widersetzt sich jedoch den Anweisungen und stürmt aus dem Klassenraum. Die Schulsozialarbeiterin kann die Ursache der Schlägerei nicht klären, da die Kinder sich wechselseitig beschuldigen, den Streit angefangen zu haben. Der Routinevorfall weitet sich zu einem Schulproblem aus, als einer der Jungen, um sein Fehlverhalten zu verschleiern, herausposaunt, eine Lehrkraft habe ihn schlagen wollen. Der Schüler ist für seine Respektlosigkeit bekannt. Lehrkräften, die ihn zu bändigen versuchten, erklärte er: „Chill mal dein Leben" oder „Schlag mich doch, schlag mich doch." Die Jungen sollen ihre Sicht des Konflikts in einer Stellungnahme aufschreiben. Wieder einmal zeigt sich, wie schwierig es für uns Lehrkräfte ist, sich ein Bild über den Ablauf des Geschehens zu machen, selbst wenn ein Schüler im Nachhinein voll kooperiert.

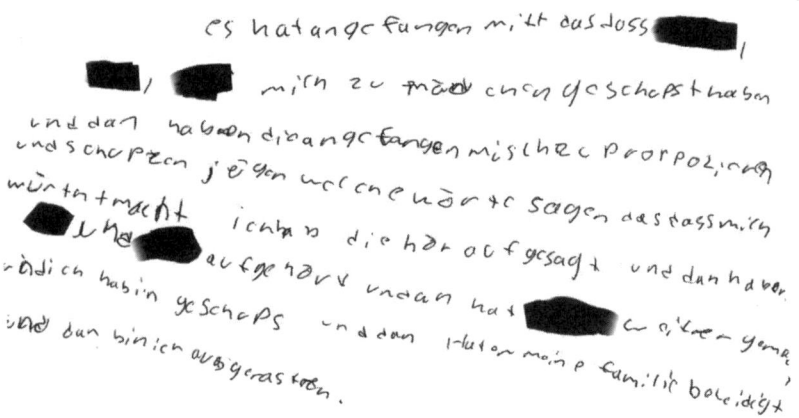

Luftküsschen für die Lehrkraft

Große Pause. Wieder einmal spielen die Schüler einer vierten Klasse „Nackenklatschen". Ein Kind wird dabei verletzt. Die Lehrerin, die Pausenaufsicht hat, versucht, herauszufinden, was passiert ist. Dabei äfft ein Junge sie immer wieder nach und hat die Lacher der Mitschüler auf seiner Seite. Da dieses Kind nach der Pause immer noch über Schmerzen klagt, will die Klassenlehrerin gemeinsam mit der Kollegin, die den Vorfall auf dem Schulhof schlichten wollte, die Situation abschließend klären. Der Witzbold verhält sich abermals höchst despektierlich und wirft der Lehrerin immer wieder Luftküsse zu. Diese im Nachhinein lustig anmutende Szene, die dem Film „Fack ju Göhte" entsprungen sein könnte, ist für unsere Lehrkräfte bitterer Schulalltag. Der Junge ist für sein provokantes, respektloses Benehmen berüchtigt. Zwei Jahre lang war er in einer sogenannten Tagesgruppe untergebracht. Das ist ein familienunterstützendes Angebot des Staates und richtet sich an Familien mit Kindern in problematischen Familiensituationen. Er sollte dort lernen, sein aggressives Verhalten abzubauen. Über die Aufnahme in eine solche Gruppe von bis zu zehn Kindern entscheiden Jugendamt und die Fachkräfte der Tagesgruppe. Die Tagesgruppe arbeitet eng mit der Schule zusammen und unterstützt Kinder und Jugendliche sowie deren Eltern bei der Strukturierung des Alltags und der Freizeit oder beim Training der Sozialkompetenz. Sie ist Ansprechpartner bei schulischen Problemen, Entwicklungsschwierigkeiten und innerfamiliären oder sozialen Konflikten, mit deren Bewältigung die Familie sich überfordert fühlt.

Der Junge verließ die Gruppe, nachdem ihm bescheinigt worden war, dass er am normalen Unterricht teilnehmen könne. Angesichts der aktuellen Entwicklung will die Mutter, dass wir den Vater bei der Erziehung seines Sohnes mit einbeziehen. Der hat jedoch kein Interesse daran. Alle Bemühungen von Jugendamt und Schule, dem Jungen zu helfen, fruchten nicht. Er trug immer wieder familiäre Probleme in den Schulalltag hinein und versuchte sie zu lösen, indem er die komischen Aspekte eines solchen Kompetenzgerangels in den Vordergrund stellte.

Zehn Minuten vor Unterrichtsschluss einer fünften Klasse

Trotz wiederholter Aufforderung des Lehrers weigert sich Atak lautstark, die von ihm absichtlich heruntergeworfenen Schulsachen eines Mitschülers aufzuheben. Er ekle sich davor, da der Besitzer häufig pople. Die anwesende Erzieherin konnte den Schüler ebenfalls nicht dazu bewegen, die Sachen aufzuheben. Nach Unterrichtsschluss kündigt die Erzieherin dem Jungen Konsequenzen und ein Gespräch mit seinem Vater an. Wütend brüllt Atak sie an: „Ich ficke diese Frau, ich ficke ihre Mutter, ich ficke ihren Vater. Diese Hure!" Er wirft seine Schultasche auf den Boden, rennt in den Klassenraum zurück und tritt gegen die Stühle, die die Kinder auf die Tische gestellt hatten. Von Atak ist bekannt, dass er sich schwer kontrollieren kann und dazu neigt, sich mit Drohgebärden gegenüber Erwachsenen aufzubauen. Sein Vater lobt ihn für dieses Verhalten. Er betrachtet das aggressive Verhalten als Zeichen der Durchsetzungsfähigkeit seines Sohnes. Auf den Vorschlag der Schulpsychologin, den Jungen zu einem Anti-Aggressionstraining zu schicken, winkt er lächelnd ab: Das sei alles nur Show. Sein Sohn heische um Aufmerksamkeit, er sei alles andere als unberechenbar.

Schlag in den Bauch einer Schwangeren

Ein Zeitvertreib unter Jungen ist, zu testen, wer die stärksten Bauchmuskeln, den besten Sixpack hat. Dabei boxt ein Knabe dem anderen mit geballter Faust möglichst fest in die Magengegend. Wer mehr aushält, hat gewonnen. Ein Junge war so begeistert von dem Spiel, dass er eine Erzieherin, die gerade über den Flur lief, zur unfreiwilligen Teilnehmerin auserkor und ihr in den Bauch boxte. Die Frau schubste ihn weg und drehte sich mit schmerzverzerrtem Gesicht zur Seite. Der Junge wusste nicht, dass die Kollegin schwanger war. Auf meine Frage, ob er sich bewusst sei, was er da getan habe, antwortete der Junge, er habe herausfinden wollen, ob die Frau einen Schmerz verspüre oder es nur kitzele. Wir schickten die Schwangere zum Arzt, der sie von einem weiteren Einsatz mit Kindern in der Spreewald-Schule freistellte. Eine absolut nachvollziehbare Maßnahme, die sich allerdings einmal mehr zu unserem Nachteil auswirkte, da wir keinen kompetenten Ersatz für den Ausfall erhielten.

Gewalt außerhalb der Schule

Wegen des sozialen Umfelds kommen Kinder der Spreewald-Schule auch nach Unterrichtsschluss mit Kriminalität und Gewalt in Berührung. Der weit über Berlin hinaus bekannte Rapper Jalil drehte 2015 unter anderem im Hof des „Sozialpalastes" sein Video zum Song „Nino Brown", der auf seinem Album „Das Leben hat kein Air

System" erschienen ist. Nino Brown ist der Held des amerikanischen Films „New Jack City", der vom brutalen Bandenkrieg unter Drogenhändlern handelt. Jungen aus der Spreewald-Grundschule sind in dem Video als Komparsen zu sehen. Einige hantieren darin mit einer echten Pistole. Das Lied verherrlicht den Verkauf und Konsum von Drogen und den (angeblichen) Kampf der Kinder aus dem Arme-Leute-Kiez gegen die Träger von Markenanzügen in den bürgerlichen Berliner Vierteln. Der Rapper preist das vermeintliche Recht der Jungs auf der Straße, sich ihren Anteil am Reichtum zu holen – ausdrücklich auch unter Gewaltanwendung. Dabei wird auch die Tötung eines Gegners als Option aufgezählt. Unabhängig davon, wie man ein solches Kunstwerk einschätzt, ist es definitiv nicht jugendfrei und auf keinen Fall sollten Kinder im Grundschulalter in einem Video mitspielen, das auf vielfältige Art und Weise Kriminalität verherrlicht. Wir erfahren von der Produktion des Films, weil einige Kinder stolz von ihren Erlebnissen beim Dreh in der Schule berichteten. Den Jungen hat man gesagt, es handle sich um ein Bushido-Video. Ich wende mich an die Polizei, das Quartiersmanagement, die Jugendsozialarbeit, die Jugendhilfe sowie die zuständige Präventionsbeauftragte und teile diesen Stellen mit, dass die Kinder nach den Kenntnissen der Schule ohne Wissen der Eltern in dem Video mitgewirkt haben. Die Polizei fordert uns auf, Anzeige zu erstatten. Die Väter und Mütter der Kinder laden wir in die Schule ein.

Ich habe schon einige schreckliche Sachen an der Spreewald-Grundschule erlebt. Als sich die Eltern jedoch gegenüber der Schule offenbaren und mir klar wird, unter welchem Druck sie stehen, bin ich zutiefst erschüttert. Aus Angst vor negativen Konsequenzen wollen sie nichts gegen den Rapper unternehmen. Die Gefahr für Besitz, Leib und Leben sei für sie selbst und ihre Kinder zu groß. Sie wollen nicht als die Person geoutet werden, die Polizei und Ämter eingeschaltet hatte. Die Mutter eines Sohnes fragt mich, ob ich es verantworten könne, wenn ihr Mann, der ebenfalls in der Rapper-Szene aktiv sei, „abgestochen" werden würde. Lediglich zwei Eltern waren bereit, Anzeige zu erstatten. Ich bekomme folgende Mail:

„Liebe Frau Unzeitig,
ich habe Ihre Nachricht weitergeleitet an das Jugendamt (…)
und das Team vom QM (Quartiersmanagement). Da ich
morgen auf Urlaub gehe, kann ich leider aktuell darauf nicht
reagieren. Ich hoffe, Sie haben das Präventionsteam der
Polizei eingeschaltet?
Bezirkliche Koordination
Quartiersmanagement Schöneberg-Nord"

Diese Frage hätte sich die Absenderin sparen können, da ich sie in meinem ersten Schreiben bereits beantwortet hatte. Von den Behörden und Sozialarbeitern ist niemand in der Angelegenheit tätig geworden. Die Kinder sind immer noch stolz auf ihre Statistenrolle in dem Video und viele Eltern haben offensichtlich keine Möglichkeit, Maßnahmen gegen Karrieren ihrer Kinder außerhalb der sich durch deutsche Schulzeugnisse eröffnenden Laufbahnen zu ergreifen.

Gewalt und religiöse Intoleranz

Während des Deutschunterrichts eskaliert ein Streit in einer Ecke der Klasse. Die Lehrerin erkundigt sich nach dem Grund. Dikmen erklärt, die anderen glaubten ihm nicht, dass sein Vater für den IS kämpfe und deshalb jetzt im Gefängnis sitze. „Der IS ist gut, weil er den islamischen Staat möchte. Alle Juden sind schlecht, denn sie töten Menschen", sagt der siebenjährige Junge. Antisemitismus ist eine verbreitete Erscheinung unter Arabischstämmigen, auch schon unter Jugendlichen und Kindern. Die Motivlage ist unterschiedlich. Manche Kinder mit palästinensischem Hintergrund kennen Berichte der Eltern, dass israelische Soldaten Mitglieder ihrer Familie getötet haben. Grundschulkinder haben kaum die Möglichkeit, politische Zusammenhänge zu erkennen und zu differenzieren. Andererseits ist das simple Nachplappern des Geredes aus dem Elternhaus besorgnis-

erregend. Die im Vorbeigehen geäußerte Beschimpfung „Du Jude"
auf dem Pausenhof befindet sich auf einer Ebene mit – als Ausdruck
von Deutschenfeindlichkeit – „Kartoffelfresser" und „Hurensohn".
Im Gegensatz zu einem christlichen Kind erleben jüdische Kinder
diese Beschimpfung als unmittelbare Gefahr für ihre Existenz innerhalb und außerhalb der Schule. Kinder mit türkischem Fami-
lienhintergrund, die in dritter Generation als deutsche Staatsbürger
in der Bundesrepublik leben, sind offenbar besonders empfänglich
für diese neue Variante der Sündenbocksuche, die angesichts des Zu-
zugs Zehntausender Familien aus Syrien und dem Libanon „trendy"
geworden ist. Ablehnung von Christen ist für die Kinder, die ich hier
unterrichte, und deren Eltern gleichbedeutend mit einer Ablehnung
der Autoritäten, der deutschen Pädagogen und Angestellten in Äm-
tern und Behörden. Wesentlich mehr als antisemitische Äußerungen
belastet den Schulbetrieb die seit vielen Jahren anhaltende und
immer wieder dokumentierte religiöse Intoleranz muslimischer Kinder christlichen Gleichaltrigen gegenüber. Vor meiner Zeit gab es
offenbar deutlich mehr protestantische Kinder an der Spreewald-
Grundschule. Die Schulakten quellen über von Dokumentationen all
der Streitfälle, die sich auf Beschimpfungen wie „Du Schweinefleischfresser" beziehen. Auch das „Hurenkind" kann nur eine christliche
Mutter gehabt haben, denn eine Muslimin hat keinen Sex vor und
außerhalb der Ehe. Während sich viele deutsche Familien von der
Religion abwenden und die meisten dem christlichen Glauben verpflichteten Familien sich um ein aufgeklärtes, auf Werte außerhalb
der Religion fußendes, bürgerliches Miteinander verständigt haben,
während jüdische Familien in der Regel bemüht sind, der heutigen
deutschen Gesellschaft nicht mehr die schrecklichen Verbrechen
ihrer Vorfahren während des Dritten Reiches anzulasten, existiert
unter den Anhängern der verschiedenen muslimischen Konfessionen nur eine sehr geringe Bereitschaft, Mitmenschen ihre eigene
nicht-islamische religiöse Überzeugung zuzubilligen.

In den Berliner Brennpunktschulen sollte man besser kein golde-
nes Kreuz als Schmuck um den Hals tragen, wenn man nicht Ent-

täuschung und Wut provozieren möchte: „Du bist Christin? Wie ekelig!" Als Atheistin oder religiös Gleichgültige hätten die Kinder mich akzeptiert – als Christin? Unmöglich. Von mir und den vielen Tausend Kolleginnen und Kollegen im deutschen Schuldienst wird zu Recht erwartet, dass wir religiös neutral und vorurteilsfrei auf Eltern zugehen. Das gilt nicht nur in der Begegnung mit Müttern, die – wie meine Großmutter bei Feldarbeiten in der Steiermark – ein Kopftuch tragen, sondern auch für Frauen, die kaum verständlich oder nur mittels Dolmetscher reden und ihr Gegenüber mit großen Augen hinter der körper- und gesichtsverhüllenden Burka fixieren. Die Verhüllung des Haupthaares sowie das Tragen von Kleidung, die weibliche Körperformen neutralisiert, spiegeln nicht allein kulturelle Gepflogenheiten wider, wie etwa bayerische Frauen zum Kirchweihfest ein Dirndl tragen. Im Islam ist sie zumeist Ausdruck ihrer Unterwerfung unter die Vorschriften der Religion. Nach dieser Lesart des Korans ist es für viele Muslime nicht möglich, eine Lebensphilosophie zu akzeptieren, die andere Religionen als gleichwertig anerkennt. Der Koran als letzte und verbindliche Offenbarung im Kanon der Buchreligionen, die sich auf göttliche Überlieferung beziehen, erkennt die Propheten der Vorgängerreligionen an, erwartet aber von Gläubigen der Gegenwart, dass sie allein Allah und die von Mohammed empfangenen Offenbarungen als verbindlich beachten. Diese von muslimischen Eltern vorgelebte Intoleranz gegenüber dem Christentum und anderen Religionen bringen Kinder mit in die Schule. Viele leiten daraus einen moralischen Überlegenheitsanspruch ab, den sie auch mit verbaler und körperlicher Gewalt umsetzen dürfen oder gar müssen.

Wie jede Bildungseinrichtung in Deutschland bemüht sich auch die Spreewald-Grundschule, Kindern Kenntnisse über die Weltreligionen zu vermitteln. Ein Islamkundelehrer besucht mit ihnen eine Synagoge, eine katholische oder evangelische Kirche und spricht mit den jeweiligen religiösen Oberhäuptern über ihr Religionsverständnis. Mittelpunkt solcher Gespräche sind häufig religionsgeschichtliche Parallelen und ähnliche Anlässe für die großen religiösen Feste, das Einhalten von Fastenzeiten und die mit dem Beginn und dem Ende verbundenen Festlichkeiten. Diese Bemühungen verfehlen bei muslimischen – sowohl sunnitischen als auch schiitischen – Kindern meist ihr Ziel. Nach meiner Erfahrung nimmt man allenfalls in alewitischen Familien die Berichte der Kinder über andere Religionen mit einigem Interesse zur Kenntnis und verweist vielleicht auch auf die eigenen Erfahrungen mit religiöser Verfolgung innerhalb muslimischer Gesellschaften. In der Ganztagsschule müssen wir sicherstellen, dass die Kinder tagsüber eine warme Mahlzeit zu sich nehmen. Während des Ramadan weigern sich viele Jungen und Mädchen zu essen. Bemühungen unter Einbindung des Islamkundelehrers und eines örtlichen Imams, Kinder von dieser Haltung abzubringen, schlugen weitgehend fehl. Auch Eltern waren in Aufklärungsabenden nicht umzustimmen. Der ausdrückliche Hinweis, dass die Fastenvorschriften nicht für Kinder gelten, stimmte weder Eltern noch Schüler um. Nach solchen Infoveranstaltungen wurde im Gegenteil in vielen Familien mit besonderem Nachdruck auf die Einhaltung des Fastens auch in der Schule bestanden.

Immer wieder haben mir vor allem Jungen erklärt, der Nahrungsverzicht nach dem Vorbild der Erwachsenen sei eine hervorragende Gelegenheit, ihre Männlichkeit zu beweisen. Nur dann sind sie „cool" und werden von älteren Brüdern, Cousins und Freunden respektiert. Nicht wenige Eltern unterstützen die Anstrengungen der Kinder, indem sie sie jeden Abend beim Fastenbrechen mit einer Geldmünze belohnen. Die Schüler, von denen viele kein regelmäßiges Taschengeld erhalten, können ihr Budget im Ramadan deutlich aufbessern. Vor allem beim Lernen und im Sportunterricht zeigen sich die negativen Auswirkungen des Fastens. Für die Schule ist es schwierig, mit Verweisen auf die jeweilige Geschichte einer Religionsgemeinschaft Verständnis, geschweige denn eine Verhaltensänderung bei den Schülern zu erreichen, dazu brauchen wir umfassende gesellschaftliche Veränderungen. Ich plädiere für eine Haltung, die der Bestimmungshoheit des Elternhauses in Religionsfragen die Autorität der auf die Landesverfassung verpflichteten Schule als gleichrangig gegenübergestellt. Es geht nicht an, dass der Artikel 5 des Grundgesetzes, der Religionsfreiheit garantiert, alle anderen Rechtsgrundsätze der Verfassung relativiert und deren Gültigkeit in Teilen einschränkt. Die Eltern haben das Selbstbestimmungsrecht über die Religion ihrer Kinder bis zum 14. Lebensjahr. Das bezieht sich aber ausschließlich auf die religiöse Unterweisung neben oder innerhalb der Schule durch Vertreter der verschiedenen Weltanschauungen, nicht aber auf die Organisation und den Inhalt des Schulbetriebs. Dies verlangt zwingend den Respekt vor der religiösen Überzeugung anderer Menschen im Geltungsbereich des deutschen Grundgesetzes und der europäischen Gesetze.

Jesus hat den jüdischen Monotheismus allen Völkern zugänglich gemacht. In der Lehre seiner Schüler wird das Christentum zur Staatsreligion des Römischen Reiches und damit zur verbindlichen Machtgrundlage aller sich in dieser Tradition entwickelnden europäischen Staaten sowie der von ihnen gegründeten Kolonien auf allen Kontinenten. Das schwer fassbare Konstrukt der Dreifaltigkeit des einen Gottes wird durch die Schaffung des Islam durch den Propheten Mohammed zum dritten Mal überdacht. Jetzt ist Allah unsichtbar und wirklich nur eine Macht, die dem Propheten alle Lebensregeln für die Gläubigen verbindlich und letztmalig überliefert hat. Allah privilegiert die Heimatstadt des Propheten, Mekka, die jeder Gläubige einmal in seinem Leben aufsuchen soll, um das Paradies zu erwerben. Es gibt aber keine Vorschriften für die Residenz des Kalifen. Daraus folgt, dass im Islam niemand die verbindliche Oberhoheit für die Auslegung des Korans für sich alleine beanspruchen kann. Im Islam stehen die Prediger, Richter und Schriftgelehrten in Konkurrenz zueinander und niemand kann die verbindliche Oberhoheit über die Auslegung des Korans für sich allein beanspruchen. Daher die Konflikte zwischen Saudi-Arabien und dem Iran und die daraus resultierenden Streitigkeiten im Nahen Osten.

Religiöse Bildung wird gegenwärtig vor allem als Mittel gegen die Religionskonflikte einer multireligiösen Gesellschaft angepriesen. Islamkunde und Werteunterricht scheinen vor diesem Hintergrund wichtiger als die gründliche Unterweisung in der christlichen Religion. Damit wird jedoch der Anspruch auf das Recht zu verbindlicher Normsetzung durch den Schulträger infrage gestellt. Die Gleichberechtigung der Geschlechter hat die der christlichen Morallehre geschuldete Privilegierung des Mannes abgelöst. In eine Gesellschaft des Wertewandels ziehen – begünstigt durch die Öffnung der Grenzen innerhalb Europas – Menschen, die ein traditionelles Familienbild mit einem Vater/Großvater als Familienvorstand kennen, dem alle Respekt schulden und dem die gesamte Großfamilie gehorcht. Auch hier ist eine konfliktfreie Nachbarschaft nicht gerade selbstverständlich gegeben. Dieses bedingt zwangsläufig leider auch Konflikte innerhalb der Schule. Obwohl Migrationserfahrungen, Mehrfachidentitäten, Multiperspektivität und Mehrsprachigkeit überaus nützliche Ressourcen sein können, haben Schule und Bildungssystem daraus bisher keinen Nutzen zu ziehen vermocht. Stattdessen wird Migration immer noch meist negativ konnotiert. In diesem Zusammenhang wirkt Horst Seehofers Statement, Migration sei die Ursache aller Probleme, besonders verhängnisvoll, nicht nur, weil er vergisst, dass der Freistaat Bayern ohne die Migrationseliten, die er seit seiner Gründung aus anderen Regionen Deutschlands, Europas und der ganzen Welt angezogen hat, nicht zu dem gegenwärtigen Wohlstand gelangt wäre, sondern weil auch an einem konservativ bajuwarischen Christentum die Welt nicht genesen wird.

Präventive Maßnahmen und Lösungsvorschläge

Die Spreewald-Schule hat in den vergangenen Jahren viele Wege verfolgt, um ihre Attraktivität für Kinder und ihre Eltern zu steigern. Mit präventiven Maßnahmen wollten wir erreichen, dass sich die Bereitschaft zur Identifikation mit der Schule vergrößert. Bei unseren Bemühungen bekamen wir wie bereits geschildert von der Schulaufsicht oder dem Jugendamt wenig Unterstützung. Aus dem 1999 mit zusätzlichen Bundesmitteln aufgelegten Programm „Soziale Stadt" ist uns Geld für zusätzliche Spielgeräte auf dem Schulhof zugesagt worden. Als wir den dafür notwendigen Betrag abrufen wollen, ist er nicht mehr verfügbar. Wir können unseren Kindern keine Alternative zu all den Spielen bieten, bei denen es um körperliche Stärke und mitunter um pure Gewaltanwendung geht. Wir bündeln unsere Ressourcen, Kräfte und Erfahrungen und versuchen, das Beste im Interesse der Kinder daraus zu machen. Externe Partner unterstützen uns mit Ideen und stehen beratend zur Seite, den Alltag müssen wir dennoch alleine bewältigen – und dabei kommt es wie so oft auf jede einzelne Lehrkraft und jeden einzelnen Erzieher an. Durch den ständigen Personalwechsel im Kollegium gelingt es uns immer nur zeitweise, dem Leitbild unserer Schule entsprechend respektvoll miteinander umzugehen. Unser Ziel ist, einen Schulalltag zu gestalten, in dem Teamarbeit, Kooperation und Fortbildung für das Personal gesichert sind. Das Wohl und der Lernfortschritt der Kinder stehen im Mittelpunkt unserer Bemühungen. Dafür ist eine enge Zusammenarbeit mit den Eltern erforderlich. Die vielen Quereinsteiger und Berufsanfänger sind häufig überfordert. Statt Stoff zu vermitteln, sind sie oft genug vollauf damit beschäftigt, sich in den Klassen überhaupt Gehör zu verschaffen; an eine Durchsetzung der Schulordnung ist da gar nicht zu denken. Für unsere Schüler ist es jedoch unerlässlich, dass klar erkennbare Regeln vom gesamten pädagogischen Personal eingefordert und durchgesetzt werden. Wenn ich nicht möchte, dass die Schüler wie eine wilde Horde laut grölend durch das Treppenhaus auf den Pausenhof laufen, was schon vielfältige Gefährdungen anderer Kinder zur Folge hat, muss ich die Kinder in Zweierreihen auf den Pausenhof führen, bis sie sich von selbst an diese Ordnung halten. Ich habe hier als Erzieher oder Lehrkraft keine pädagogische Freiheit, sondern muss mich dem Regelkodex der Schule beugen, weil ich Mitglied dieser sozialen Gemeinschaft bin. Wem es gelingt, eine Klasse geordnet und leise durch das Schulhaus zu führen, wird sich in aller Augen positiv von dem hilflosen Mitarbeiter unterscheiden.

Gewalt vor und in der Schule

Auch das Jugendamt muss seinen Kooperationsverpflichtungen mit den Schulen nachkommen. Es ist fantastisch, dass unsere Schulsozialarbeiterin mit großem Engagement das Pensum von etwa zwei Fachkräften absolviert. Aber sie muss entlastet werden, wenn wir verhindern wollen, dass sie demnächst unter den Arbeitsanforderungen zusammenbricht. Die Zeit in der Schule muss so organisiert werden, dass jede Schülerin und jeder Schüler sich ihre individuellen Erfolgserlebnisse erarbeiten können. Dafür müssen wir den Respekt voreinander neu lernen und die Barrieren der unterschiedlichen Sprachen, Traditionen und Gewohnheiten relativieren, um sie für uns neu bewerten zu können. Wenn wir unseren eigenen Anteil an einem Konflikt akzeptieren, werden wir erkennen, was zu seiner Lösung notwendig ist, und auch anerkennen, wenn sich unser Konfliktgegner um Lösungen bemüht.

6

„UNTERRICHTEN
STATT KELLNERN"

SCHNELL WAR MIR klar: Meine Schule war nicht durch singuläre Maßnahmen zu retten, wir benötigten andere Dinge: Erstens brauchte sie das beste erhältliche Personal. Zweitens mussten wir jene Schüler entfernen, die immer wieder gegen die Schulregeln verstießen, bei denen Erziehungs- und Ordnungsmaßnahmen nicht fruchteten und deren Eltern zu keiner konstruktiven Zusammenarbeit bereit waren. Neue Lehrer einzustellen ist schwierig, solange vor allem der Finanzsenator entscheidet, wofür in Berlin Geld ausgegeben wird, und soziale Leistungen, Straßensanierung und Umweltschutz, Energieumstellung und Schaffung bezahlbaren Wohnraums in Konkurrenz mit der Bildung der uns anvertrauten Kinder stehen. Man bräuchte jemanden wie die Klimaaktivistin Greta, welche die nötige Beharrlichkeit aufweist, um alle für Bildung verantwortlichen Menschen im Land Berlin für die Wahrnehmung ihrer Pflichten zu sensibilisieren. Vielleicht würden Schulleiter sich dann öffentlich weigern, unqualifizierte Akademiker als Lehrer einzustellen. Um pädagogisches Personal zu gewinnen, holt man pensionierte Lehrkräfte aus dem Ruhestand zurück, die maximal acht Stunden pro Woche unterrichten dürfen. Für die Grundschule sind diese Fachlehrer also kaum einsetzbar. Mit dem Slogan „Unterrichten statt Kellnern" will die Senatsverwaltung außerdem jobsuchende Studenten für den Schuldienst gewinnen. Man stelle sich vor, die Bundesärztekammer würde „Operieren statt Kellnern" anpreisen, um fehlende Ärzte und Pflegepersonal zu kompensieren!

Marketingmaßnahmen des Senats liefen auch unter dem Titel „Bring mir was bei". Die dritte vom Senat vorgeschlagene Lösung lautet Schönrechnen: Schulen können einen Teil der ihr zustehenden Lehrkräftestunden in Stunden für Unterrichtshilfen umwandeln. Das sind Betreuer, die darauf achten, dass Kinder nach Vorgaben einer Lehrkraft arbeiten oder Übungsaufgaben machen. Den Fachunterricht können sie jedoch nicht ersetzen. Zusätzlich wollte die Schulverwaltung Quereinsteiger besser auf ihre Aufgaben vorbereiten. Auch verhandelte sie mit den Gewerkschaften darüber, gegebenenfalls „Ein-Fach-Lehrkräfte" als neue Personalkategorie einzuführen. Das sind Lehrer mit einer Ausbildung in einem Grundschulfach, beispielsweise Absolventen einer Kunst- oder Musikhochschule. In anderen Mangelfächern wie Naturwissenschaften oder Informatik können „Ein-Fach-Lehrer" ebenfalls eingesetzt werden. Auch zusätzlich vergütete Mehrarbeit oder eine Anhebung der Gehaltsstufen könnten motivieren. Andererseits haben viele Kollegen ihr Stundendeputat trotz Gehaltseinbußen freiwillig gesenkt, weil sie sich überlastet fühlen und einen Burnout fürchten.

Es ist beinahe ein Verbrechen, Kindern durch unzureichend ausgebildete (Hilfs-)Lehrkräfte das schulische Lernen zu erschweren. Sie sind die schwächsten Glieder unserer Gesellschaft. Wenn Unterrichten so einfach wäre, bräuchten wir keine universitäre Lehrerausbildung. Vielleicht sollte man sich in Erinnerung rufen, dass dieser Beruf nach wie vor viel mit Berufung zu tun hat und eine berufsbegleitende Ausbildung allein nicht ausreicht. Junge Menschen zu unterrichten – das Lehren, Erziehen und Wertevermitteln – ist gewiss erlernbar. Doch ist dies ein Beruf, für den man sich bewusst entscheiden sollte. Aus rein monetären Gründen Lehrer zu werden, kann langfristig gesehen nicht zu einer Qualitätsverbesserung von Schule führen. Und die Politiker sind nicht imstande, die Voraussetzungen herzustellen, um die erforderliche Bildung zu vermitteln. In der Schulverwaltung regiert die Angst. Deswegen wird vieles gar nicht erst gemeldet. Geschieht dies doch einmal, folgt subtiler Druck.

„Unterrichten statt Kellnern"

Das funktioniert. Schulleiter und Anwärter auf Führungspositionen machen Missstände nicht publik, weil sie um den Ruf ihrer Schule fürchten. Potenziellen Nachfolgern für Leitungsfunktionen wird bereits bei ihrer Einstellung gesagt, dass sie mit einer Übernahme in ein Regeldienstverhältnis nicht rechnen könnten, wenn sie „den Weg von Frau Unzeitig gehen wollen". Dass Kollegen schweigen, ist menschlich nachvollziehbar. Schließlich geht es um die Karriere, um ein höheres Gehalt und um Macht. In der Spreewald-Grundschule machte die hohe Anzahl von Kindern aus prekären Verhältnissen es jedoch unmöglich, die beschriebenen Vorkommnisse als Randerscheinung abzutun. Das in der Schule neben den Lehrern beschäftigte sonstige pädagogische Personal[1] wird meist von Trägervereinen eingestellt, weitergebildet und bezahlt, die hierzu einen Vertrag mit dem Schulträger abgeschlossen haben. Es gibt verschiedene Jugendhilfeträger, die nach ihren eigenen Richtlinien arbeiten. Die meisten von ihnen sind mittlerweile eigenständige Unternehmen, die hohe Summen umsetzen. Finanzierungsgrundlage ist die Sozialgesetzgebung.[2] In der Schule tätige Erzieher oder Schulsozialarbeiterinnen sind also nicht der Schulleitung unterstellt, sondern dem leitenden Erzieher des Trägers. Eine fantastische Chance für eine Schule, sich mit motivierten Pädagogen, die in der Regel jung und nach aktuellen Vorstellungen ausgebildet sind, weiterzuentwickeln. Doch viele der unkündbaren Mitarbeiter des öffentlichen Dienstes waren im Wesentlichen damit beschäftigt, ihre Arbeitszeit angenehm zu gestalten, und setzten sich nicht besonders für schulische Bildungsziele ein.

Als ich in Berlin zu arbeiten begann, hatte ich keine Ahnung von diesem „Zweiklassensystem". Ich wunderte mich nur, warum sich einige Mitarbeiter engagiert um die Betreuung der Schüler kümmerten, andere eher nicht. Allmählich wurde mir bewusst, dass freie Träger als privatwirtschaftliche Firmen Leistung erbringen müssen, um sich im Wettbewerb untereinander und von den öffentlichen Trägern zu unterscheiden. Diesen Qualitätsanspruch gaben sie an ihre Mitarbeiter weiter. Auch mir war es wichtig, dass die Kinder außerhalb des Unterrichts gefördert wurden und Chancen erhielten, weitere Talente und Freizeittätigkeiten neben dem Fußballspielen zu entdecken. Als ich die Spreewald-Grundschule übernahm, hatte das ständige Personal die leitende Erzieherin, die den außerunterrichtlichen, freizeitpädagogischen Bereich leitete, weggemobbt. Mit ihr verlor ich eine äußerst kompetente und engagierte Frau. Die Erzieher des Bezirksamtes weigerten sich, ein Hausaufgabenkonzept umzusetzen. Außerdem klagten sie beim Bezirkspersonalrat über zu hohe Belastung und waren nicht bereit, sich zu Arbeitsgruppen-Sachteams zusammenzuschließen und deren Arbeit effizient vorzubereiten.

Dienstpläne wurden oft im Nachhinein geschrieben. Während des in den Schulferien zu nehmenden Urlaubs erkrankten einige und holten ihn während der Schulzeit nach. Der alljährlichen Fortbildungsveranstaltung an den letzten drei Ferientagen blieb man grundsätzlich fern – die Präsenz der Erzieher war ja nicht obligatorisch. Solange jemand nicht grob fahrlässig handelte, war es kaum möglich, ihn zu versetzen. Die zum Teil schlechte Arbeit fiel natürlich auf mich zurück. Ein Beispiel: Zwei Erzieherinnen hatten gemeinsam am Nachmittag acht Schüler betreut. Eine der beiden setzte sich mit den Schülern an einen großen Tisch, um mit ihnen die Schulregeln zu besprechen. Die jüngere Kollegin beteiligte sich nicht am Gespräch, weil sie von der erfahrenen Kollegin „etwas lernen wollte". Die Kinder waren unkonzentriert und störten das Gespräch. Weil ein Schüler seine Winterhandschuhe nicht vom Tisch wegräumte, drohte ihm die Pädagogin, sie aus dem Fenster zu werfen. Da der Junge darauf nicht reagierte, machte sie ihre Drohung wahr.

Von mir zur Rede gestellt, erklärte sie, es gebe viele pädagogische Methoden. Es ging ihr darum, konsequent zu bleiben, und deswegen habe sie ihre Drohung in die Tat umgesetzt. Außerdem sei das Ganze nicht so schlimm gewesen, der Junge habe danach wie gewohnt den Nachmittag verbracht. Ich gab zu bedenken, sie hätte mit ihm gemeinsam das Klassenzimmer verlassen können, um ihm zu zeigen, dass er die Handschuhe in die Taschen seines Anoraks stecken könne. Sie antwortete: Es gebe viele Möglichkeiten, Konflikte zu lösen – sie habe sich für diese entschieden. Ich sollte noch anmerken, dass die

„Unterrichten statt Kellnern"

Erzieherin im Klassenraum fingerlose Handschuhe als Mode-accessoire trug. Im Übrigen bleibt offen, ob die Sprachkenntnisse des Jungen ausreichten, ihre Anweisungen zu verstehen. Ihre jüngere Kollegin fragte ich, warum sie die Handschuhe nicht weggenommen habe, um die Situation zu entspannen. Sie meinte, sie habe ihrer Kollegin nicht in den Rücken fallen wollen.

Es gab noch krassere Eigenmächtigkeiten. Zwei Erzieherkollegen traten ihren Dienst wie geplant um acht Uhr morgens an. Doch beide erschienen nicht im Klassenraum. Sie verließen unerlaubt das Schulgelände, ohne mich als ihre Vorgesetzte davon in Kenntnis zu setzen. Erst zwei Stunden später kamen sie zurück. Ihre Erklärung war, sie hätten eine Pause gebraucht – vor Beginn der Arbeit. Selbst banalste Schulregeln hielten weder die Kinder noch das pädagogische Personal ein. Was einem der gesunde Menschenverstand hätte sagen müssen, musste den Fachkräften meiner Schule in Dienstbesprechungen und schriftlichen Stellungnahmen ausführlich erklärt werden, beispielsweise der Umgang mit Malkreide auf dem Schulgelände:

„Liebe Kollegin, lieber Kollege,
das Ausgeben von Malkreide an Schülerinnen und Schüler auf dem Schulgelände kann nur erfolgen, wenn die Beaufsichtigung während der gesamten Zeit des Gebrauches sichergestellt ist, wenn mit den Kindern hinsichtlich der Motive gesprochen worden ist und ordinäre Wandmalereien und Sprüche von vornherein verboten wurden. Außerdem ist sicherzustellen, dass nur dafür vorgesehene Flächen mit Kreide bemalt werden dürfen, also keine Hauswände, nicht die Tartanlaufbahn oder den Weg begrenzende Steine. Falls die Schüler Ihren Anweisungen nicht Folge leisten, sind Sie verpflichtet, die Aktion abzubrechen und die Materialien wieder einzusammeln. Für die Beseitigung der Schmierereien müssen Sie sorgen. Selbstverständlich sind dafür die Verursacher heranzuziehen."

Kapitel 6

Die Kenntnisnahme ließ ich mir mit Unterschrift quittieren. Da sämtliche Schulungen nicht zu einer anderen Arbeitshaltung führten, bemühte ich mich um ein neues Erzieherteam. Eine Kooperation mit einem freien Träger muss ein Gremium aus Eltern, Lehrkräften und Erziehern gemeinsam beschließen. In diesem Gremium hatte auch ich nur eine Stimme. Unser Kollegium wählte einen Träger, von dem ein Mitarbeiter als Schulsozialarbeiter an unserer Schule tätig gewesen war. Er war als netter Kollege in Erinnerung geblieben. Für den Träger war dies ein Großauftrag, denn eine Ganztagsschule hat einen hohen Personalbedarf. Er war im Bezirk bestens vernetzt, stellte Mitarbeiter für sämtliche pädagogische Einrichtungen und harmonisierte politisch mit dem Bezirksamt. Doch er hatte nicht genügend Personal für unsere Schule, monierte ich bei der Senatsverwaltung – eine ideale Voraussetzung, um weiterhin alle pädagogischen Misserfolge auf die schlechte Schülerklientel der Brennpunktschule zu schieben und sich die Privilegien kleiner Schülergruppen und kurzer Arbeitszeit zu erhalten. Meine Bemühungen um personellen Wechsel und einen Qualitätsschub waren endgültig gescheitert.

Hinzu kam ein Misstrauensschreiben des Lehrerkollegiums, das mit Argwohn meinen Versuch betrachtete, eine kompetente wissenschaftliche Unterstützung für die dringend notwendige Sprachförderung ins Haus zu holen. Dies wurde als bedrohlich für den gewohnten Alltagstrott empfunden; viele Kollegen hatten ein Hierarchieproblem und schafften es, jedes beliebige Thema so lange zu diskutieren, bis keiner mehr Interesse daran hatte, es weiterzuverfolgen. Zeitgleich bestellte mich der Bezirksstadtrat für Jugend ein, obwohl er dafür gar nicht zuständig war. Die als Tribunal gedachte Veranstaltung verließ ich erhobenen Hauptes. Sämtliche Vorhaltungen konnte ich mit guten Argumenten entkräften und bei dieser Gelegenheit sogar Unzulänglichkeiten der Verwaltung aufdecken. Man warf mir „mangelnde Kooperationsbereitschaft" vor. Wenn man sich als Schulleitung immer wieder nachdrücklich für seine Schüler einsetzt, deswegen aneckt und dazu noch mediale Aufmerksamkeit auf sich zieht, wird das nicht gern gesehen. Solange man diese Regel befolgt, spielt die Schulentwicklung keine große Rolle. Man befindet sich auf der sicheren Seite und wird in Ruhe gelassen. Legt man hingegen Missstände offen und fordert Unterstützung an oder besteht zumindest auf der objektiven Klärung des Sachverhaltes, wird man als eigensinnig oder unkooperativ abgestempelt. Viele meiner Schulleiterkollegen hatten mit ähnlichen Problemen wie ich zu kämpfen. Ich erhielt auf gemeinsamen Sitzungen den einen oder anderen mitleidigen Blick, aber anstatt sich gemeinsam den Problemen zu stellen, schwieg man lieber. In der Zwischenzeit wurden einige meiner direkten Vorgesetzten pensioniert, und für den neuen Schulrat (ein ehemaliger Schulleiter) war eine kritische Schulleiterin verständlicherweise ein rotes Tuch. Schließlich ging es darum, möglichst unauffällig die Probezeit in der neuen Position zu überstehen. Also versuchte man, mich als Schulleiterin vor dem Ablauf meiner Probezeit loszuwerden.

Der zuständige Abteilungsleiter in der Senatsschulverwaltung schickte ein Team, das meine Schule unter die Lupe nehmen sollte. Das war nicht die vom Schulgesetz vorgesehene Schulinspektion, sondern eine willkürliche Zusatzmaßnahme. Die Absicht war, Missstände in der Schule mir persönlich anzulasten – obwohl im zweiten Jahr meiner Tätigkeit selbst ein Blinder die eingetretenen Fortschritte hätte erkennen können. Dieser kurzfristig angekündigte Überfall war beispiellos. Ganz offensichtlich wollte man mir Angst einjagen, mich „fertigmachen" und zum freiwilligen Aufgeben bewegen. So saßen an einem sonnigen Maitag auf einmal zwei Vertreter der Senatsverwaltung in meinem Amtszimmer, in das meine Konrektorin und die beiden leitenden Erzieher als Vertreter der freien Träger hinzubeordert wurden. In den darauffolgenden vier Stunden wurde ich lautstark in Anwesenheit meiner Mitarbeiter gemaßregelt und bloßgestellt. Meine Inquisitoren erklärten mir, sie seien im Auftrag des Abteilungsleiters, des ranghöchsten Mitarbeiters der Senatorin, hier, um im Anschluss den Staatssekretär und die Senatorin zu beraten, wie mit mir zu verfahren sei. Das ganze Gespräch war ein Schlag ins Gesicht für mich. Ich sehe bis heute das Grinsen der beiden leitenden

Erzieher des freien Trägers vor mir, die mit am Tisch saßen. Das Verhör gipfelte in dem Vorwurf, ich verschaffe der Schule ein schlechtes „Markenzeichen". Als Quintessenz wurde mir um die Ohren gehauen: „Frau Unzeitig, Sie haben weder eine Konzeption noch korrekte Dienstpläne. Unter dieser Voraussetzung würde die Zusammenarbeit auch mit jedem anderen Träger scheitern. Ihr Problem an der Schule ist nicht der Träger, sondern Ihre mangelnde Durchsetzungsfähigkeit."

Trotz einiger gravierender Mängel existierte sehr wohl ein Konzept für den gebundenen Ganztagsbetrieb. Das Schulprogramm der Spreewald-Grundschule wurde laufend aktualisiert und lag der obersten Dienstbehörde vor. Es wurde sogar Grundlage für die Gestaltung des Ganztagsbetriebes an anderen Grundschulen. Das Kollegium hatte seinen Auftrag erfüllt. Dazu gehörte, den Schulalltag in Unterrichtsblöcke und Freizeiteinheiten aufzuteilen, körperliche Bewegung nicht zu kurz kommen zu lassen und die Arbeit von Lehrkräften, Sonderpädagogen, Erziehern und außerschulischen Partnern aufeinander abzustimmen. Die Kommunikation zwischen Schule und Erziehungsberechtigten, aber auch zwischen Schule und Schülern, war anfangs sehr unbefriedigend. Um für mehr Gesprächsanlässe und eine bessere Verständigung untereinander zu sorgen, richtete ich ein Schulcafé als Treffpunkt für Schüler und Eltern ein.[3] Organisatorische und erzieherische Defizite wurden analysiert und behoben, unter anderem mit Zielvereinbarungen. Im darauffolgenden Schuljahr konnten dadurch die Honorarkraftstunden wieder unseren Lehrern übertragen werden. Eine erweiterte Schulleitung, bestehend aus Rektorin, ihrer Stellvertreterin, den beiden koordinierenden Erziehern und zwei weiteren vom Kollegium gewählten Lehrkräften, verteilte die Verantwortung für Bildung und Erziehung nun auf mehrere Schultern. Außerdem kooperierten wir jetzt verstärkt mit den regionalen Kindertagesstätten. Es gab Besuche der Schüler in den Einrichtungen und Schnuppertage für angehende Schulanfänger in den ersten Klassen. Um den Übergang zwischen Kindergarten und Schule reibungsloser zu gestalten, schlossen wir mit mehreren Kitas im Stadtteil Kooperationsverträge. Die Spree-wald-Grundschule beteiligte sich sogar mit einer Aufführung und einem Schulbandauftritt an einer Kita-Veranstaltung. All dies fiel bei unserem Gespräch unter den Tisch. Erneut enttäuschte ich die Er-wartungen und meldete mich nicht unmittelbar nach der Strafpredigt krank. Zwei Tage später bestellte mich der Dienststellenleiter der Senatsverwaltung im Bezirk kurzfristig zu einem Vieraugengespräch ein. Nach der Begrüßung schloss der Dienststellenleiter seine Büro-tür hinter mir und eröffnete mir, nicht er würde das Gespräch führen, sondern der ranghöchste Beamte der Schulaufsicht im Land Berlin, er selbst würde über dessen Inhalt nichts erfahren. Dann führte er mich in dessen Büro und ließ mich mit ihm allein.

Ich fühlte mich äußerst unwohl nach diesem „Überfall" und mein-te, ich sei nicht bereit, ohne den Beistand von Personalrat und Frauenvertretung sowie möglicherweise auch eines Rechtsbeistands ein Personalgespräch zu führen. Doch der Abteilungsleiter ver-sicherte, es handle sich nicht um ein Personalgespräch. Er räumte ein, dass die Schulaufsicht vieles falsch gemacht habe, und bescheinigte mir mein Engagement für die Schule, aber auch ich hätte viel zu viele Fehler gemacht. Aber ich habe mich bei allen wichtigen Entschei-dungen nachweislich mit der Schulaufsicht abgestimmt und im Ein-vernehmen mit ihr gehandelt, wandte ich ein. Wie dem auch sei, er wolle mir ein Angebot machen, das ich mir durch den Kopf gehen lassen solle. Er gab mir eine Karte mit seiner privaten Handynummer und meinte, vielleicht kann ich ihn nach Rücksprache mit meinem Lebensgefährten ja schon am Wochenende über meine Entscheidung informieren. Sein Angebot lautete: Ich solle eine Schule in einem anderen Bezirk unter anderer Schulaufsicht leiten und könne dort meine Probezeit erfolgreich abschließen. Falls ich an der Spree-wald-Grundschule bleiben wolle, könne er mir schon jetzt verraten, dass ich die Probezeit nicht bestehen würde. Wieder fragte ich ihn, was genau er mir eigentlich vorwerfe. Ich hätte durch die Kündigung des freien Trägers eigenmächtig gehandelt (ich hatte meinen Dienst-vorgesetzten sehr wohl vorab informiert), lautete die Antwort. Offenbar war der Träger eng mit der Senatsverwaltung verbunden. Außerdem fehle ein Ganztagskonzept für die Schule. Ich verwies darauf, dass so etwas seine Zeit brauche, wenn man alle Beteiligten erfolgreich einbinden wolle. Drei meiner Vorgänger waren an diesem Problem bereits gescheitert. Das Gespräch wurde dann zügig beendet. Ich hatte den Eindruck, dass der Abteilungsleiter völlig unzureichend informiert und voreingenommen war. Drei Stunden nach dem Gespräch rief mich die Elternbeiratsvorsitzende an und fragte, ob ich wirklich an eine andere Schule versetzt werde. So viel zur zugesagten Vertraulichkeit.

Dem Abteilungsleiter missfiel sicherlich vor allem die presseöffentliche Auseinandersetzung. Deswegen sollten Träger und Schulleitung für einen Neustart ausgewechselt werden. Falls ich mich darauf nicht einließ, wollte man mir eine erfahrene Schulleiterin vor die Nase setzen, die mindestens drei Tage in der Woche präsent und mit Weisungsbefugnis ausgestattet wäre. Natürlich könnte ich dagegen klagen, doch das hätte ein langes Verfahren bedeutet und Vorabentscheidungen des Dienstherrn nicht blockiert. Der von mir eingeschaltete Anwalt telefonierte mit dem Abteilungsleiter und der sagte ihm: Die Spreewald-Grundschule habe einen erheblichen Entwicklungsbedarf. Eine Anfängerin in der Schulleiterlaufbahn hätte dort nie eingesetzt werden dürfen. Mir wurde enormes Engagement attestiert. Jedoch handele ich eigenmächtig und ohne Interessenausgleich. Deshalb müsse ich die Schule verlassen. Ich war übrigens nicht die einzige, die sich „allerhöchsten Zorn" zugezogen hatte. Der Schulleiterin der anderen Brennpunkt-Grundschule im Kiez wurde ebenfalls unter hohem Druck nahegelegt, ihre Probezeit in einem anderen Bezirk zu beenden. Auch hier waren heftige Auseinandersetzungen mit dem Träger der Ganztagsbetreuung vorausgegangen. Seit ich die Schule übernommen hatte, versuchte ich, den Anspruch des gebundenen Ganztages gegen den teils heftigen Widerstand des pädagogischen Teams durchzusetzen. Eltern und ein Großteil des Kollegiums standen inzwischen hinter mir. Viele Eltern waren entsetzt, als sie von meiner möglichen Versetzung erfuhren. Doch bald stellte sich heraus, dass man mich nicht einfach der Schule verweisen konnte. Stattdessen gab es weitere Zielvereinbarungsgespräche mit mir. Dabei stellte die Schulaufsicht Bedingungen, die mit dem vorhandenen Personal gar nicht zu erfüllen waren. Der positive Bericht der Schulinspektion[4] fand in meiner dienstlichen Beurteilung keine Erwähnung. Die Schulverwaltung und der Schulträger wollten die Spreewald-Grundschule für bildungsnahe Eltern attraktiver machen.

Bereits zwei Jahre zuvor hatte ich angeregt, zweisprachigen Unterricht auf Deutsch und Englisch anzubieten, indem man den deutschen Lehrkräften Assistant-Teachers zur Seite stellt. Das sollten englische Muttersprachler sein, die sich in einer Ausbildung befinden und sich die Lehrtätigkeit als halbjähriges Praktikum anrechnen lassen können. Für dieses Projekt waren viele rechtliche und pädagogische Details zu klären, mit den Vorbereitungen wollte sich aber niemand an meiner Schule beschäftigen. Dies hätte die Schule zu einem Ort interkultureller Begegnung gemacht, der auch leistungsorientierte Eltern sprachbegabter Kinder angesprochen hätte. Das jährliche Bildungsfest des Quartiersmanagements sollte junge Familien anlocken und mit den Bildungseinrichtungen, den Lernorten und ihren Angeboten in Kontakt bringen. An der Veranstaltung in den Innenhöfen des Pallasseums waren insgesamt 50 Aussteller beteiligt, aber nur wenige Kinder, Jugendliche und Erwachsene zeigten Interesse. Nicht einmal die Nachbarn kamen aus ihren Wohnungen auf den Hof. Ein paar Schüler unserer Schule freuten sich über abwechslungsreiche Spiele, doch hauptsächlich sah man die Organisatoren und Träger der Jugendhilfe. Mehrmals plädierte ich dafür, dieses Bildungsfest auf dem großen Marktplatz zu veranstalten. So könnte man auch andere Eltern aus dem Viertel einbeziehen, ihnen die hervorragenden Angebote der Spreewald-Grundschule vorstellen und so vielleicht den einen oder anderen Schüler dazugewinnen. Aber die Organisatoren lehnten das ab. Der Platzhirsch unter den Trägern hatte im Bezirk das Kommando übernommen. Nicht einmal das Schulamt war über Projektneuausschreibungen informiert. Bei der Vergabe von gemeinnützigen Projekten fielen sämtliche Entscheidungen zugunsten dieses Trägers. Seit vielen Jahren hatten also dieselben Leute das Sagen. Lediglich der Projektname änderte sich von Jahr zu Jahr. War es zuerst wichtig, Kinder mit Migrationshintergrund zu integrieren, setzte man kurze Zeit später auf das Thema Flüchtlinge, um dann ein Jahr später die Sprachbildung in den Mittelpunkt der Aktivitäten zu rücken.

Die freien Mitarbeiter finanzierten sich mit diesen Projekten aus der öffentlichen Kasse. Immerhin ließen sich für ein sogenanntes Nachbarschaftsprojekt 10.000 Euro abrechnen, wobei der Löwenanteil in Personalkosten, Werkverträge und Honorare floss. Einige Seiten bedrucktes Papier, auf denen nur von Erfolgen die Rede war, reichten aus, um den Zuschlag zu erhalten. Das Bezirksamt bat um unsere Einschätzung der Nachhaltigkeit der Maßnahme. Hier Auszüge aus meiner Stellungnahme:

„Die von den Antragstellern beschriebene Ausgangssituation darf als ein Euphemismus bezeichnet werden, denn die Erhöhung der Bildungschancen ist zwar unser gemeinsames Ziel, wird aber durch das Projekt, wie es hier erkennbar ist, an keiner Stelle wahrscheinlicher. [...] Im Gegensatz zu der Evaluation des Antragnehmers ist die Bereitschaft zur Teilnahme kaum gegeben, die Schulen und Kitas werden zur Teilnahme gewissermaßen zwangsverpflichtet. Zusätzlich wird erwartet, dass man aus eigenen Ressourcen Personalmittel bereitstellt, die im Regelbetrieb anschließend fehlen."

Bildungsnetzwerk, Quartiersmanagement und meine Dienstvorgesetzten verlangten, dass unsere Schule sich daran beteiligte, und warfen mir vor, ich wäre nicht an Öffentlichkeitsarbeit interessiert. Der Träger konnte jedoch unabhängig von der Öffentlichkeit Fördermittel kassieren und Projekte nach eigenem Ermessen veranstalten. Das Jugendamt war bereits zum zweiten Mal innerhalb eines Monats für jeweils eine Woche geschlossen. Die Schule erhielt keine Hilfe in aktuellen Fragen des Kindeswohls einzelner Schüler. Stattdessen bereiteten die Mitarbeiter des Amts das Kiezfest vor. Offiziell hieß es, sie trügen Aktenberge ab. Wieder steckte ich meine Nase zu tief in Angelegenheiten, die mich nichts angingen. Der Sozialstadtrat warf mir Fremdenfeindlichkeit vor, da ich nach einem 14-stündigen Arbeitstag kein Interesse daran zeigte, den Abend mit der Organisation des Kiezmanagements im Pallasseum zu verbringen. Mein Versagen als Schulleiterin führe dazu, dass zu wenig Schüler sich angemeldet hätten und dem Bezirk so Kosten für ungenutzte Räume entstünden. Außerdem würde ich eine Zusammenarbeit mit dem Jugendamt und dem Bildungsnetzwerk behindern. Zwar beschwerten sich unter der Hand auch andere Schulleiter über die dramatische personelle Unterbesetzung des Jugendamts. Gegenüber der Senatorin und ihrer Verwaltung schwiegen sie aber. In Berlin kämpften oft Stadträte der Opposition und der Regierungspartei um die Vormacht im Bezirk. Zum Schulbeginn 2018 gelang es das erste Mal nicht, alle freien Grundschullehrstellen zu besetzen.[5] Über die geplanten Maßnahmen zur Personalgewinnung wurde zwar gemeckert und geschimpft, dennoch wurden sie ohne offiziellen Einspruch hingenommen. Das große Schweigen blieb erste Beamtenpflicht. Bei Schuljahresbeginn fehlten an unserer Schule sechs volle Lehrerstellen.

7

CASTINGSHOWS
FÜR LEHRER

BERLIN SUCHT NICHT den Superlehrer, Berlin sucht überhaupt Lehrer. Überall und verzweifelt, und vor allem für die Grundschulen. Das führt zu einem absurden Wettstreit unter den Schulleitern. Für die wenigen attraktiven Kandidaten finden regelrechte Castingshows statt, in denen um das Personal gestritten wird. Zu meiner Zeit in Berlin kam es nicht selten vor, dass mehr als 20 Schulleiter um einen Kandidaten kämpften und jene Schule den Zuschlag für diese Lehrkraft bekam, die sich der besonderen Gunst des Dienststellenleiters erfreute. Da meine Schule immer den höchsten ungedeckten Bedarf an Lehrkräften hatte, ergatterte ich zumindest regelmäßig einen der sogenannten Laufbahnkandidaten[1]. Das hieß aber nicht, dass ich mit seiner Einstellung an meiner Schule rechnen konnte. Oft gefiel den Kandidaten ihr zukünftiger Einsatzort nicht und sie bewarben sich für einen Bezirk, in dem die Schüler weniger disziplinarische Probleme erwarten ließen. Auch die Castings waren in unserem Fall nicht erfolgreich. Sehr viel einfacher wäre es gewesen, neue Lehrkräfte einfach gerecht auf die Schulen zu verteilen. Schließlich war die Vorgehensweise meiner künftigen Lehrerkollegen durchaus nachvollziehbar. Auch ich hatte von dieser Bezirksautonomie in meiner Berliner Schullaufbahn profitiert. Doch angesichts der knappen Personalsituation sollte dem schnellstmöglich Einhalt geboten werden, zumal man als Schulleitung regelrecht erpresst wurde: Passte den Kollegen der Stundenplan nicht, teilte man ihnen nicht die

Wunschklasse zu oder forderte man „zu viel" Engagement, dann lag nicht selten am nächsten Tag ein Umsetzungsantrag auf meinem Tisch. Nun hatte ich die Wahl, entweder klein beizugeben oder auf eine Fachkraft zu verzichten.

Außerdem gab es sogenannte Quereinsteiger-Castings. Quereinsteiger sind Bewerber, die ein Mangelfach studiert haben, jedoch nicht auf Lehramt. Das sind zum Beispiel Mathematiker, Biologen, Physiker; auch Sport und Musik sind mittlerweile Mangelfächer. Nun könnte man meinen, dass damit jede Menge qualifizierte Fachkräfte zur Verfügung stehen, die mit ein bisschen pädagogischer Schulung schnell zu Spitzenlehrkräften werden. Doch weit gefehlt. Dieser Personenkreis hatte das Lehramt ursprünglich ja bewusst gemieden. Aufgrund der schwierigen Marktlage und der Erkenntnis, in der freien Marktwirtschaft doch nicht immer sofort den Traumjob mit einem Traumgehalt zu bekommen, sucht diese Gruppe aus der Not heraus jetzt den Weg in die Schule. Der Arbeitsplatz Schule wird als Möglichkeit gesehen, quasi in einem Halbtagsjob – noch dazu in einem unbefristeten Dienstverhältnis – jeden Monat ein volles Gehalt zu verdienen. Das böse Erwachen gibt es dann im Klassenzimmer. Gerade an der Spreewald-Grundschule waren natürlich stets Schüler, Eltern und Schulleitung daran schuld, dass in der Klasse nichts funktionierte. Und in der berufsbegleitenden pädagogischen Ausbildung lernte man meist viel zu spät, wie man didaktisch besser hätte handeln können. Die Spreewald-Grundschule war eine der ersten Schulen, die Quereinsteiger aufnahm und sie für den Lehrerberuf qualifizierte. Nach dem Willen der Bildungsverwaltung waren Schulen dazu verpflichtet, einen oder zwei Quereinsteiger aufzunehmen und pädagogisch zu begleiten. Meine Kollegen, die mit dem Unterricht voll ausgelastet waren, mussten also auch noch nebenbei die neuen Kollegen coachen, beispielsweise einen Mathematiker, der bislang noch nie vor einer Klasse stand. Seinen Unterricht gestaltete er so, wie er ihn aus seiner eigenen Schulzeit kannte. Inzwischen hatte sich die Mathematik-Didaktik aber entscheidend weiterentwickelt. Natürlich kann man sich auch aus Lehrerhandbüchern die Didaktik aneignen, aber ließe man jemanden ein Haus entwerfen, nur weil er im Kindergarten mit Bauklötzen ein Haus gebaut hat? Man konnte diese Quereinsteiger nicht allein in eine Klasse stellen; sie brauchten erfahrene Kollegen an ihrer Seite. Personal jedoch hatten wir zu wenig, deshalb suchten wir ja welches! Die Senatsverwaltung schlug vor, erfahrene Lehrkräfte zwei Stunden weniger unterrichten zu lassen, damit sie die neuen Kollegen anleiten konnten. Doch dann hätten wir zu wenig Zeit für den Regelunterricht gehabt. Wir hätten die Fächer Musik, Sport und Kunst streichen müssen, um Kapazitäten für die Betreuung der Quereinsteiger zu gewinnen. Auch die von der Bildungsverwaltung bereitgestellten Paten für die Quereinsteiger waren ehemalige Lehrkräfte, die zunächst einmal gefunden werden und dann auch noch zeitlich verfügbar sein mussten. Diese Paten hatten ihre eigenen Erfahrungen zudem einst unter ganz anderen Arbeitsbedingungen gemacht.

Ein weiteres Problem: Quereinsteiger, die eindeutig nicht fürs Unterrichten geeignet waren, wurden wir nicht wieder los. Auch wenn ein Fachdidaktiker ihnen das Fehlen jeglicher Eignung für den Beruf bescheinigte, wurde ihre Probezeit nicht beendet. Stattdessen bekamen sie einen Fachseminarleiter vorgesetzt, der beide Augen zudrückte. Neben Kollegen, die völliges Chaos in der Klasse hinterließen, gab es auch welche, die sich wenige Tage nach Dienstantritt für längere Zeit krankschreiben ließen. Ich habe viele Bewerber gefragt, was sie dazu bewegt habe, umzusatteln. Viele Künstler und kreative Menschen sehen im Lehrerberuf die Chance, sesshaft zu werden und neben ihrer freiberuflichen Tätigkeit in einem fixen Anstellungsverhältnis Geld zu verdienen – und das nicht zu knapp. Quereinsteiger beginnen mit der Besoldungsstufe E 13. Das ist mindestens ein monatliches Grundentgelt von ungefähr 3.700 Euro brutto. Darüber hinaus gewährt die Senatsbildungsverwaltung seit Schuljahresbeginn 2018/19 für die Dauer des berufsbegleitenden Grundschulstudiums eine Ermäßigung von zehn Unterrichtsstunden – ohne dass deshalb das Gehalt reduziert wird. Man wird also mit 18 Unterrichtsstunden wie ein Vollzeitlehrer bezahlt. Da muss man freiberuflich lange tanzen, malen, coachen und musizieren, um auch nur annähernd dieses Einkommen zu erwirtschaften. Nur in Ausnahmefällen haben sich die Quereinsteiger mit dem neuen Berufsbild und dessen Herausforderungen vorab beschäftigt. Man braucht sich also nicht zu wundern, wenn jemand, der keine Ahnung vom Unterrichten oder von der Schule hat, mit dem Schwamm beworfen wird, sobald er die Klasse betritt. Unterrichten und einen Schulalltag zu meistern, ist nicht einem Kindergeburtstag gleichzusetzen. Selbst den lassen sich Eltern heute lieber von einem Profi organisieren oder nutzen eines der zahlreichen Angebote außer Haus, um die feiernde Kindertruppe nicht alleine bespaßen zu müssen. Dabei handelt es sich hier um maximal zehn Kinder. Eine Schulklasse besteht in der Regel aus mindestens 24 Schülern.

Laut Schulgesetz soll eine Lehrkraft in eigener pädagogischer Verantwortung die persönliche Entwicklung der Schüler fördern, sie unterrichten, erziehen, beurteilen und bewerten, beraten und betreuen: „Die Lehrkräfte wirken an der eigenverantwortlichen Organisation und Selbstgestaltung der Schule, an der Erstellung des Schulprogramms und der Qualitätssicherung sowie an der Gestaltung des Schullebens aktiv mit. Sie kooperieren und stimmen sich in den Erziehungszielen und in der Unterrichtsgestaltung miteinander ab. Die Lehrkräfte nehmen ihre Verantwortung für die Organisation und Gestaltung des Schullebens durch ihre stimmberechtigte Mitarbeit an den Lehrerkonferenzen und anderen schulischen Gremien wahr. Die Lehrkräfte sind verpflichtet, sich regelmäßig insbesondere in der unterrichtsfreien Zeit fortzubilden. Gegenstand der Fortbildung sind auch die für die Selbstgestaltung und Eigenverantwortung der Schule erforderlichen Kompetenzen. Die schulinterne Fortbildung hat dabei Vorrang. Die Fortbildung wird durch entsprechende Angebote der Schulbehörden ergänzt." Die Arbeitszeit umfasst also neben dem Unterricht weitere Aufgaben wie Vor- und Nachbereitung des Unterrichts, die Teilnahme an Konferenzen und Teamtreffen. Selbst wenn es nicht den Anschein hat: Auch eine Lehrkraft hat eine 40-Stunden-Woche und Anspruch auf fünf Wochen Urlaub im Jahr. Ferienzeiten dienen auch zur Vor- und Nachbereitung des Unterrichts. Wenn der Berufsanfänger einen Arbeitsvertrag als vollbeschäftigte Lehrkraft mit 28 Stunden erhält, bezieht sich diese Zahl ausschließlich auf die Unterrichtstätigkeit. Vielen Neulingen war selbst nach Vertragsabschluss nicht klar, dass sie an Konferenzen oder Dienstbesprechungen teilnehmen mussten; das rief dann großen Unmut hervor.

Neuerdings wird eine Qualifizierungsmaßnahme für den Quereinstieg in das Grundschullehramt angeboten. Vergleichbar ist das mit den Angeboten vom Jobcenter. Die Maßnahme erstreckt sich über einen Zeitraum von sechs Wochen und beträgt 40 Doppelstunden. Dafür muss man einen beliebigen Studienabschluss nachweisen und in einer Willkommensklasse unterrichten. Willkommensklassen wurden 2015 für jene Schüler eingerichtet, die als Flüchtlinge gekommen waren und keinerlei Deutschkenntnisse haben. In der Spreewald-Grundschule gab es solche Klassen schon seit vielen Jahren. Damals hießen sie jedoch Internationale Klassen. Heute spricht und liest man überall von Willkommensklassen. In ihnen werden neu nach Deutschland gekommene Kinder zusammengefasst, idealerweise nach Jahrgängen getrennt. In kleinen Gruppen mit zehn bis zwölf Schülern wird ihnen die deutsche Sprache vermittelt. Die Kinder erhalten maximal zwei Jahre Zeit, ihr Deutsch zu verbessern, sodass sie am Regelunterricht teilnehmen können.

Eine besondere Herausforderung sind Kinder, die auch in ihrer Muttersprache nicht lesen oder schreiben können, somit komplette Analphabeten sind und noch nie eine Schule besucht haben. Die Lehrkraft in einer Willkommensklasse muss eine gute Mischung aus Disziplin, Improvisationstalent und Herzenswärme mitbringen, um die Schüler in diesen intensiven Jahren zum Erfolg zu führen. Wir bildeten von Anfang an Partnerklassen, um die Kinder in den Schulalltag zu integrieren. Auch am Nachmittag nahmen sie an den Freizeitangeboten teil, obwohl die Bildungsverwaltung zunächst keinerlei Betreuung durch Erzieher vorsah. Wichtig war vor allem der fächerübergreifende Unterricht, um Erfolge für jeden einzelnen

Schüler schneller erlebbar zu machen, etwa die Teilnahme am Sportunterricht. Es war die persönliche Entscheidung des Sportlehrers, die
Willkommensklassenkinder in den Unterricht einzubeziehen. Oft
war das für Flüchtlingskinder die einzige Möglichkeit, sich richtig
auszupowern. In den beengten Notunterkünften waren in einem
Raum häufig zwei erwachsene Menschen und drei Kinder untergebracht. Es war auch viel einfacher, beim Spiel mit anderen Kindern
Kontakt aufzunehmen als im Klassenraum und dabei ein paar Worte
Deutsch auszuprobieren – und sei es nur der Freudenruf „Tor!".
Schließlich bot sich der Sportlehrkraft die Chance, Kinder unbemerkt
auf Verletzungen hin zu untersuchen, die uns sonst möglicherweise
verborgen geblieben wären.

Bis zum achten Lebensjahr kamen die Schüler direkt in die Regel-
klassen, unabhängig von ihren Deutschkenntnissen. Die Erfahrung
zeigte, dass Deutsch bis zum Ende der zweiten Klasse wie eine Zweitsprache erlernt wird. Wir waren immer wieder überrascht, wie
schnell diese Kinder sich die Sprache aneigneten. Sie waren von Anfang an in den Unterricht eingebunden und machten durchweg alle
große Fortschritte im Erlernen der deutschen Sprache, selbst in unserem schwierigen Klassenumfeld mit vielen unterschiedlichen Sprachen und dem holprigen Deutsch unserer Schüler mit Migrationshintergrund. Man braucht allerdings Personal für solche Klassen.
Zwar meldeten sich unzählige interessierte Personen bei mir. Deren
Deutsch war allerdings so schlecht, dass das telefonische Erstgespräch
bereits schwierig war. Ich konnte doch nicht Kindern, die gerade
dabei waren, eine neue Sprache zu erlernen, eine Lehrkraft vorsetzen,
die mit starkem Akzent mangelhaftes Deutsch sprach! Mindestens
genauso wichtig wie ausgezeichnete Deutschkenntnisse war Finger-
spitzengefühl im Umgang mit Kindern, die unterschiedlichste
Fluchterlebnisse hatten, über die wir kaum etwas erfuhren, mit deren
Nachwirkungen wir uns aber im Schulalltag auseinandersetzen
mussten. Zahlreiche traumatisierte Kinder und Jugendliche überforderten die meisten psychologisch nicht ausgebildeten Lehrer.
Wenn sie von den Erlebnissen der Flüchtlingskinder hörten, waren

auch die hier aufgewachsenen Mitschüler erschrocken und durch die Einzelschicksale sehr bewegt. Beispielsweise erfuhren wir von einem Achtjährigen, dass er seine Mutter auf der Flucht verloren hatte. Sein Opa, mit dem er es geschafft hatte, nach Berlin zu kommen, erzählte ihm, sie werde bald aus Syrien nachkommen. Sie war allerdings auf der Flucht über das Mittelmeer ertrunken, und niemand wusste, wie man das dem Jungen erklären sollte. Bei einem anderen Schüler entdeckten wir beim Turnunterricht eine mehr als 40 Zentimeter lange Brandnarbe auf dem Rücken, die ihm ein Flammenwerfer in einer kriegerischen Auseinandersetzung zugefügt hatte. Die Schule war der einzige Ort, an dem sich solche physischen und seelischen Wunden entdecken ließen, weil in den Flüchtlingsunterkünften keine obligatorischen Untersuchungen aller Kinder stattfanden.

Die Quereinsteiger waren mit solchen Erfahrungen hoffnungslos überfordert und verbrachten oft schlaflose Nächte. Ein Sozialarbeiter war für diese Klassen nicht vorgesehen. Das Jugendamt, dessen Kapazitäten für die eingesessenen Familien schon nicht ausreichten, konnte ebenfalls keine Hilfe leisten. Mit dem Leid dieser Kinderschicksale konfrontiert zu werden, hätte eigentlich eine zusätzliche Unterstützung erfordert, wie sie in den Kommunen zum Beispiel für Verkehrsunfallopfer selbstverständlich ist. Daran hatte bei der Einrichtung von Willkommensklassen niemand gedacht.

In diesen Klassen waren die Schüler sowohl vom Alter als auch von den Leistungen her sehr unterschiedlich. Der eine hatte noch nie eine Schule von innen gesehen, die andere sie im Heimatland regelmäßig besucht. Mancher beherrschte nur die deutsche Sprache oder Schrift nicht, die Muttersprache aber sehr wohl. Andererseits gab es Schüler, die alt genug für die Oberschule waren, aber als Analphabeten bei uns in der Grundschule landeten.

Die sehr gemischt zusammengesetzten Klassen wurden Tag für Tag voller. An unserer Schule gab es immerhin noch räumliche Kapazitäten, um Kinder aufnehmen zu können. So konnten wir eine dritte Willkommensklasse einrichten, obgleich dadurch unsere ohnehin schwierige Schülerklientel um weitere Kinder aus stark vorbelasteten

Elternhäusern oder um Waisenkinder erweitert wurde. Dafür forderte ich jedoch eine zusätzliche Lehrkraft an. Um solch eine bunte Truppe zu beschäftigen und bei Laune zu halten, bedurfte es neben einer fundierten Ausbildung auch jeder Menge Mut und Standing, wenn man als Lehrkraft überleben wollte. Von der Kraft, Empathie und vom Durchsetzungsvermögen der Pädagogen hing es letztendlich ab, wie schnell die Kinder die deutsche Sprache erlernten, sich verständigen konnten und damit Teil der Schulgemeinschaft wurden. Gelang das nicht, waren die Probleme vorprogrammiert: Die Kinder, die meistens nicht an einen geordneten Schulalltag gewöhnt waren, übernahmen das Kommando, tobten in der Klasse, störten in der Stunde; Streit und Kämpfe machten es schließlich unmöglich, sie auch nur zu beaufsichtigen. Deswegen benötigte ich die besten Pädagogen für diese Klassen.

Solch eine Persönlichkeit fand ich in der Kollegin R., die als Vertretungslehrkraft im November 2015 an meine Schule kam. Sie war darüber hinaus bereit, in den Mangelfächern Mathematik, Naturwissenschaften und Englisch vertretungsweise zu unterrichten. Viele Vertretungslehrkräfte trauten sich nur zu, das Fach Deutsch zu unterrichten, da man das doch selbst schon ein Leben lang gesprochen hatte. Andererseits gab es Spezialisten, die Psychologie, Philosophie oder Musik unterrichten wollten und glaubten, sich im Klassenzimmer wie in einer eigenen Praxis oder im Konzertsaal verwirklichen zu können. Dass sie dann aber unterrichten mussten, wenn auch nur für einen befristeten Zeitraum, schien ihnen nicht bewusst zu sein. Diesmal hatte ich Glück – Frau R. entsprach völlig unserem Anforderungsprofil. Sie verfügte über ein abgeschlossenes Studium in Mode- und Designmanagement sowie einen Master of Business Administration, den sie an einer englischsprachigen Hochschule erworben hatte. In ihrer Freizeit gab sie ehrenamtlich Nachhilfeunterricht in Englisch. Durch ihr zweisprachiges Studium hatte sie sehr gute Englischkenntnisse und aufgrund ihrer wirtschaftswissenschaftlichen Ausbildung auch qualifiziertes Wissen im Fach Mathematik.

Ich beantragte deshalb, die vakante Stelle vorläufig bis zu den Winterferien Ende Januar 2016 mit ihr zu besetzen. Sie begann zu unterrichten und war vom ersten Tag an sowohl bei ihren Kollegen als auch bei den Schülern beliebt. Da sie am Lehren sichtlich Spaß hatte und sich für den Lernerfolg ihrer Schüler zuständig fühlte, schaffte sie es, sie durch ihren Unterricht zu verändern. Sie gewann die Aufmerksamkeit der schwierigen, oftmals schon pubertierenden Fünft- und Sechstklässler und weckte bei Erstklässlern das Interesse am Deutschlernen. Zum Martinstag backte sie Hefekuchen mit der ganzen Klasse, um ihn dann am 11.11. beim Laternenumzug mit anderen Kindern zu teilen. Es war eine zusätzliche Anstrengung für sie, am Vortag mit den Kindern bereits den Teig vorzubereiten, ihn in der Schulküche zu verarbeiten, Martinsmännchen zu formen, zu backen, anschließend die Küche zu reinigen; aber solch ein handelnder Unterricht macht gute Schule aus. Das Rezept musste gelesen, Zutaten eingekauft und bezahlt werden, es wurde abgewogen – alles Tätigkeiten, die aus dem Mathematikunterricht bekannt sind. Sie wurden hier für die Kinder anschaulich und erlebbar gemacht. Keiner der halbwüchsigen Jungen kam auf die Idee, diesen auf christlichen Traditionen fußenden Brauch zu problematisieren. Es ging doch um das Teilen, und so war es eigentlich egal, wie der Mann mit dem roten Mantel auf seinem Pferd hieß.

Diese Frau wollte ich unbedingt für meine dritte Willkommensklasse haben. Und ich freute mich, meinem zuständigen Schulaufsichtsbeamten mitteilen zu können, dass ich endlich eine geeignete Kandidatin für die hohen Anforderungen gefunden hatte, die gerne bei uns an der Schule bleibe, darüber hinaus bereits erfolgreich eingesetzt sei und nicht völlig neu ins Team eingearbeitet werden müsse. Doch da hatte ich die Rechnung ohne den Wirt gemacht. Es gab ja auch noch den Personalrat, der selbst bei befristeten Einstellungsverträgen von maximal einem Jahr seine Zustimmung erteilen musste und sie in diesem Fall verweigerte – für eine Kollegin mit all den Qualitäten, die ich verzweifelt gesucht hatte! Doch Frau R. hatte keine formale Qualifikation für den Unterricht von Deutsch als Zweit-

sprache. Daraufhin wandte ich mich direkt an meinen Dienststellenleiter. Es bestand die Gefahr, dass die Kollegin R. der Schule ab-
handenkam und in einen anderen Bezirk wechselte. Sie hatte von der
dortigen Schulaufsichtsbehörde bereits eine Einladung zu einem
Einstellungsgespräch erhalten. Die Zeit war knapp, es ging um Tage,
und ich wusste nicht genau, an wen ich mich wenden oder gegen wen
ich kämpfen musste. Wieso legte der Personalrat die Qualifikationen
für Bewerber fest? War das nicht Aufgabe der Schulbehörde? Warum
reagierte meine Dienstbehörde nicht, gab das Ruder aus der Hand
und überließ das dem Personalrat? Ich beschwor den Dienststellenleiter, diese hervorragende Kraft einzustellen, da wir andernfalls
keine dritte Willkommensklasse bilden könnten. Ich erhielt keine
Antwort. Ein Monat verstrich, in dem ich die Zuweisung neuer
Flüchtlingskinder tagtäglich ablehnte. Dann bekam ich Post von meinem Schulrat: „Sehr geehrte Frau Unzeitig, nach meinem heutigen
Gespräch mit Frau … (der für die Willkommensklassen zuständigen
Schulrätin) teile ich Ihnen heute mit, dass Sie Frau R. zurzeit nicht
als Lehrkraft für die Willkommensklassen einstellen dürfen, da sie
nicht die im Bezirk zugrunde gelegten Voraussetzungen erfüllt. Es
wird Ihnen zeitnah eine bereinigte Liste von Bewerberinnen und Be-
werbern mit den notwendigen Einstellungsvoraussetzungen zugehen.“

Auf dieser Liste gab es keinen Bewerber für uns. Es meldete sich
nur eine Interessentin, die nach einem Hospitationstag wieder ab-
sprang. Ich war wütend und informierte die Presse, dass unsere Schule daran gehindert wurde, eine dritte Willkommensklasse einzurich-
ten. Auch den stellvertretenden Vorsitzenden des Philologenverbandes,
der ja ebenfalls als Personalvertreter fungierte, schaltete ich wieder
ein. Zudem wandte ich mich an den Schulträger. Obwohl für Perso-
nalentscheidungen nicht zuständig, wollte er den Konflikt vom Tisch
haben und bot an, die Kandidatin solle einen Kurs für Deutsch als
Zweitsprache belegen, dann könne man der Einstellung zustimmen.
Überraschend bot mir die Schulrätin für Willkommensklassen eine
weitere Lösung an: Sie würde uns zusätzliche Mittel zur Verfügung

stellen, damit ich Kollegin R. weiterhin als Vertretungslehrkraft beschäftigen und in der neuen Willkommensklasse einsetzen könne. Eine Vertretungslehrkraft vertritt eine Lehrkraft, die längerfristig erkrankt ist. Die hatten wir aber damals nicht. Also fragte ich die Schulrätin, was ich in den Arbeitsvertrag schreiben sollte. Ich griff auch den Vorschlag auf, Frau R. zu einer Fortbildung zu schicken. Ein freier Platz dafür stand erst im November zur Verfügung, also viel zu spät. Man konnte sich jedoch auf eine Warteliste für einen zweiwöchigen Crashkurs setzen lassen. Die Kosten betrugen 700 Euro. Meine Frage, wer dafür aufkommen solle, blieb unbeantwortet. So stellte ich Frau R. zwar als Vertretungslehrkraft ein, setzte sie aber nicht in der Willkommensklasse ein. Meinem Dienststellenleiter schrieb ich: „… unter dem Aspekt unserer vertrauensvollen Zusammenarbeit finde ich es äußerst befremdlich, dass Ihre Kollegin mir vorschlägt, die Lehrerin für meine dritte Willkommensklasse als Vertretungslehrkraft einzustellen. In der Annahme, die Schulrätin verfüge über neueste Informationen, die mir noch nicht bekannt sind, habe ich sie gebeten, mir einen Vertretungsgrund zu nennen, um ihren Vorschlag umzusetzen. Heute bestätigte mir allerdings Herr …, zuständig in der Senatsverwaltung für das Personalmanagement der Berliner Schule, telefonisch, dass ich völlig richtigliege, wenn ich mich weigere, Frau R. über den Umweg einer Vertretungslehrkraft in der Willkommensklasse zu beschäftigen. Man würde mich sogar regresspflichtig machen. Er verstehe nicht, wie mir dieser Vorschlag von einem Mitglied der Schulaufsicht vermittelt werden könne. […] Damit haben wir nach wie vor keine Lehrkraft für die dritte Willkommensklasse."

Nun warf die Schulaufsicht Frau R. vor, sich nicht hinlänglich selbst über die Fortbildungsdatenbank informiert zu haben. Auf die Frage, ob in diesem Schuljahr noch mal ein neuer Intensivkurs für Kollegen in den Sprachlehrklassen beginne, bekam ich folgende Antwort: „Ja […], der nächste beginnt am 31.5. und bis zum 10.5. kann sich anmelden, wer zu dieser Zielgruppe gehört. Da sich jetzt schon an die 40 angemeldet haben, wir aber nur 20 annehmen können und werden, ist eine Zusage nicht sicher, aber auch nicht ausgeschlossen, denn es geht ja nicht nach Reihenfolge, wie ich jetzt erst verstanden habe. Ansonsten wird es auch im September wieder einen Kurs geben, der steht aber noch nicht im Netz."

Obwohl unsere Schule alle notwendigen Voraussetzungen für die Einrichtung einer weiteren Willkommensklasse erfüllte, musste ich letztendlich eine qualifizierte, den Anforderungen einer Brennpunktschule entsprechende Mitarbeiterin ziehen lassen. Im Dezember 2016 informierte mich die Senatsverwaltung, dass „eine Qualifikation in DaZ/DaF[2] nach der derzeit gültigen Rechtslage keinen Einfluss auf die Einstellungsmöglichkeiten hat. […] Eine Einstellung wäre in jedem Einzelfall bei positiver Prognose durch die Schulleitung möglich."[3] Die betroffene Kollegin R. hatte jedoch bereits einen anderen Job im Marketing gefunden bei einem Arbeitgeber, der ihre Tätigkeit zu schätzen wusste. Die Senatorin hatte das unprofessionelle, nicht rechtskonforme Verhalten ihrer Mitarbeiter gedeckt und die Personalvertretung hatte dafür gesorgt, dass sich niemand überarbeiten musste, und die Einstellung einer engagierten Mitarbeiterin verhindert.

Im gleichen Schuljahr war bei uns die Stelle der Sonderpädagogin vakant. Dafür wollte ich Frau D. verpflichten. Sie hatte einen Master in Sprachwissenschaft, war Expertin für Sprechstörungen und hatte mehrjährige Berufserfahrung mit Kindern mit Migrationshintergrund und besonderem Förderbedarf. Außerdem war sie als Dozentin für Sprachentwicklung und Mehrsprachigkeit sowie in der Sprachdiagnostik, -förderung und -therapie tätig geworden. Seit Anfang November 2014 war sie als wissenschaftliche Mitarbeiterin der Uni Potsdam hauptverantwortliche Ansprechpartnerin für unser aus Sondermitteln gefördertes Sprachprojekt. In den ersten und zweiten Klassen hospitierte sie, diagnostizierte den Förderbedarf in der Lese-, Rechtschreib- und Sprachentwicklung und entwickelte mit unseren Lehrkräften individuelle Förderpläne. Darüber hinaus beriet und schulte sie unsere Erzieher und Lehrkräfte. Sie war ohne jegliche Einarbeitung für den Förderunterricht einsetzbar. Da Deutsch jedoch damals nicht zu den Mangelfächern zählte, war es nicht möglich, sie als Quereinsteigerin für das Lehramt zu qualifizieren. Mit einer Sondergenehmigung schafften wir es, sie dennoch zum Quereinsteigerstudium zuzulassen. Würde sie heute, drei Jahre später, ihre Bewerbungsunterlagen bei der Senatsverwaltung einreichen, könnte sie mit einem ganz anderen Monatsgehalt einsteigen und das Studium in der Hälfte der Zeit absolvieren.

Eine andere Initiativbewerberin hatte einen Master in Germanistik, Religionswissenschaften und Philosophie, außerdem ein Zertifikat einer Berliner Sprachenschule für Deutsch als Fremdsprache. Sie hatte in einem Erwachsenenkolleg Einzel- und Gruppenunterricht erteilt und im Flüchtlingsheim Weißensee ehrenamtlich Deutsch und Nähen gelehrt. In unserer Schule musste sie unterrichten – nicht nähen oder philosophieren. Ich nahm die Kandidatin, um eine der unbesetzten Stellen zumindest in der Statistik zu füllen. Doch die pädagogisch-didaktischen Herausforderungen unserer Schule überforderten sie und sie verzweifelte in der Klasse. Die Angst vor der Arbeit löste bei ihr aus, was ich von Anfang an befürchtet hatte: häufige Krankmeldungen. Ein in Biophysik mit magna cum laude promovierter Chemiker aus Baden-Württemberg bewarb sich ebenfalls bei uns. Er war Studienrat und hatte bereits mit Jugendlichen und Grundschulkindern gearbeitet. Zwei Jahre hatte er in der deutschen Luftwaffe gedient und dort unterrichtet. So fühlte er sich in der Lage, verhaltensauffällige Kinder für das Lernen zu begeistern. Er hatte sich auch mit interkultureller Kommunikation auseinandergesetzt und traute sich zu, mit Kindern aus Familien mit unterschiedlicher kultureller Herkunft motivierend zu arbeiten. Die Kolleginnen freuten sich über den attraktiven jungen Mann, der gute Stimmung verbreitete. Wir hatten jemanden gefunden, der mit den älteren Jungs und Mädchen naturwissenschaftliche Versuche machen und die Schüler durch sein Wissen und seinen anschaulichen Unterricht begeistern konnte. Doch er schlug mein Stellenangebot aus. Er hätte zwar gerne an unserer Schule gearbeitet, doch mit der Entscheidung für eine Grundschullaufbahn hätte er in Berlin nicht wieder an eine

Oberschule mit mehr Gehalt wechseln können. Ich bin sicher, heutzutage würde das nicht mehr so strikt gehandhabt werden. Dieser Bewerber war leider drei Jahre zu früh zu uns gekommen.

Wieder andere blieben. Wie jener Mann in den besten Jahren, der sich als Quereinsteiger explizit für die Spreewald-Grundschule beworben hatte. Er war schon längere Zeit arbeitslos gewesen, hatte von der Werbeaktion der Senatsverwaltung gehört und stand ab sofort zur Verfügung. Eine unbesetzte Stelle weniger in unserer Statistik. Für die Schüler, die ihn als Lehrkraft bekamen, war es allerdings eine Katastrophe. Von eher kleiner Statur, war er häufig in den Klassen gar nicht auszumachen. Obwohl der Unterricht längst begonnen hatte, lärmten die Schüler ungebremst weiter. Der Mann war eigentlich nicht einsetzbar. Aber ich durfte ihn nicht entlassen. Ich solle ihm Zeit geben, riet mir die Schulaufsicht, und auf den Auswahlvermerk solle ich schreiben, seine frühere Tätigkeit als IT-Berater und langjähriger Medienpädagoge komme unserer „kreidefreien Schule" sehr gelegen. Seine Qualifikation als System- und Netzwerkadministrator qualifizierte ihn nicht wirklich als Grundschulpädagogen, doch die Schulaufsicht sah das anders. So hatten wir einen Individualisten mehr in der Schule, der erst zum Unterrichtsbeginn das Schulgebäude betrat, noch mit dem Fahrradhelm auf dem Kopf über die Flure eilte und dabei bereits zehn Minuten seiner Aufsichtspflicht im Klassenraum verletzt hatte. Dafür verließ er als Erster bei Unterrichtsschluss das Gebäude, mit einem unbefristeten Arbeitsvertrag im Rucksack und einem Supereinkommen.

Hingegen machte die Senatsverwaltung jener Mitarbeiterin das Leben schwer, die als Vertretung und dann Willkommensklassenlehrkraft unser Team unterstützte. Neben ihrer Tätigkeit in der Willkommensklasse war Frau S. in Mathematik und in der Sonderpädagogik mit Schwerpunkt Sprachförderung eingesetzt. Sie hatte ein Diplom in BWL und holte fünf Semesterwochenstunden Mathematik nach, um sich danach als Quereinsteigerin bei uns bewerben zu können. Sie absolvierte neben dem Vollzeitunterricht zusätzliche Fortbildungen, was ihr als alleinerziehende Mutter von zwei Kindern sicherlich nicht leichtfiel, und nahm an den Regionalkonferenzen für Willkommensklassen sowie an schulinternen Fortbildungen zur Entwicklung eines Sprachbildungskonzepts teil. Frau A. war eine qualifizierte Akademikerin, die sich bereits hervorragend bewährt hatte. Wegen ihres Engagements wollte ich sie unbedingt an unserer Schule behalten. Der Personalrat lehnte sie wegen fehlender Formalqualifikationen ab.

Schon im Jahr 2015, also deutlich vor der Senatsinitiative zur Reaktivierung der Pensionäre, unterstützte uns eine pensionierte Lehrkraft. Sie war eine universell einsetzbare, verlässliche Kollegin und hatte sich gut in das Kollegium integriert und auf unsere Kinder eingestellt. Die erfahrene Grundschullehrerin hatte schon in verschiedenen Brennpunktschulen gearbeitet. Nach ihrer Pensionierung studierte sie erneut und erwarb ein Zertifikat des Goethe-Instituts über Grundlagen und Konzepte des Unterrichts von Deutsch als Fremdsprache. Sie wollte dauerhaft bei uns tätig sein. Leider konnten wir sie nicht für mehr als zehn Stunden pro Woche einsetzen, da sie sonst zu viele steuerliche Einbußen hätte hinnehmen müssen. An eine Abstimmung mit dem Finanzsenator hatte die Schulsenatorin bei ihrem Werben um Pensionäre nicht gedacht.

Da zu dieser Zeit Bayern noch überschüssige Lehrkräfte produzierte, bemühte sich das Land Berlin, die Kollegen, die dort aufgrund mittelmäßiger Zeugnisse nicht eingestellt wurden, trotz der schlechteren finanziellen Rahmenbedingungen nach Berlin zu holen. Eine Personalie im Rahmen dieser Bayern-Initiative war auch für uns äußerst interessant. Der Kollege hätte sich bei uns mit seinen Interessen verwirklichen können: interaktives Smartboard, Tabletcomputer, Internet, Erstellen von modernem Unterrichtsmaterial, Exkursionen, Theateraufführungen, Projektarbeit, Ausstellungen, bilingualer Geschichtsunterricht, Microsoft Word, Microsoft Powerpoint, Active Inspire, Videoschnittprogramme, reformpädagogische Ansätze – es klang wie Weihnachten und Ostern zugleich. Allerdings wollte er lieber an eine Realschule. Nach einem halben Jahr verließ er uns. Wieder einmal hatte eine Klasse eine liebgewonnene Bezugsperson verloren.

Kapitel 7

Außerdem hatte sich eine selbstbewusste Dame als Vertretungslehrkraft beworben. Sie hatte einen Bachelor in Theaterwissen-
schaften, Publizistik und Kommunikationswissenschaften und
schrieb gerade an ihrer Masterarbeit. Doch ihr blieb noch genügend
Zeit, sich ein festes Zubrot zu verdienen. Und Berlins Grundschulen
suchten doch verzweifelt Lehrkräfte! Sportlich war sie auch, sie hatte
mehrere Jahre als Tanzlehrerin und Referentin am Staatsballett gearbeitet. Da dürfte es ein Kinderspiel sein, den Kleinen im Sportunterricht ein paar tänzerische Übungen beizubringen. Außerdem
hatte sie „Unterrichtserfahrung", da sie als Deutschlehrerin im Rahmen einer Eingliederungsmaßnahme des Landes Berlin für Erwachsene gearbeitet hatte. Ich musste offene Stellen besetzen und es
mit ihr versuchen. An ihrem ersten Arbeitstag verkündete sie, sie
könne nicht allein in einer Klasse unterrichten. Grundschullehrer/-in
betrachten viele Berufsanfänger als Job, bei dem man ohne viel Aufwand gutes Geld verdienen kann. Fällt man in einem Bezirk mit
schlechten Leistungen negativ auf, lässt man sich halt in einen anderen versetzen. Die Zugangskriterien wurden immer einfacher. Ein
Master an einem Institut für Tanzwissenschaften qualifizierte für die
Zulassung als Quereinsteiger. Interessant ist oftmals auch die Begründung für einen derartigen Berufswechsel: „Der Quereinstieg
würde für mich die positive, lebensverändernde Möglichkeit einer
stabilen Zukunfts- und Familienplanung bedeuten sowie die un-
befristete Tätigkeit in einem Beruf, der mir sehr viel Freude be-
reitet."[4] Mit keinem Wort werden die Schüler erwähnt. Nicht jeder,
der Flöte spielen kann, ist als Musiklehrer qualifiziert. Nur für den
Rattenfänger von Hameln wären 26 Kinder in einer Klasse kein Problem gewesen.

Es gibt aber auch noch die besonders Strebsamen, die Doppelquer-
einsteiger: zuerst im Quereinstieg zum Erzieher und dann im Quereinstieg zum Master. Oder den Orthopäden, der erst als Event-
manager arbeitete, später als Sekretär tätig war und sich jetzt zum
Lehrer berufen fühlte. Oder die Mütter, die drei kleine Kinder zu
Hause haben und meinen, dass sie dies zur Pädagogin qualifiziere.

Schließlich die weit über 50 Jahre alte Fachtierärztin für Pferde, die gerne Studenten aus- und weitergebildet hat und nun ihre Leidenschaft für Kinder entdeckt hat. Dafür hat sie sogar ihren sicheren Job in einer Pferdeklinik kurz vor der Pensionierung an den Nagel gehängt.

2019 gab es in Berlin Schulen, an denen bis zu zehn Quereinsteiger gleichzeitig arbeiteten. Was sagt das über die Qualität der Ausbildung oder des Unterrichtens aus? Eine Mail des Schulpersonalmanagements erklärt den Berliner Schulleitern, angesichts der „aktuellen Sachlage" sei eine gewisse „Schieflage" zu beobachten. Denn 145 der knapp 700 Berliner Schulen bildeten zu diesem Zeitpunkt keinen einzigen Quereinsteiger aus. Erst für das Schuljahr 2019/20 war vorgeschrieben, dass jede Schule mit über 360 Schülern mindestens zwei Quereinsteiger ausbilden soll und kleinere Schulen wenigstens einen. Außerdem sollen alle Laufbahnbewerber ein Einstellungsangebot erhalten. Nun ist nicht jeder Bewerber ein didaktisch qualifizierter Kollege. Wer eine Festanstellung bekommt, entscheidet jedoch nicht der Schulleiter, wie gesetzlich festgelegt, sondern letztlich der zuständige Dienststellenleiter. Im Klartext heißt das: Versteht sich die Schulleitung gut mit seinem Vorgesetzten, kriegt sie die Lehrkraft, die sie haben möchte. Wenn nicht, gibt es jede Menge Gründe, eine sinnvolle Ergänzung des Kollegiums zu verhindern. Doch kein Schulleiter muckt auf, schließlich muss ein Reihenhaus abbezahlt werden und der Chefsessel im Amtszimmer erscheint bequemer als das Katheder im Klassenzimmer. Eine Schulrätin pflegte zu sagen: „Wenn man uns befiehlt, Erbsen zu zählen, dann zählen wir Erbsen. Wem das nicht passt, der kann ja gehen."

Das Land Berlin hat mittlerweile mit den Universitäten vereinbart, die Anzahl der Lehramtsstudienplätze deutlich zu erhöhen, sodass wir voraussichtlich ab 2026 endlich wieder genügend ausgebildete Lehrer haben werden. Diese müssen sich dann allerdings vielleicht als Pferdewirte oder Tanzlehrer betätigen, da ihre Stellen mit Quereinsteigern aus diesem Bereich besetzt sind. In einer Untersuchung der Bertelsmann Stiftung vom September 2018 heißt es: „Den

Autoren Dirk Richter, Alexandra Marx und Dirk Zorn ist es erstmals gelungen, den Zusammenhang zwischen sozialer Zusammensetzung der Schülerschaft und einem zentralen Aspekt der Mangelverteilung, nämlich der Versorgung der Schulen mit Lehrkräften im Quereinstieg, empirisch nachzugehen. […] Je mehr Kinder aus einkommensschwachen Haushalten […] eine Schule besuchen, desto höher der Anteil an Quereinsteigern. Für Brennpunktschulen gilt: Hier unterrichten im Mittel doppelt so viele Quereinsteiger wie an Schulen mit dem geringsten Anteil armer Kinder. […] Mit der insgesamt steigenden Zahl an Quereinsteigern bleibt die Schere zwischen armen und reichen Schulen im darauffolgenden Schuljahr weiter erhalten: Während an Schulen mit bessergestellten Kindern Quereinsteiger nun fünf Prozent der Kollegien ausmachten, lag ihr Anteil an Schulen mit finanziell schlechter gestellten Kindern sogar bei knapp zehn Prozent.“[5] Der Studie zufolge muss daher die Verteilung von Quereinsteigern stärker gesteuert werden. Das ließe sich erreichen, indem sowohl Laufbahnkandidaten wie Quereinsteiger bestimmten Schulen zugewiesen werden und man seinen Einsatzort nicht länger selbst wählen könnte. Damit ließe sich vermeiden, dass ein Quereinsteiger nach erfolgreich abgeschlossener Ausbildung in einer Brennpunktschule in einen anderen Bezirk wechselt.

8

„ICH TÖTE IHN.
ICH SCHNEIDE IHN AUSEINANDER!"

GEWALT GEHÖRTE AN unserer Schule zum Alltag, denn sie prägte die gesamte Lebenswirklichkeit vieler unserer Schüler. Insofern waren wir einiges gewohnt, insbesondere rauen, rücksichtslosen Kommunikationsstil der Kinder. Der Fall des Elfjährigen, der Gleichaltrigen den Tod durch das Schwert androhte, stach jedoch im wahrsten Sinne des Wortes heraus und machte mir weiche Knie.

Kapitel 8

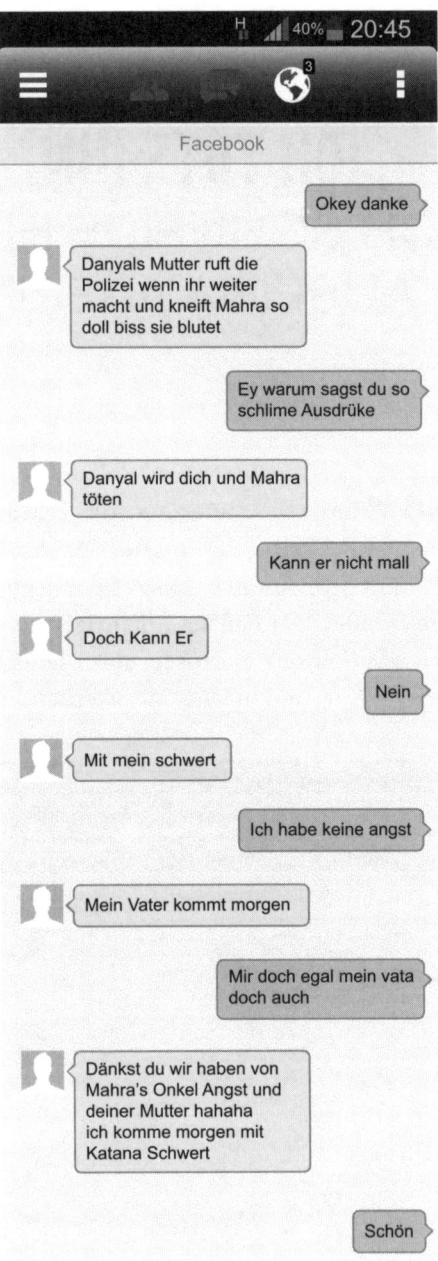

Okey danke

Danyals Mutter ruft die Polizei wenn ihr weiter macht und kneift Mahra so doll biss sie blutet

Ey warum sagst du so schlime Ausdrüke

Danyal wird dich und Mahra töten

Kann er nicht mall

Doch Kann Er

Nein

Mit mein schwert

Ich habe keine angst

Mein Vater kommt morgen

Mir doch egal mein vata doch auch

Dänkst du wir haben von Mahra's Onkel Angst und deiner Mutter hahaha ich komme morgen mit Katana Schwert

Schön

„Ich töte ihn. Ich schneide ihn auseinander!"

Solche Drohungen ergänzte der Junge mit Sprachnachrichten von erschütternder Brutalität:

„Ich ficke morgen Achmed. Ich ficke ihn. Ich werde ihn auseinandernehmen. Ich werde viele Tiere schlachten und ihn auch. Ich bin stärker als Achmed, dieser Knochenmensch. Er wird morgen sehn, ich werde morgen ausrasten. Ich werde sowas von brutal ausrasten. Ich werde so toll ausrasten, dass werdet ihr nicht denken. Ich werde ihn anal töten, ihn anal ficken."

Einem anderen Jungen drohte er: „Ich werde ihn morgen sowas von schlagen, ich werde ihn anal nehmen, ich werde ihn sowas von töten. Ich werde seine ganze Ehre anal nehmen, nur weil er sagt, ich bin stärker. Ich schlage seinen Kopf an Metall einfach, er wird heulen, ich schwöre. Ich schlage ihn morgen, egal wenn ich Ärger bekomme."

Über WhatsApp hatte er Morddrohungen gegen Mitschüler ausgesprochen und sein Verhalten auch nicht geändert, als ich ihn zur Rede stellte. Die bedrohten Kinder waren traumatisiert und trauten sich nicht mehr in die Schule. Ich leitete das Beweismaterial an den Schulrat weiter, wir informierten die Eltern des Jungen und die Polizei. Um andere Kinder und den Schulfrieden zu schützen, suspendierte ich den Schüler vom Unterricht. Schon damals unterschrieb ich meinen Brief an den Schulrat mit „In großer Sorge". Es folgte routinemäßig die Kinderschutzmeldung beim Jugendamt. Doch selbst nach Einschaltung der Polizei ließ der Elfjährige nicht von seinen Drohungen ab. Unter den Eltern wuchs die Angst um die Sicherheit ihrer Kinder in der betroffenen Klasse. Uns war natürlich bewusst, dass dieser Junge Hilfe brauchte. Die konnten wir ihm im Rahmen unserer Möglichkeiten und Pflichten allen anderen Schülern gegenüber aber nicht gewähren. Wir konnten ihn nur als letzte Maßnahme der Schule verweisen. Dieser Fall war besonders drastisch, aber stand nicht allein. Gewaltpotenzial wiesen nicht nur Schüler auf, sondern auch Eltern. Trotz eines erweiterten Aufsichtsdienstes des pädagogischen Personals, der den Kollegen kaum noch persönliche Pausen gestattete, trotz Einsatzes der Schulsozialarbeiterin und der

Konfliktlotsen kam es täglich zu Gewalttätigkeiten, die Sachschäden und Verletzungen zur Folge hatten. Einige Eltern schreckten ebenfalls vor Übergriffen nicht zurück, wenn sie glaubten, ihre Kinder beschützen zu müssen. Zum Beispiel wartete einer unserer Pädagogen am Eingang der Sporthalle auf Kinder, die sich dort nach der Hofpause anstellten. Zwei Kinder sowie die Eltern eines Schülers gerieten in Streit. Eine Mutter zeigte den Schülern den ausgestreckten Mittelfinger. Das brachte das Fass zum Überlaufen. Als ein Lehrer die Mutter bat, derartige Gesten zu unterlassen, schrien die Schüler, dass diese Frau sie ständig provoziere, und belegten die Mutter mit übelsten Schimpfworten. Viele Kinder reagierten aggressiv auf andere Eltern, weil diese sie wiederholt auf dem Schulhof verbal attackiert und ihnen körperliche Gewalt angedroht hatten, zum Beispiel mit Äußerungen wie: „Geht die Treppen zur Sporthalle runter, sonst schubs ich euch dort runter." Der Vater, der dies sagte, ging mit energischem Schritt auf einen der Schüler zu. Der Lehrer musste sich wie ein Prellbock zwischen ihn und die Schüler werfen, um Schlimmeres zu verhindern. Wutentbrannt trat der Vater gegen unser Schultor. Obwohl in dem Fall kein Kind verletzt wurde, kann man sich vorstellen, wie angsteinflößend solche Situationen sind und wie viel Zeit erforderlich ist, um sie nachträglich aufzuklären. Auch der flehentliche Hilferuf des eigenen Kindes „Papa, hör auf!" fruchtete häufig nicht, um aggressiv gewordene Eltern zu beruhigen – nicht selten stand das eigene Kind daneben und genierte sich für die Unbeherrschtheit seiner Eltern.

Bei solchen Vorfällen gerieten oft auch die beteiligten Pädagogen in Bedrängnis. Manche Eltern gefährdeten den Hausfrieden und beeinträchtigten unsere Erziehungsaufgaben. Zum Schutze aller hätte man mithilfe eines Sicherheitsdienstes die Schulordnung durchsetzen können. In anderen Berliner Bezirken wurden derartige Probleme so gemildert oder sogar erfolgreich gelöst. Im Dezember 2017 bat ich den Stadtrat, den Einsatz eines Sicherheitsdienstes zu bewilligen. Ich erhielt keine Antwort. Mit Rückendeckung der Schulkonferenz engagierte ich aus schulinternen Mitteln einen Wachschutz. Von 7:30 Uhr bis 16:30 Uhr kümmerten sich jetzt zwei Personen auf unserem Schulgelände um die Sicherheit der Schüler und Eltern. Sie waren in Gewaltprävention und Deeskalation geschult, sprachen Deutsch, Arabisch und Farsi. Dass eine Berliner Grundschule einen Wachschutz benötigt, um die Ordnung aufrechtzuerhalten, griffen fast alle Berliner und einige überregionale Tageszeitungen auf. So spektakulär diese Maßnahme auch erschien, war sie doch nichts weiter als die letzte verzweifelte Reaktion auf ein Problem, das sich über Jahre kontinuierlich verstärkt hatte und das die Behörden tunlichst verdrängt hatten. Gewalt tritt nicht plötzlich auf und ist auch nicht unverzüglich aus der Welt zu schaffen. An unserer Schule war es zunehmend selbstverständlich geworden, sich gewalttätig zu verhalten.

Die Zeitungen stellten das Engagement des Wachschutzes als neuartig dar, obwohl ich lediglich dem Beispiel anderer Schulleiter gefolgt war. Die *B.Z.* meldete im März 2018: „In Neukölln haben neun Schulen bereits seit 2012 einen Wachschutz. […] Rund 300.000 Euro kostet diese Maßnahme den Bezirk Neukölln im Jahr."[1] Ich verstand die Aufregung im Schulamt und bei meinen Vorgesetzten nicht. Das Problem der mangelnden Sicherheit grassierte an der Schule seit vielen Jahren. Trotz aller Präventionsmaßnahmen nahm die Gewalt eher zu als ab. Pädagogische Konzepte wie Konfliktlotsen funktionierten nur begrenzt, und der Ruf der Schule verschlechterte sich weiterhin. Das Gewaltphänomen war sicherlich auch der Tatsache geschuldet, dass wir eine Schule in einem Ballungsgebiet waren, in dem viele unterschiedlichste Menschen miteinander leben. Die meisten Kinder kamen aus prekären Verhältnissen und ihre Eltern kümmerten sich häufig nicht um sie. Vandalismus und Gewalt waren nicht nur an unserer Schule ein Problem. Überall dort, wo Streitigkeiten der Clanfamilien in die Schule hineingetragen werden, ist der Bildungsauftrag nur schwer zu erfüllen. Als Schulleiter muss man bereit sein, sich den Problemen zu stellen und den Kopf nicht in den Sand zu stecken. Von den politisch Verantwortlichen für diesen Angriff auf ihre eigene Bequemlichkeit angefeindet zu werden, ist wenig hilfreich. Der Jugendamtsleiter musste aufgrund der vielen Kinderschutzanzeigen hinlänglich über unsere gewaltbereite Schülerschaft informiert gewesen sein. Sein unterbesetztes Amt vernachlässigte die Bearbeitung all dieser Fälle. Stattdessen twitterte er am 1. März 2018, dass ihm „Schweigen als beste Option schwerfällt, wenn da jemand mit dem Kopf durch die Wand will und genau auf die, auf die es ankommen sollte, keine Rücksicht nimmt." Eine Bezirksverordnete postete: „Schulen sind oft auch Opfer ihrer Schulleitung. Just saying. Stichwort Spreewald-Grundschule." Ein anderer Bezirksverordneter postete: „Dass eine Schule einen solchen Schritt nicht vorher kommuniziert, finde ich abenteuerlich …" Schulamt, Jugendamt und Schulaufsicht wussten von meinen permanenten Hilferufen. Nur wurden die Probleme ignoriert und nicht einmal parteiintern im eigenen Bezirk diskutiert. Aufgrund der Presseberichterstattung schaltete sich jetzt die Senatorin Sandra Scheeres (SPD) ein. Sie wollte meiner Brennpunktschule helfen. Sie hätte mir den Rücken stärken und den Anfeindungen auf bezirklicher Ebene ein Ende setzen können. Doch das tat sie nicht. Sie nehme das Problem ernst und habe bereits Maßnahmen in Gang gesetzt, versicherte sie. Ein runder Tisch werde einberufen, um über die Zukunft der Schule zu verhandeln. Im Abgeordnetenhaus sicherte die Senatorin der Schule eine zusätzliche Sozialarbeiterin zu und erklärte, in unserer Schule wäre ein Kriseninterventionsteam dringend notwendig gewesen. Doch das gab es bei uns schon seit Jahren. Mein diesbezüglich ziemlich ahnungsloser Schulrat wies mich schließlich an: „Sehr geehrte Frau Unzeitig, bitte teilen Sie mir schriftlich mit, worin die grundsätzlichen Strukturschwächen Ihrer Schule liegen. Bitte beziehen Sie diesbezüglich auch die von Ihnen benannten Organisationsmängel mit ein. Welche Fortbildungen sind an Ihrer Schule zum Thema Gewaltprävention gelaufen, bzw. wie ist hier aus Ihrer Sicht der Fortbildungsstand des Kollegiums?"

Die Antwort kostete mich mindestens einen Arbeitstag, in dem ich wieder einmal nicht meinen Hauptverpflichtungen als Schulleiterin nachkommen konnte. Ich musste mich im Unterricht vertreten lassen, ganz zu schweigen von den vielen Interviewanfragen. Außerdem

„Ich töte ihn. Ich schneide ihn auseinander!"

forderte die Senatorin von mir den gesamten Schriftverkehr mit der Schulaufsicht und dem Schulträger der letzten Jahre bezüglich Gewaltpräventionsmaßnahmen, Wachschutz und Schließanlage an. Das entlastete mich zwar, es widerstrebte mir jedoch, meine Vorgesetzten anzuschwärzen.[2] Die konnten jetzt nicht mehr leugnen, dass sie die angespannte Situation seit langer Zeit ignoriert hatten. Es ging jedem darum, die eigene Haut zu retten. Innerhalb weniger Tage musste ich Stellung beziehen, warum wir einen Wachschutz brauchten und was wir vorher unternommen hatten, um die Situation zu entschärfen. Ich zählte auf: Das pädagogische Personal wurde in Gewaltprävention geschult, es gab Elternseminare zu diesem Thema und in allen Klassen hingen die gemeinsam mit den Schülern erarbeiteten Verhaltensregeln aus. Die Schulsozialarbeiter kümmerten sich um konstruktive Konfliktlösungen, es gab Konfliktlotsen zur Streitschlichtung, verstärkte Pausenaufsichten und Coaching durch pensionierte Schulräte zur Bearbeitung von Disziplinproblemen im Unterricht.

Im ganzen Bundesgebiet reagierten Leser auf die Berichte über unsere Schule. Man empfahl mir unter anderem zivilrechtliche Klagen und Anzeigen gegen übergriffige Eltern: „Unser Rechtsstaat stellt viele geeignete Mittel zur Verfügung, um diejenigen einzufangen, die meinen, sich über Regeln hinwegsetzen zu können. Ich bin im Übrigen der festen Überzeugung, dass es auf die Kinder eine wohltuende Wirkung entfaltet, wenn sie mitbekommen, dass ein Papa, der glaubt, den Unterricht stören und den Lehrer unter Druck setzen zu können, höflich, aber bestimmt zur Ordnung gebracht wird. Das ist pädagogisch, denke ich, hundertmal besser, als wenn Kinder den fatalen Eindruck bekommen: Papa muss bei dem verflixten Lehrer nur mal auf dicke Hose machen, dann kuscht der. Das darf niemals geschehen. Nie! Ich wünsche Ihnen viel Erfolg und weniger Stress."

Wenn es nur so leicht wäre, innerhalb kürzester Zeit für Ruhe und Ordnung zu sorgen! Meinen Vorgesetzten gegenüber musste ich mein Handeln immer wieder rechtfertigen, da niemand die politische Verantwortung für die Misere dieser Brennpunktschule tragen wollte.

Kapitel 8

Nachdem ich für die Senatorin all meine Bemühungen um eine Befriedung der Schule in zwei nächtlichen Marathonsitzungen zusammengestellt hatte, besuchte mich im April 2018 ihr Staatssekretär. Er brachte den Schulstadtrat mit. Obwohl ich eine Fülle von Material vorgelegt hatte, wollte er von mir weitere Überlegungen zu entsprechenden Konzepten erfahren und zu noch zu ergreifenden Maßnahmen. Besonders wichtig war ihm, den Wachschutz überflüssig zu machen. Eine Gegensprechanlage, eine zusätzliche Sozialarbeiterstelle und ein höherer Zaun, meinte er, würden genügend Sicherheit für die Schüler bieten. Mitte Mai wandte ich mich in der Hoffnung um Vermittlung direkt an die Senatorin. Als Antwort erhielt ich einen Dreizeiler meines Schulrats, der die Situation wieder einmal in einem persönlichen Gespräch erörtern wollte. Es war zum Aus-der-Haut-Fahren! Alle an der Schule verwirklichten Projekte hatte einzig und allein ich angeschoben. Alle Kämpfe in der Öffentlichkeit musste ich alleine durchstehen. Und jetzt bot mir jene Person Hilfe an, die sich seit Jahren weggeduckt hatte. Unsere Schule wurde von innen und von außen bedroht.

Außerdem belästigten schulfremde Personen unsere Schüler nachmittags auf der Kletterlandschaft. Im Frühling 2015 erwartete mich morgens um 7:50 Uhr eine Traube hektisch miteinander diskutierender Eltern meiner damaligen 2. Klasse vor dem Klassenzimmer. Fremde Männer, so erregten sie sich, hätten ihre Kinder auf der Kletterlandschaft fotografiert. Zudem hätten schulfremde Jugendliche „Bonbons" und Brausetabletten verteilt. Um 8:15 Uhr holte mich die Sekretärin aus dem Unterricht, weil mich 20 Eltern aufgeregt zu sprechen wünschten. Ich versammelte sie im Schulcafé und zog sowohl den verantwortlichen Erzieher als auch den Sozialarbeiter hinzu. Nicht nur die fotografierenden Männer lösten große Besorgnis aus, auch die „Bonbons" und die damit verbundene Angst vor Drogen. Die Aufregung beruhte nicht zuletzt auf den jüngsten Warnungen der Medien vor dieser Form des Anfixens von Kindern (Crystal Meth in Form von Brausetabletten). Angeblich hatte der siebenjährige Schüler Nadir ein Bonbon zugesteckt bekommen. Auf

Nachfrage der Klassenlehrerin bestritt der Junge dies. Ferner wurde berichtet, eine verwirrte, Türkisch sprechende Frau habe die Kinder gebeten, ihr ein Handy zum Telefonieren zu leihen. Die Eltern sprachen auch eine sogenannte „Pennerhöhle" auf dem Spielplatz an, eine von Obdachlosen provisorisch in den Büschen eingerichtete Unterkunft, in der die Kinder häufig spielten. Dieses Problem taucht in Berliner Parks immer wieder auf. Die Eltern verlangten von mir, diese Missstände abzustellen. So ergriff ich folgende Sofortmaßnahmen:

Die Kletterlandschaft wurde bis auf Weiteres nicht während der Schulzeit als Spielort aufgesucht.

In einer außerordentlichen Dienstbesprechung für das gesamte pädagogische Personal wies ich alle erneut auf ihre Aufsichtspflicht hin. Ich beschrieb die Gefahrenlage und bat um erhöhte Aufmerksamkeit. Alle Klassenlehrer wurden verpflichtet, die Schüler zu warnen und dies ins Klassenbuch einzutragen.

Ich verständigte umgehend unsere Polizei-Präventionsbeauftragte, meine Dienstbehörde und den Schulträger.

Die Polizistin riet uns, das nächste Mal sofort den Polizeinotruf zu verständigen, damit eine Streife vorbeikommt und die Personalien der erwachsenen Spielplatzbesucher aufnimmt. Außerdem sollten die Mitarbeiter des Grünflächenamts die „Pennerhöhle" von Unrat säubern. Das garantiere aber nicht, dass die Obdachlosen nicht zurückkämen.

Nicht nur Schüler wurden belästigt. Als eine Lehrerin auf dem Weg zum Schulhof war, trat ein Mann aus dem Gebüsch zwischen Schulhof und Spielplatz und ging mit entblößtem Penis auf sie zu. Er hatte ihr aufgelauert. Glücklicherweise war an diesem Tag kein Schulkind auf der Straße.

Auf dem Schulhof fanden wir Erbrochenes und menschlichen Kot und kämpften gegen allgemeine Vermüllung. Es bestand die Gefahr der Ausbreitung von Ungeziefer – mit allen damit verbundenen Folgen für die Gesundheit unserer Schüler. Nahezu täglich protokollierte die Polizei auf dem Schulgelände Ordnungsverstöße, ohne sie zuverlässig verhindern zu können.

Kapitel 8

Die Holztreppen auf der Dachterrasse des Freizeitgebäudes waren brandgefährdet. Eindringlinge konnten sie leicht hochklettern. Dort reichte eine einzige fahrlässig weggeworfene Kippe, um einen Brand zu verursachen. Die Luftschächte des Gebäudes befanden sich ebenfalls auf dieser Terrasse und stellten zusätzliche Gefahrenquellen dar. Dort mussten bereits mehrfach Brände gelöscht werden, da illegale Nutzer bei ihren nächtlichen Picknicks immer wieder Kerzen angezündet hatten.

Der Hausmeister, dessen Dienstwohnung sich auf dem Gelände befindet, wurde gezwungenermaßen zum Nachtwächter. Seine gestörte Nachtruhe und damit verbundenes Einschreiten rechnete er als Überstunden ab, was seine eigentliche Arbeitszeit verkürzte. Damals wurde auch in das Kerngebäude der Schule eingebrochen. Wir fanden die Klassenzimmer und den Werkraum im Erdgeschoss verwüstet vor. Wir hatten zwar eine Alarmanlage, aber die funktionierte nur in den oberen Geschossen. Daher forderte ich einen zusätzlichen Gebäudeschutz an, zudem höhere Zäune, eine Flutlichtanlage, die auf Bewegungsmelder reagiert, vielleicht auch akustische Signale und vor allem eine deutliche Kennzeichnung des Grundstücks als Schulgelände, dessen Betreten nur befugten Personen während der Öffnungszeit gestattet ist. Der Hausmeister hatte schon viele Jahre lang entsprechende Briefe und Mails an die Behörden geschrieben und nie eine Antwort erhalten. Vergeblich bat ich den Schulträger, das Schulgebäude unter Beteiligung der Bezirksverwaltung und der Ordnungsbehörden auf Sicherheitslücken zu prüfen und gegebenenfalls im Zusammenwirken mit dem Architekten Abhilfe zu schaffen. Das zuständige Polizeirevier stellte uns die dafür relevanten Protokolle der letzten Jahre zur Verfügung. Um den Schulbetrieb sicherer zu machen, achteten wir noch intensiver darauf, dass die Schüler sich in Gängen und auf Treppen gesittet verhielten und in Toiletten und Waschräumen kein Chaos anrichteten. Auf unsere uneingeladenen Besucher und Nachtschwärmer hatte das natürlich keinen Einfluss. Die Dachterrasse unseres Schulgebäudes erfreute sich als Partylocation immer größerer Beliebtheit und wurde jungen

„Ich töte ihn. Ich schneide ihn auseinander!"

Berlin-Touristen in den sozialen Medien empfohlen. In lauen Sommernächten war die Lage besonders untragbar. Erneut informierte ich den Schulträger über die Folgen der nächtlichen Partys auf der Dachterrasse und übersandte zur Illustration Fotos der Verwüstung. Ich erklärte zudem, unser Hausmeister könne die Scherben und andere gefährlichen Reste des nächtlichen Treibens nicht immer rechtzeitig vor Schulbeginn beseitigen, was die Unfallgefahr für die Kinder enorm erhöhte. Daher schlug ich vor, den Aufgang zur Dachterrasse aus Schulmitteln unpassierbar zu machen. Die Antwort der Schulverwaltung: „Ihr Anliegen ist uns bekannt und wird zurzeit gemeinsam mit dem Facility-Management geprüft. Weitere Ergebnisse sind erst nach dem Prüfvorgang zu erwarten. Ich bitte deshalb noch um Geduld."

Inzwischen war ein Jahr vergangen, die Problemlage hatte sich weiter verschärft, und erneut versuchte man, mich zu beruhigen. Eltern, Schüler und Kollegen beklagten sich bei mir, nicht zuletzt der erschöpfte Hausmeister, der tagtäglich für Ordnung sorgen musste. Nur seinem Pflichtbewusstsein war es zu verdanken, dass der Hof weiterhin benutzbar war. Im April 2016 bekam ich eine Mail vom Leiter des Schul- und Sportamts: Für Ende dieses Monats habe man einen Gesprächstermin mit dem Hausmeister vereinbart, um die Probleme zu diskutieren und nach Lösungen zu suchen. Eingeladen seien auch Vertreter des bezirklichen Facility-Managements und des Straßen- und Grünflächenamts. Aus den Schulakten der letzten zehn Jahre ging hervor, dass alle Schulleiter vor mir auf diese Probleme hingewiesen hatten, ohne dass etwas passiert war. Selbst der spätere Abteilungsleiter in der Senatsverwaltung und langjährige Chef der Berliner GEW, Erhard Laube, hatte als Schulleiter erfolglos auf den Vandalismus aufmerksam gemacht. Schon damals musste die Polizei Personen von der Dachterrasse des Freizeitgebäudes entfernen. Die Netzumspannung der Basketballkörbe, der Fußballtore und des Fußballplatzes wurde teilweise zerschnitten oder verbrannt und musste erneuert werden. Schulleiter Laube hatte das Bezirksamt von Schöneberg auch auf Gefährdungen durch den Spielplatz neben der Schule hingewiesen, der im Frühjahr 2003 neu angelegt worden war und seitdem immer wieder Obdachlosen und Drogensüchtigen Unterschlupf bot. Er ist vom Schulgelände durch einen circa 1,20 m hohen Zaun abgeteilt, den selbst Kinder mühelos übersteigen können. Viele überkletterten die Zäune, um ihren Weg über den Schulhof abzukürzen. Schon vor dem Siegeszug von Social Media hatten jugendliche Touristen, die im benachbarten YMCA-Jugendgästehaus nächtigten, unsere Dachterrasse als hervorragend geeignet für alternatives Abchillen ausgemacht. Alle Einbrüche und Sachbeschädigungen wurden angezeigt. Die Polizei sollte am Wochenende regelmäßig Kontrollfahrten unternehmen, um Eindringlinge unter Strafandrohung des Platzes zu verweisen, allerdings reichten schon damals die Ressourcen der Kräfte vor Ort dafür nicht aus. Es ist kein einziger Fall dokumentiert, in dem die Polizei von sich aus initiativ geworden wäre. Für Objektschutz sei man nicht zuständig, erklärte man uns. Deshalb hatte mein Vorgänger Laube nicht nur einen höheren Zaun und eine Alarmanlage angefordert, sondern ebenfalls einen Wachschutz. Es liegen keine Reaktionen des Schulträgers aus dieser Zeit vor, lediglich ein Vermerk aus dem Jahr 2004, der auf die erheblichen Pflege- und Betreuungsprobleme aufgrund der Besonderheiten des Schulbaus verwies. Die auf den Spielgeräten festgestellten Beschmierungen müsse man leider akzeptieren.

Ein paar Jahre später, mit neuem Schulamtsleiter und neuer Schulleitung, gab es in den Pfingstferien einen neuerlichen Versuch der Brandstiftung, wieder eine Anzeige bei der Polizei, wieder die Bitte um mehr Schutz, einen höheren Zaun, eine Alarmanlage und einen Wachschutz. Wieder wurde mit der Polizei vereinbart, dass jede Art von Vandalismus zur Anzeige gebracht würde. Allein für das erste Schulhalbjahr 2016 wies die Polizeistatistik für unsere Schulsporthalle 18 Hausfriedensbrüche aus. Tatsächlich waren es mehr, denn es wurden nur die aktenkundig, in denen jugendliche Eindringlinge sich der Aufforderung des Hausmeisters widersetzt hatten, unser Grundstück zu verlassen. Die Polizei hatte bereits in der Planungsphase der Sporthalle darauf hingewiesen, dass der Zaun geradezu

„Ich töte ihn. Ich schneide ihn auseinander!"

zum Überklettern einlade. Hier einer meiner von gefühlt einhundert verzweifelten Briefen an das Schulamt:

> „Sehr geehrter Herr Schulamtsleiter,
> am Wochenende betraten wieder unbefugte Personen die Dachterrasse der Sporthalle und hinterließen ein Feld der Verwüstung mit Müll und zahlreichen, größtenteils zerschlagenen Glasflaschen. Es sah dort oben aus wie nach einer Belagerung.
> Die pyramidenförmige Glaskuppel ist großflächig mit Graffitischmierereien verunstaltet, und es gibt erneut einen Brandschaden auf den Holzbohlen. Wenn diese Schmierereien nicht entfernt werden, ziehen sie weitere nach sich. Deshalb möchte ich, dass eine Glasreinigungsfirma beauftragt wird. Es ist unbedingt notwendig, wieder einen Gebäudeschutz für die Nachtstunden zu beauftragen mit Schwerpunkt auf den Nächten am Wochenende.
> Über die Begehungen muss ein Kontrollbuch geführt werden, und auf dem Schulgrundstück angetroffene unbefugte Personen müssten konsequent bei der Polizei angezeigt werden. Die Problematik der völlig unzureichenden Geländeumzäunung ist nach wie vor ungelöst. Ich füge diesem Schreiben Fotos zur Dokumentation der Vorfälle bei.
> Mit freundlichen Grüßen ..."

Manchmal kam jemand vom Bauamt, vom Grünflächenamt oder vom Facility-Management zur Begutachtung vorbei, geändert hat sich daraufhin jedoch nichts. Es blieb bei regelmäßigen Polizeieinsätzen am Wochenende, Brandspuren und Restmüll zum Wochenbeginn – und unsere Schüler gewöhnten sich an diesen Anblick. In meinem Büro wurde der neu angelegte A4-Ordner „Vandalismus" immer voller. Wenn man Kinder von bildungsinteressierten Eltern in der Schule aufnehmen will, wäre es doch wohl eine der wichtigsten

Maßnahmen gewesen, ein sicheres Schulgebäude und einen geschützten Schulhof anbieten zu können!

Da die Dachterrasse für unsere Schüler aufgrund von Bränden und Vandalismus nicht mehr als Fluchtweg zu benutzen war, beschloss die Schulkonferenz, die Türen zur Terrasse des Freizeitgebäudes zu verschließen, um Unfälle wie zum Beispiel einen Absturz in die einen Meter tiefen Löcher im Bodenbelag zu verhindern. Meine mit „lebensgefährliche Bauschäden" betitelte Mail reichte ebenfalls nicht aus, um meinen Vorgesetzten die Gefährdung der Kinder deutlich zu machen. Das Gutachten eines Sachverständigen sprach nur von einem „erheblichen" Risiko. Deshalb empfahl das Bezirksamt, möglichst wenige Personen und keine Kinder mehr ins Gebäude zu lassen und nur die Grundfunktionen wie die Essenszubereitung aufrechtzuerhalten. Man sei dabei, kurzfristig zu realisierende Handlungsalternativen zu suchen. 15 Jahre lang wurden die Mängel kontinuierlich gemeldet, 15 Jahre lang geschah nichts. Zwischenzeitlich sicherte ein improvisierter Bauzaun die desolate Terrasse des Freizeitgebäudes unzureichend ab. Er war in Betonaufsteller eingehängt, die jedes Kind mühelos verschieben konnte. Die einzelnen Zaunelemente konnten leicht umfallen und dabei eines oder mehrere Kinder verletzen. Einige Lücken waren lediglich mit einem rot-weißen Absperrband gesichert. Das Gebäude war aufgrund der Gefahrenquellen für schulische Zwecke nicht mehr nutzbar, und ich bat um eine Sperrung. Ich schrieb an meinen Dienststellenleiter und den Stadtrat als Vertreter des Schulamts, bei dem die Haftung für Unfälle liegt. Auch die Eltern waren besorgt. Eine engagierte Elternvertreterin wandte sich deshalb an den Abteilungsleiter in der Senatsverwaltung: „Leider finden nunmehr die Essensversorgung und auch die erweiterte Nachmittagsbetreuung bis auf wenige Ausnahmen ausschließlich im Schulgebäude statt. Da bis dato und auch scheinbar nicht kurzfristig ein neuer Fluchtweg ertüchtigt werden kann, steht nunmehr das gesamte Konzept des gebundenen Ganztages vor dem Aus. [...] Da die Senatsverwaltung den gebundenen Ganztag zukünftig ausbauen möchte, fehlt uns jedes Verständnis hierfür, dass gerade an einer

„Ich töte ihn. Ich schneide ihn auseinander!"

Grundschule im Brennpunkt nicht alles erdenklich Mögliche getan wird, um die wichtige Aufgabe, die die Schule hier im Kiez erfüllt, zu unterstützen!" Eindringlich warnte sie vor weiteren unbefriedigenden Übergangslösungen. Ob es den ersten Presseberichten über „Probleme mit dem Brandschutz in Berlin-Schöneberg – marode Schulanlage gesperrt" geschuldet war oder dem Brief der engagierten Mutter – das Bezirksamt verzichtete auf eine kurzfristige Notlösung für die Schule. Das Gebäude konnte weiterhin von uns nicht genutzt werden. Auch für die angespannte Personalsituation gab es keine Lösung. Ich informierte meinen Schulrat, dass 24 Sprachfördergruppen täglich (das sind 108 Sprachförderstunden) nicht stattfinden könnten, weil die Lehrer mit der Essensausgabe beschäftigt waren.

Erneut wurde ich ins Schulamt bestellt: Man erwartete von mir eine Lösung des Problems durch Umorganisation, ohne dass man sich ernsthaft mit den katastrophalen Rahmenbedingungen beschäftigt hätte. So empfahl man mir, mehrere Klassen in einem Raum zu konzentrieren, um die Essensausgabe zu erleichtern. Das war eine Aufforderung zum organisierten Chaos, so viele verhaltensschwierige Kinder auf engem Raum mit ihren Essensportionen hantieren zu lassen. Ganz zu schweigen von den Schwierigkeiten, die die anschließende Tanz-AG hatte, wenn sie sich nicht nur mit ihrer Choreografie, sondern auch mit herumliegenden Essensresten auseinandersetzen musste. Das Personalproblem blieb ungeklärt. Noch am selben Tag traf man sich um 14:00 Uhr mit mir, um das gesperrte Schulgelände erneut zu besichtigen. Und wieder einmal gab es keine neuen Erkenntnisse, auf denen wir hätten aufbauen können. Ein ästhetisch ansprechender niedriger Zaun war offenbar mehr wert als das Recht unserer Schüler auf Sicherheit und Unterricht. Immerhin wurde uns schließlich doch ein Sicherheitsdienst gewährt. Die Presse sprach daraufhin von einem „Umschwenken beim Wachschutz an Schulen"[3]. Hatte mich mein Stadtrat im Juli 2018 noch kritisiert, sträubte sich seine Partei im August auf einmal nicht mehr gegen den Wachschutz. Sein Einsatz komme „im äußersten Fall" infrage, hieß es in einem Antrag der SPD-Fraktion bei einer Bezirksverordnetenversammlung.

Kapitel 8

Auch die Senatorin befürwortete ihn in Einzelfällen. Wir hatten viele „Einzelfälle".

Mehr als fünf Jahre hat mich der Streit um den Zaun beschäftigt. Es ist ein sehr markanter Metallzaun, türkisgrün, mit spitzen und bizarren Ornamenten, ein unverkennbares Markenzeichen des Berliner Architekten Hinrich Baller. Auch das Grundstück der Spreewald-Grundschule ist mit diesem einzigartigen, kniehohen Zaun eingefriedet. Dass es sich bei dem Gebäude um eine Schule handelt, sieht man weder auf den ersten noch auf den zweiten Blick. Lediglich eine kleine silberne Tafel mit der Aufschrift „Schulgrundstück, Unbefugten Betreten verboten" weist darauf hin.

Der Architekt des Schulgebäudes hatte sich für einen niedrigen Zaun entschieden. Es sollte einen einladenden Charakter haben. Hatte es auch – aber für die falschen Typen. Unser Grundstück zog immer mehr Besucher unterschiedlichsten Alters an, die es für nicht vorgesehene Zwecke nutzten. Auch der benachbarte Spielplatz, für unsere Schüler zum Ausleben ihres Bewegungsdrangs unverzichtbar, übte abends große Anziehungskraft auf eine andere Klientel aus. Es verging kein Morgen, ohne dass wir dort die Reste nächtlicher Partys wie leere Bierdosen, Glasscherben von Wein- und Schnapsflaschen und achtlos weggeworfenes Plastikgeschirr mit Essensresten einsammeln mussten.

Wir hatten zwar einen Wachschutzmann tagtäglich vor Ort, die kiezoffene Planung des Geländes erlaubte jedoch jedem halbwegs sportlichen Mitbürger das Übersteigen des Zäunchens. Somit ließ sich die Schule nicht vor Eindringlingen schützen. Im September 2018 setzte sich zur Mittagszeit mitten auf dem Schulhof ein Junkie einen „Schuss". Der Mitarbeiter des Sicherheitsdienstes vertrieb ihn schließlich. 2018 war unser weitläufiger Schulhof bei Drogenabhängigen und Obdachlosen relativ beliebt. Sie kamen bei Dunkelheit auf das Gelände, hinterließen ihr Hab und Gut und verrichteten dort ihre Notdurft. Das zur Reinigung herbeigerufene Ordnungsamt vertrat die Auffassung, es sei meine Aufgabe als Rektorin, täglich Matratzen, Spritzen und Ähnliches zu entfernen.

„Ich töte ihn. Ich schneide ihn auseinander!"

Laut Presseberichten wurde die Senatsverwaltung auf das Problem angeblich erst jetzt aufmerksam. In einer Mail schlug ich vor, hinter der dekorativen Abgrenzung des Architekten Baller einen zweiten Sicherheitszaun zu errichten, um die Schüler vor schulfremden Personen zu schützen. Derartige Bemühungen hatte der Architekt jedoch jahrzehntelang mit seinem Recht auf Urheberschutz abgeschmettert. Nachdem ich vier Monate lang auf den höheren Zaun gewartet hatte, mailte ich dem Staatssekretär: „Sie haben mir angeboten, dass ich mich in Problemlagen an Sie wenden kann. Anbei das gestern während des Schulbetriebs gegen 15 Uhr aufgenommene Foto, aus dem ersichtlich ist, dass unser Schulhof als ‚öffentliche Toilette' benutzt wird. Es ist nicht möglich, dass eine einzige Wachschutzperson, die gleichzeitig das Tor kontrollieren muss, hier präventiv oder zur Feststellung der Personalien tätig wird und den Schutz der Kinder gewährleistet. Was soll die Schulleitung bzw. das pädagogische Personal der Schule nach Ihrer Ansicht tun?" Das Foto dokumentierte folgenden Vorfall: Am Nachmittag, als sich die Schüler auf dem Schulhof aufhielten und dort in den Büschen nach Schatten vor der brennenden Sonne suchten, taten sie dies gemeinsam mit einer dort seit Tagen lebenden Obdachlosen, die sich ohne jede Scheu ihrer Wäsche entledigte, um ihr Geschäft verrichten zu können. Solche Szenen sind auf einem Schulgrundstück nicht hinnehmbar. Dass die Behörde diese Geschehnisse ständig verharmloste, zeigt, wie wenig Wertschätzung man den im Kiez lebenden Bürgern und ihren Kindern entgegenbrachte. Da man es vor allem mit Migranten zu tun hatte, hatte die Lösung des Problems offenbar keine Priorität. Die prompte Antwort des Staatssekretärs machte mich sprachlos:

„Sehr geehrte Frau Unzeitig,
das erscheint mir offensichtlich:
– erstens muss das Foto in die Presse,
– zweitens dürfen Sie die Personen nicht stören oder gar verweisen, nehmen Sie (ggf. schärfere) Fotos auf und dann siehe erstens

– drittens MEHR Wachschutz, „eine einzige Wachschutzperson" kann unmöglich hier hinzugezogen werden und die
Frau stören
– viertens: bloß nicht den Schulträger belasten; Fäkalfotos
bitte grundsätzlich an Schulaufsicht und den zuständigen
Staatssekretär
– fünftens: Kontakt zu anderen Schulleitungen vermeiden,
die ggf. anders mit Fällen wie diesen umgehen.

Und jetzt mal auf der seriösen Ebene, falls der Kanal noch
offen ist: Die offene Problematik der Liegenschaftssicherung
(Zaun) ist eines der ernsthaften Anliegen, die wir unabhängig
von Ihrem Abgang[4] weiterverfolgen. Ich bin hierzu morgen
mit dem Stadtrat verabredet und werde – notfalls auf der
Ebene der Gefahrenabwehr – auf eine Lösung & Taten drän-
gen. Bis dahin Schulträger & Polizeiabschnitt um erhöhte Präsenz in Kernzeiten bitten und selbst (mit Zeugen) die Person
zum Verlassen des Grundstücks auffordern. Aber das dürfte
hinlänglich bekannt sein."

Die Senatorin hat den Staatssekretär mittlerweile in den einstweiligen Ruhestand versetzt. Auch heute noch kann man den Berliner Medien entnehmen, dass der Stadtrat einen mannshohen Zaun
verspricht. Doch laut Presseberichten verwehrte sich der Architekt
dagegen. „Ein einfacher Bauzaun würde eine Verunstaltung der gesamten Anlage darstellen", wurde Baller in der Presse zitiert. Er sehe
seine Urheberrechte verletzt und drohe, vor Gericht zu ziehen. Wegen eines undichten Turnhallendachs befand man sich im Rechts-
streit: Architekt und Bezirk machten sich gegenseitig dafür verantwortlich. Die Geschichte des Sporthallenbaus galt – wie bei Berliner Bauvorhaben nicht ungewöhnlich – als Skandalchronik mit
Firmenpleiten, Baustopps und wechselnden Bauleitungen. Ursprünglich waren für das Bauvorhaben 38,4 Millionen D-Mark eingeplant.
Schließlich wuchs die Bausumme auf 61 Millionen. Der damalige

„Ich töte ihn. Ich schneide ihn auseinander!"

Schöneberger Baustadtrat sprach von einem „handgeschmiedeten Rolls Royce"[5]. Das Land Berlin verklagte den Architekten wegen Planungsmängeln, doch die Klage wurde im August 2014 abgewiesen. Es fehlte der kausale Zusammenhang zwischen angeblichen Planungsmängeln und dem durch den Bezirk angezeigten Schaden. Der Bezirk blieb auf Sanierungskosten in Höhe von 1,6 Millionen Euro sitzen. Bei einer Bauprüfung stellte man darüber hinaus schon damals fest, dass auch die Holzkonstruktionen unter den Fensterfronten marode waren und komplett erneuert werden müssten.

Kurz bevor ich Berlin verließ, traf ich mich aus Neugierde mit dem so oft als Ursache aller baulichen Schwierigkeiten der Schule genannten Mann. Ich begegnete einem hochgewachsenen, modern gekleideten 80-Jährigen, der meine Besorgnis um die Sicherheit der Schüler verstand und sich sofort zu einer Kooperation bereit zeigte. Mir gegenüber beharrte der Architekt nicht auf seinem Urheberrecht. Er wollte nur nicht sein Bauwerk durch Bauzäune verunstaltet sehen. Ihm war sehr wohl bewusst, dass er mit seiner Architektur auch eine soziale Verantwortung trug und sein vor vielen Jahren einmal als bürgernah angedachter Zaun heutzutage nicht genügend Schutz für einen Schulhof bot. Nur habe man sich niemals an ihn gewandt, um diese Problematik zu diskutieren und eine Lösung zu erörtern. Baller selbst hatte davon nur aus der Presse erfahren. Den Architekten störte die Tatsache, dass das Freizeitgebäude der Schule mittlerweile seit zwei Jahren leer stand. Es sei ja nicht nur für die Ganztagsschule geeignet, sondern auch als Kindertagesstätte zugelassen. Durch die mangelnde Pflege und die fehlenden Reparaturen würden hier öffentliche Räume vergeudet. Ich erklärte ihm, meine Intention sei es von Anfang an gewesen, dieses Gebäude als Kindertagesstätte zu nutzen, um Kinder und Eltern frühzeitig an die Schule zu binden und den Kindern einen besseren Start zu ermöglichen. Das war unmöglich, da der Schulträger es nach kurzer Prüfung für ungeeignet für einen Kitabetrieb hielt. Dass Baller-Bauten durchaus vielfältig nutzbar sind, beweist ein ähnlicher Bau im Nachbarbezirk Charlottenburg, in dem eine Kita neben der Sporthalle untergebracht ist. Herr

Baller war bereit, über die Gestaltung eines erhöhten Zaunes, der den Sicherheitsnotwendigkeiten entsprach, Gespräche zu führen. Mein Treffen mit ihm hatte jedoch keinerlei Konsequenzen. Der Kampf gegen den Zickzackkurs der politisch Verantwortlichen kostete enorm viel Kraft. Ich musste Verleumdungen hinnehmen und andere die Lorbeeren ernten lassen. Man müsste doch meinen, dass die Kommunalverwaltung imstande ist, ihre Bildungseinrichtungen vor Missbrauch durch Suchtkranke oder am Rand der Gesellschaft Stehende zu schützen. Ich bin durchaus dafür, dass man sich um Drogenabhängige kümmert. Das ist aber nicht die Aufgabe der Schule, schon gar nicht der Grundschule. Sie muss die Kinder vor so etwas schützen, zumindest während des Schulbetriebs.

Der Wachdienst konnte schulfremde Personen mit Nachdruck und Erfolg abschrecken. Zugleich konnten wir die Schulordnung durchsetzen und das Signal senden, dass korrektes Verhalten keine Schwäche bedeutet. Die Schüler respektierten die Sicherheitsleute mehr als manchen Lehrer. Um einen Weg aus der Gewaltspirale zu finden, reicht es nicht, zu sagen: Wir leben in einer bunten Stadt und deshalb ist alles schön. Eine Balance zwischen den Bildungszielen, der Förderung der Einzelnen und der Durchsetzung von Regeln ist wichtig. Ein Gemeinwesen kann nur funktionieren, wenn alle die geltenden Regeln respektieren. Sicherheit ist die Basis für alles andere.

Bundespräsident Frank-Walter Steinmeier sagte bei seinem Antrittsbesuch in Rheinland-Pfalz am 19. März 2018 in seiner Rede vor dem Landtag: „Demokratie ist eine anstrengende Staatsform. Politisches Engagement ist nicht immer cool und attraktiv, sondern oft nicht glamourös und kleinteilig. Politische Inhalte und vernünftige Argumente sind meistens komplexer als ein Hashtag." Er verurteilte Gewalt und Hass gegen Flüchtlinge und ihre Helfer. Gleichzeitig mahnte er aber auch, Schwierigkeiten offen anzusprechen: „Ich finde, wer die alltäglichen Probleme der Integration auf den Schulhöfen oder im Wohnviertel benennt und die Durchsetzung von Ordnung fordert, der muss dafür nicht öffentlich kritisiert werden."

9

IM TEUFELSKREIS
AUS IGNORANZ
UND EGOISMUS

LERNEN MACHT HUNGRIG. Vielleicht sogar Appetit auf ein Fortkommen, einen Beruf, eine Karriere. Ganz sicher aber sitzen alle
Schüler mittags mit knurrendem Magen in der Schule, die das Haus
um 7:30 Uhr ohne Frühstück verlassen haben. Ich weiß, wie es sich
anfühlt, in der Schule zu hungern. Häufig genug kam ich zwischen
einem Arbeitsbeginn um 7 Uhr morgens und der Mittagszeit bestenfalls einmal dazu, von einem Pausenbrot abzubeißen. Laut Schulgesetz[1] müssen an allen Grundschulen, an denen die Schüler mindestens vier Tage in der Woche von 8 bis 16 Uhr anwesend sind, die
Eltern ihre Kinder verpflichtend zum Schulmittagessen anmelden.
Wie reagiert man jedoch, wenn Eltern dieser Verpflichtung nicht
nachkommen? Offene Ganztagsschulen mit Nachmittagsbetreuung
(auch bekannt als Hort) sind sehr beliebt. Brennpunktschulen sind
oft Ganztagsschulen, weil man verhindern will, dass die Kinder nachmittags unbeaufsichtigt auf der Straße landen. In der Spreewald-
Grundschule zahlten 95 Prozent der Eltern einen Anteil von einem
Euro täglich für das Mittagessen ihrer Kinder, das sind rund 20 Euro
pro Monat. Dieser Betrag lässt sich auch dann vertreten, wenn die
Familie von Sozialleistungen lebt. Darüber hinaus konnten in Einzelfällen die Kosten vollständig vom Land Berlin übernommen werden.
Dennoch war ungefähr ein Sechstel aller Schüler vom Mittagessen

ausgeschlossen und saß hungrig mit den Klassenkameraden am Tisch oder spielte in der Zwischenzeit auf dem Hof. Mal war der Name der Bank den Müttern nicht bekannt oder die Väter waren nicht erreichbar, hatten aber die alleinige Verfügungsmacht über das Konto. Nicht akzeptierte Verträge wurden an die Eltern zurückgeschickt. Viele von ihnen verstanden die amtlichen Schreiben nicht oder kümmerten sich prinzipiell nicht darum, was in ihrem Briefkasten lag. Oder zu den registrierten Verträgen gab es keinen Zahlungseingang, weil die Konten nicht gedeckt waren. Ich schilderte die Situation den zuständigen Verwaltungsstellen, die Briefe endeten mit: „Völlig verzweifelt grüßt Sie herzlich Doris Unzeitig, Schulleiterin." Beim täglichen Schulmittagessen geht es nicht nur um die Nahrungsaufnahme. Die Kinder lernen dabei auch, den Tisch einzudecken, mit Messer und Gabel umzugehen, sich bei Tisch leise zu unterhalten, zu warten, bis die Freunde ebenfalls mit dem Essen fertig sind, und danach gemeinsam abzuräumen. Und neben sozialer Kompetenz und einer „Tischkultur" geht es um das Kennenlernen unbekannter Speisen und gesundes Essen.

Unsere Erzieher schlugen vor, die Berliner Tafel und einen örtlichen Supermarkt zu bitten, diese Kinder mittags zu verköstigen. Nachdem ich die Presse alarmiert hatte, verpasste man mir einen Maulkorb. Die Verwaltung hatte erneut ein „Unzeitig-Problem". Das Bezirksamt schlug vor, mich an das bundesweite Hilfsprojekt brot-Zeit zu wenden. Laut brotZeit[2] haben 30 Prozent der Grundschüler in Deutschland während des Unterrichts Hunger, weil sie ohne Frühstück oder Pausenbrot in der Schule sitzen. Daraus resultieren Konzentrationsmängel, schlechtere schulische Leistungen und Aggressivität. Das von der Schauspielerin Uschi Glas initiierte Projekt spendet sozial benachteiligten Kindern ein kostenfreies Frühstück: Milch, Müsli, Obst, Brot, Wurst, Käse und Marmelade; zubereitet und serviert von ehrenamtlich tätigen Senioren. Auf diese Weise entstünden weder dem Schulträger noch dem Land zusätzliche Kosten und man unternähme etwas gegen die objektiv vorhandene Not. Auf meinen Vorschlag, die fälligen Essensbeiträge von den Sozialleistungen der

Eltern abzuziehen, reagierte die Schulbehörde nicht. Also schrieb ich an den Finanzchef des Schulträgers: „An der Spreewald-Grundschule sind gegenwärtig vierzig Kinder vom Caterer vom Empfang des warmen Mittagessens ausgeschlossen. Der Grund sind Zahlungsschwierigkeiten der Eltern. [...] Die Beurteilung der Sachlage hat ergeben, dass folgenden Schülern die Härtefallregelung zum Schulmittagessen zu gewähren ist [...]. Ich bitte, den Gewährungszeitraum bis zum Ende des aktuellen Schuljahres 2014/15 anzusetzen, da nach meiner Einschätzung bei keinem der Erziehungsberechtigten eine in absehbarer Zeit stattfindende Änderung der Einkommensverhältnisse zu erwarten ist." Zumindest für das laufende Schuljahr hatte ich eine Lösung gefunden. Für das Schuljahr danach wurden sämtliche Härtefallanträge jedoch abgelehnt. Der Finanzchef bat mich stattdessen um die Zusendung der einzelnen Anträge und wies mich darauf hin, dass ich jeden Fall prüfen müsse. Daraufhin wandte ich mich an die Stadträtin: „Ich bitte Sie, sich dafür einzusetzen, die informelle Regelung der Kostenübernahme des Schulmittagessens des vergangenen Schuljahres an der Spreewald-Grundschule fortzuschreiben. Wie stellt man sich das im Schulamt vor, dass ich mich in die Mensa begebe, um die Dienstanweisung an meine Erzieher zu überprüfen, ob Kindern von zahlungsunwilligen Eltern kein Essen gereicht wird? Was tun wir mit den weinenden Kindern? Wie gehe ich mit empörten Eltern um, deren Kinder – obwohl sie der Zahlungspflicht gefolgt sind – kein ausreichendes Essen erhalten, weil die zu wenig gelieferten Portionen gleichmäßig auf alle Anwesenden aufgeteilt werden?"

Der stellvertretende Vorsitzende des Berliner Philologenverbands, der dem Landesschulbeirat angehört, schickte eine Unterstützungsmail an den Bezirk Tempelhof-Schöneberg, in der er schrieb: „Wir können die Kinder nicht für das Fehlverhalten der Eltern bestrafen. Eine derartige Ausgrenzung [...] könnte auch für unsere Gesellschaft nachhaltige Folgen haben." Mein Dienststellenleiter fühlte sich nicht zuständig. Der Caterer gab im Monat September 2015 1.230 Portionen zu je 3,25 Euro unbezahlt aus, für den nächsten Monat waren also Kosten von rund 4000 Euro ungedeckt. Nach vielen sorgenvollen und empörten Mails von uns erklärte sich das Bezirksamt bereit, das Essen bis zum Beginn der Herbstferien erneut zu zahlen. Ich hatte mich bei anderen Schulen informiert, wie diese mit dem Problem umgehen. Einige Schulleiter erlaubten ihren Kindern, sich Snacks vom gegenüberliegenden Supermarkt als Mittagessen zu holen, andere organisierten altbackenes Brot vom Vortag vom Bäcker, wieder andere nutzten die Berliner Tafel. Eine altgediente Schulleiterin ließ zahlungssäumige Eltern ihr Kind nach dem Vormittagsunterricht von der Schule abholen und es um 14:30 Uhr zum Nachmittags- unterricht wieder zurückbringen. So verhinderte sie, dass diese Schü- ler hungrig anderen Kindern beim Essen zuschauen mussten. Seit- dem hatte sich die Anzahl der vom Mittagessen ausgeschlossenen Kinder drastisch reduziert. Von dieser Regelung wusste die vor- gesetzte Dienstbehörde natürlich nichts. Im Gegensatz zu mir war diese Schulleiterin verbeamtet. Ich hingegen war neu im Amt, noch in der Probezeit und konnte es mir nicht leisten, diese zwar prakti- kable, aber nicht rechtskonforme Lösung an meiner Schule ebenfalls anzuwenden. Außerdem waren die Pausen zwischen Unterricht und Nachmittagsangeboten in unserer Ganztagsschule dafür zu kurz. Nachdem im nächsten Schuljahr erneut Schüler vom Mittagessen ausgeschlossen waren, lud der Bezirk in einem freundlichen Brief die 98 zahlungssäumigen Eltern zu einem Beratungsgespräch ins Rat- haus. Dieses Angebot nahmen nur zwei Erziehungsberechtigte wahr. Das Bezirksamt wollte daraufhin die Eltern in einem weiteren Schrei- ben bitten, ihren Kindern selbst Essen mitzugeben. Das widersprach jedoch den Vorgaben der Schulsenatorin, die an bestimmten Quali- tätsstandards[3] festhielt: ein ausgewogenes Essensangebot, Bio- produkte, wenig Zucker. Man wollte nicht, dass die Kinder mittags kalte Schnitten, Nutellabrote oder wenig nährstoffreiche Nahrung zu sich nehmen.

Vor dem Jahreswechsel schrieb ich dem Landesschulbeirat: „Ich bin nicht bereit zu tolerieren oder vielleicht sogar zu fördern, dass etwa ein Fünftel der Schüler [...] von [...] nicht mehr verkäuflichen

Backwaren ernährt wird. Genauso wenig – auch das haben wir schon öfter diskutiert – geht es an, dass das angelieferte Essen gleichmäßig an alle Schüler verteilt wird mit dem Ergebnis, dass niemand satt wird und die zahlenden Eltern sich zu Recht darüber empören. [...] Wir können nicht versuchen, ‚Eltern zu erziehen‘, indem wir ihre Kinder mit Essensentzug bestrafen.“ Doch laut Weisung meines Dienstvorgesetzten musste ich die Kinder weiter vom Essen ausschließen. Der Bezirkselternausschuss kontaktierte schließlich den Abteilungsleiter im Senat, der antwortete: „In der Tat ist mir das Thema gut bekannt. [...] Aktuell liegt mir kein Sachstand vor. (...) Zahlen die Eltern nicht, dann wird ihr Kind gesperrt. Vielleicht können Sie im Rahmen des Bezirkselternausschusses die Frage klären, warum die Eltern nicht zahlen.“ Eine neue Mitarbeiterin in der regionalen Schulaufsicht nahm sich daraufhin der Sache an. Sie stürmte unangemeldet in mein Dienstzimmer und beschimpfte mich wie ein Schulkind, unfähig zu sein und keine Lösungen zu finden. Das Problem sei doch leicht in den Griff zu bekommen, indem man zum Beispiel selber eine Suppe koche, um die Kinder zu verköstigen. Jetzt sollte ich auch noch Köchin werden! Von Hygienevorschriften ganz zu schweigen.

Im Februar 2016 nutzten wir das kostenfreie Frühstücksangebot von brotZeit. Die Mittagessenssituation war nach wie vor ungeklärt. Ich bat die Geschäftsleitung von brotZeit um Lunchpakete mit belegten Broten oder Brötchen, etwas Gemüse oder Obst als Mittagsverpflegung. Diese Notversorgung war bis zu den Osterferien gesichert und wurde schließlich bis zum Ende des Schuljahrs verlängert. Im neuen Schuljahr war das Problem weiterhin ungelöst. Mittlerweile war die Presse auf diesen untragbaren Zustand aufmerksam geworden. Die Pressesprecherin der Senatorin schrieb daraufhin dem Abteilungsleiter: „Lieber Herr …, die *Bild*-Zeitung sagt, dass an der Spreewald-Grundschule 40 Kinder kein Mittagessen bekommen würden. Wissen wir, woran dies liegt?“ Dieser leitete die Mail an den Dienststellenleiter in meinem Bezirk weiter: „Lieber Herr …, bitte umgehend klären.“ Daraufhin mailte mir mein Dienststellenleiter:

„Sehr geehrte Frau Unzeitig, ist das zutreffend? Ich bitte um Stellungnahme." Ich antwortete: „Sehr geehrter Herr ..., Hintergründe und Sachverhalte sind Ihnen und ihren Mitarbeitern bekannt." Der stellvertretende Vorsitzende des Berliner Landesschulbeirates appellierte zwei Jahre, nachdem ich der Senatorin umfassend die Essensproblematik dargestellt hatte, im November erneut an ihre politische Verantwortung: „Sehr geehrte Frau Senatorin, nun zum wiederholten Male – diesmal in Begleitung einer Journalistin des *RBB* – habe ich die Mittagspause der Spreewald-Grundschule besucht. Mir ist eine Reihe von Kindern freundlich, offen und sehr interessiert begegnet. [...] Umso betroffener sah ich einige Schülerinnen und Schüler, die vom Mittagstisch ausgeschlossen waren. In sich gekehrt und mit abwesendem Gesichtsausdruck, der die innere Verletzung mehr oder weniger deutlich dokumentierte, saßen sie zum Teil am Rand der großen Tische. Wir reden von Integration und tun als Erwachsene genau das Gegenteil. Hilflos sind diese Kinder dem Treiben der Erwachsenen ausgesetzt! Jenseits jeglicher Partei- und Gewerkschaftspolitik appelliere ich an Sie als verantwortliche Senatorin, sicherzustellen, dass zukünftig niemals Schulkinder vom gemeinsamen Mittagsessen im gebundenen Ganztag ausgeschlossen werden. [...] Sie haben mit der Schulleiterin der Spreewald-Grundschule eine sehr engagierte Mitarbeiterin, die die Fürsorge für ihre Schülerinnen und Schüler ernst nimmt und für sie kämpft. Nach den mir vorliegenden Erkenntnissen besteht das Problem nicht nur an der Spreewald-Grundschule, aber andere schweigen aus welchem Grund auch immer. [...] Warum übernimmt das Land Berlin nicht die Kosten für das Mittagessen der Kinder, für die sowieso Transferleistungen erbracht werden? Der gegenwärtige Verwaltungsaufwand für die Schule ließe sich nach meiner Einschätzung erheblich reduzieren und damit würden zusätzliche Kosten eingespart."

Radio 1[4] brachte eine Reportage live aus der Mittagspause an unserer Schule. Darin wurde berichtet, dass auf Wunsch der neuen rot-rot-grünen Koalition in Berlin mehr Bio-Essen auf den Schultisch kommen sollte. Doch bevor der neue Senat sich dafür engagiere, sollte man sich zunächst darum kümmern, dass die Kinder überhaupt Essen bekämen. Der Staatssekretär für Bildung tat das Ganze als Einzelfall ab, obwohl in der *taz*[5] bereits mit Zahlen belegt wurde, wie viele Berliner Kinder vom Schulmittagessen ausgeschlossen waren. Im Rahmen einer großen Anfrage hatte sich auch das höchste parlamentarische Gremium des Bezirks, die Bezirksverordnetenversammlung, mit dem Thema beschäftigt. Der Stadtrat erklärte dazu: „Die durch den Ausschluss von Kindern bei der Essensausgabe entstehende unbestreitbar belastende Situation für alle an der Schule beteiligten Menschen wurde und wird durch die kurzfristige Reaktion des Schulträgers so weit wie möglich abgefangen. [...] Es erscheint erforderlich, grundsätzlich eine Überprüfung des bestehenden Verfahrens für alle Kinder durchzuführen und die Lage gegebenenfalls neu zu bewerten."[6]

Ende April 2017 wurde das Gebäude, in dem unser Essen erwärmt und gegessen wurde und sich die Obst- und Gemüsebar befand, wegen Bauschäden gesperrt. Die Kinder mussten das Mittagessen in den Klassenräumen einnehmen. Glücklicherweise blieb die Küche weiter begehbar. Nachdem wir alles organisiert hatten, forderten der Schulamtsleiter und der Abteilungsleiter in der Senatsverwaltung ein schriftliches Konzept für die Mittagessenversorgung der nächsten drei Monate bis zu den Sommerferien. Man erklärte mir, an anderen Berliner Grundschulen werde das Schulmittagessen zeitlich versetzt eingenommen – ohne Einbußen beim pädagogischen Angebot, woran ich mich orientieren könne. Doch wenn die Lehrkräfte Mittagessen austeilen und Servierwagen durch die Flure schieben sollen, hätten sie weniger Zeit für Sprachförderangebote, die endlich begannen, Früchte zu tragen. Der Abteilungsleiter schrieb: „Im Sinne Ihrer Eigenverantwortung erwarte ich nun etwas detailliertere Vorschläge der Schule für die Problemlösung – unter Federführung der Schulleiterin, Frau Unzeitig. Der für die Schule zuständige Schulaufsichtsbeamte befindet sich hierzu mit Frau Unzeitig in einem intensiven Austausch."[7] Dieser „Austausch" bestand aus Abwarten. Im September 2017 schrieb der Schulausschuss erneut an die Senatorin, die sich seit 2014 zu keinem der Schreiben persönlich geäußert hatte. 60 Kinder sind vom Mittagessen ausgeschlossen, das noch immer im Schulgebäude serviert wird. Im Januar 2018 befasst sich die Bezirksverordnetenversammlung damit. Die Stellungnahme des Stadtrats: „Eine Information bezüglich der derzeit vom Schulmittagessen ausgeschlossenen Schüler an der Spreewald-Grundschule liegt dem Schulamt nicht vor. Anträge der Schule für Härtefallregelungen werden vom Schulamt im Sinne der Schulkinder entschieden, sodass in Härtefällen eine Teilnahme am Schulmittagessen gesichert ist." Meine Antwort: „Bereits am 14.9.2014 habe ich den Stadtrat für Schule, damals in seiner Eigenschaft als Jugendstadtrat, auf die unzulängliche Essensversorgung an unserer Ganztagsschule aufmerksam gemacht; im November 2016 versprach er, bis zum 15.12.2016 eine Lösung gefunden zu haben; auf Druck der Presse hat das Bezirksamt die Kosten für die Essensversorgung der ausgeschlossenen Kinder vom Januar 2017 bis zum Ende des Schuljahres übernommen. Seit Schulbeginn 2017 wurde diese Unterstützungsmaßnahme aus dem Härtefallfonds nicht wieder aufgenommen, obwohl der Finanzchef im Schulamt bestätigte, dass es überhaupt kein Problem sei, diese Regelung weiter anzuwenden. Der Stadtrat wollte sich um eine grundsätzliche politische Regelung kümmern; er verwies auf die Zuständigkeit des Jugendamtes, die aber der Leiter desselben in einem persönlichen Gespräch zurückwies. Sowohl der Stadtrat, der Finanzchef als auch meine direkten Dienstvorgesetzten sind laufend von mir über den aktuellen Stand der vom Essen ausgeschlossenen Kinder informiert gewesen."

Auf die Frage der Bezirksverordnetenversammlung: „Welche Möglichkeiten sieht das Bezirksamt, hier Abhilfe zu schaffen?" antwortete der Stadtrat: „Bei der derzeitig vorliegenden Rechtslage besteht für das Schulamt keine Möglichkeit, eine fehlende Kooperationsbereitschaft der Eltern im Zusammenhang mit dem Schulmittagessen zu kompensieren." Die Bezirksverordnetenversammlung wollte daraufhin wissen: „Sind dem Bezirksamt ähnliche Sachverhalte von anderen Schulen im Bezirk bekannt?" Die Antwort des Stadtrats: „Ja." Ab

April 2017 mussten unsere Schüler auf dem schmalen ungeheizten Schulflur essen. Am 22. März 2018 verschickte die Senatsverwaltung folgende Pressemitteilung: „Ein warmes Mittagessen für jedes Kind: Die Senatorin stellt Bundesinitiative zur Streichung des Eigenanteils vor." Was Senatorin Sandra Scheeres (SPD) da mit herzerwärmenden Worten anpries, war vier Jahre lang harte Arbeit einer Berliner Schulleiterin und ihres Teams. Ich zitiere:

„Ich möchte, dass jedes Kind ein warmes Mittagessen bekommt – egal ob es aus einer wohlhabenden oder armen Familie stammt. In Berlin wächst jedes dritte Kind in einer Familie auf, die Transferleistungen bezieht. Viele dieser Kinder erleben täglich aufs Neue, was es heißt, ausgeschlossen zu sein: Während die anderen Kinder in den Schulen und Kitas gemeinsam zu Mittag essen, dürfen sie nicht daran teilnehmen, weil ihre Familien kein Geld dafür haben. Das führt zu Ausgrenzung und Stigmatisierung. Beides dürfen wir nicht hinnehmen. Alle Kinder sollen sich gleichermaßen als Teil der Schul- oder Kitagemeinschaft fühlen."[8]

Ab 2019/20 fallen die monatlichen 37 Euro Zuzahlung für das Essen in den Grundschulen weg. „Doch die SPD wollte das kostenlose Schulessen unbedingt", liest man in der Presse.[9] Mich würde interessieren, wer das war und wo er oder sie sich die letzten Jahre versteckt hielt.

Wie man ein kostenloses Mittagessen für alle Grundschüler in Berlin garantieren möchte, bleibt jedoch ein Rätsel. Es gibt unzählige Schulen, die keine Mensa haben. Außerdem sind die Caterer bislang nicht darauf vorbereitet, so viele Essensportionen warmzuhalten. Die Schulen müssten technisch aufgerüstet werden, um das Essen zu erwärmen, doch ihre Stromversorgung ist dafür nicht ausgelegt. Vielleicht kommt uns der Klimawandel zu Hilfe, und Solarenergie wird es richten.

Eines war dem Jugendamt besonders wichtig: mich zur Zusammenarbeit mit dem „Kiez-Netzwerk" anzuhalten. Dazu flatterten mir Angebote ins Haus wie das des örtlichen Bildungsnetzwerks zur „sportlichen Sprachförderung", das ich hier originalgetreu dokumentiere:

„Seher Geehrte Herr [...]
Wir sind von der Jugendfreizeiteinrichtung [...].
Wir haben ein Projekt und zwar es gibt ein Broschüre heißt
,'Lust auf Sport'
da stehen viele Sport Angebote für Jugendliche und Kinder
von 2013.
Unser Aufgabe ist neue Angebote aufnehmen und die alte An-
gebote die nicht mehr aktuell sind weg machen.
Von der Spreewald Grundschule haben wir Zwei Angebote,
sie können Sie in der Excel Mappe sehen.
Ich bitte Ihnen die un aktuelle Infos zu kreieren und falls neue
angeboten gibt da aufzunehmen
Vieln Dank
Mit freundlichen grüßen [...]"

Natürlich habe ich dieses Angebot abgelehnt. Das Jugendamt lud
mich zu einer Arbeitsgruppensitzung für weitere Projektideen ein,
um die „Partizipation in der Region" voranzubringen. Das Treffen
war für 10 Uhr vormittags angesetzt und sollte drei Stunden dauern.
Angesichts meiner Verpflichtungen als Schulleiterin sagte ich ab. Das
Jugendamt war unser Ansprechpartner, wenn wir auf Missstände in
den Familien unserer Schüler stießen. Wegen chronischer Unterbesetzung konnte es seinen Sozialdienst nur noch als Notprogramm
aufrechterhalten; es griff lediglich bei lebensgefährdenden Einzelfällen ein und verordnete, um Aktenberge abtragen zu können, längere Schließzeiten. Während dieser „Schließwochen" schotteten die
Mitarbeiter sich ab, um die vielen liegen gebliebenen Fälle aufzu-
arbeiten. Sie waren dann auch telefonisch nicht erreichbar. In dieser
Zeit verfassten sie unter anderem Beiträge zu einer Jubiläumsschrift
anlässlich des fünfjährigen Bestehens des Bildungsnetzwerks Schöneberg-Nord. Eine koordinierte Zusammenarbeit mit dem Jugendamt
war nicht möglich. Auffällige Eltern wussten längst, dass sie wegen
der aktuellen Personalnot vom Jugendamt nichts zu befürchten hatten. In der Amtszeit des Regierenden SPD-Bürgermeisters Klaus

Wowereit, der den Slogan „arm, aber sexy" für die Hauptstadt erfunden hatte, sind die Jugendämter bis zur Handlungsunfähigkeit kaputtgespart worden. Im November 2018[10] gestand der Senat ein, dass der Kinderschutz in Berlin nicht mehr gewährleistet war. In unserer Schule waren wir im immer gleichen Teufelskreis gefangen: Wir dokumentierten verhaltensauffällige Kinder, mit denen die Lehrkräfte nicht klarkamen. Nun hätte die Schulaufsicht eingreifen und Gegenmaßnahmen einleiten müssen. Stattdessen riet man uns, sich ans Jugendamt oder das Schulpsychologische und Inklusionspädagogische Beratungs- und Unterstützungszentrum zu wenden. Dort hieß es, Gewaltvorfälle seien nicht dokumentiert. Das Schulamt hatte unsere Meldungen nicht weitergegeben. Die Schulaufsicht bestellte mich jedoch zu Zielvereinbarungen ein, weil das Ausmaß an Gewalt an meiner Schule zu hoch sei. In diesen Vereinbarungen waren auf dem Papier die Einrichtungen beteiligt, die ich zu Beginn dieses Kreislaufs bereits um Hilfe gebeten hatte. Die Spirale bürokratischer Geschäftigkeit drehte sich weiter, ohne dass sich an der konkreten Lage irgendetwas änderte. Das habe ich immer wieder so erlebt. Leider spricht man in Berlin nach wie vor zu wenig darüber.

Das Jugendamt war für 30 Kindertageseinrichtungen zuständig, 16 Kindertagespflegestellen, neun Jugendfreizeiteinrichtungen, drei Familien- und Nachbarschaftstreffs, eine Erziehungs- und Familienberatungsstelle sowie fünf Grundschulen, eine integrierte Sekundarschule, eine Schule in freier Trägerschaft und eine Notunterkunft. Außerdem sollte es sich um Belastungs-, Not- und Krisensituationen kümmern. Uns fehlte seine Unterstützung bei der täglichen Jugendsozialarbeit, beim erzieherischen Kinder- und Jugendschutz, der Förderung der Erziehung in der Familie und der raschen Bewilligung von Erziehungshilfen, um Kindern eine gezielte Förderung in Kleingruppen zukommen zu lassen. Die im Sozialgesetzbuch jeder Familie zugesicherten Leistungen gab es in unserem Bezirk nicht. Sie wären dringend nötig gewesen. Unsere Pädagogen befanden sich in einer besonders schwierigen Lage. In vielen Teilen der Bundesrepublik ist es heute zu einer größeren Herausforderung geworden, zu unterrichten und zu erziehen. Wir wurden von den Kindern obendrein noch beschimpft und beleidigt. So musste sich eine Lehrerin einer 6. Klasse, während die Kinder mit schriftlichen Aufgaben beschäftigt waren, immer wieder den türkischen Satz „Amuna koyim!" („Fick dich in die Scheide") anhören, den ein Junge vor sich hin plapperte. Sie fragte ihn, ob er wisse, was er da sage. Er antwortete: „Ja, warum denn?" Als sie ihn anwies, das zu unterlassen, wiederholte er lachend die Beleidigung. Beide Lehrkräfte der Klasse forderten den Jungen auf, den Raum zu verlassen. Da er dies nicht tat, drängten sie ihn schließlich gemeinsam aus dem Klassenzimmer. Eine Sportlehrerin einer 5. Klasse berichtete: Nach dem Sportunterricht betraten Jungen die Umkleidekabine der Mädchen. Einer bewarf sie mit nassen Tüchern, bespuckte sie, trat und schlug nach ihnen, machte obszöne Gesten und sagte über ein Mädchen: „Die soll auf mir reiten, während ich ihr an den Haaren ziehe!" Ein Sechstklässler provozierte permanent im Unterricht, warf mit seiner Trinkflasche und beleidigte Mitschüler. Er verteilte Nackenschläge und rief immer wieder: „Ich ficke dieses Buch. Mutters Muschi, halt die Fresse, Pädo, Nutte, Saki ist ein Hurensohn, Missgeburt, Fotze, du bist der größte Fettsack von allen." Auf Dauer konnte kein Pädagoge derartige Respektlosigkeiten tolerieren. Da der Junge sein Verhalten nicht änderte, wurde er, nachdem alle anderen Erziehungsmaßnahmen nicht fruchteten, vom Unterricht suspendiert. Da man maximal zehn Tage vom Unterricht ausgeschlossen werden darf, war damit das Problem nicht gelöst. Ohne die Hilfe des Jugendamtes konnte die Schule hier nicht weiterkommen.

Wegen der Unterbesetzung im Amt wurden die von uns beantragten Lerntherapien nicht rechtzeitig bewilligt. Außerdem fehlten uns für die erforderlichen Fortsetzungen der im Vorjahr in Angriff genommenen Kinderschutzfälle die Ansprechpartner im Jugendamt. Im September 2017 stand ich beispielsweise ratlos mit einer Schulanfängerin da, die uns zugewiesen worden war. Seit beinahe zwei Jahren wurde im Bezirk überlegt, wie man dem auffälligen sechseinhalbjährigen Mädchen gerecht werden konnte. Im Umgang mit anderen Kindern reagierte es aggressiv und laut, weinte und schrie sehr schnell. Dabei klammerte es sich an die jeweilige Betreuungsperson. Der Kinder- und Jugendgesundheitsdienst vermutete eine autistische Störung. Da das Mädchen kaum sprach, schon gar nicht Deutsch, war eine rasche Diagnose ebenso schwierig wie eine Einschätzung seiner intellektuellen Fähigkeiten. Der Schulbehörde wie dem Jugendamt war der Fall bekannt. Krankheitsbedingt hatte dieses Kind nie eine Kita besucht. Die Kindertagespflege, die die Eltern bislang in Anspruch genommen hatten, hielt es nicht für möglich, es in einen normalen Schulalltag zu integrieren. Aufmerksamkeit und Konzentration seien tagesformabhängig. Das Verhalten schwanke zwischen geistiger Abwesenheit, Lustlosigkeit und Verweigerung. Das Kind hatte bereits im Heimatland mit Auffälligkeiten zu kämpfen gehabt und dort einen Logopäden und einen Ergotherapeuten in Anspruch genommen. Anders als die Mutter konnte der Vater den Förderbedarf seiner Tochter nicht akzeptieren. Er hielt ihr Verhalten für normal, fand sie bestenfalls etwas zu schüchtern. Von Februar bis Juli 2017 fanden 16 Gespräche mit verschiedensten Unterstützungszentren, Ärzten, Lehrkräften und Sozialpädagogen statt. Für eine verlässliche medizinische Diagnose wäre es nötig gewesen, das Kind stationär aufzunehmen.

Der Vater weigerte sich jedoch trotz aller Bemühungen der Fachkräfte wie auch der Mutter, einer klinischen Untersuchung zuzustimmen. Er hielt eine logopädische Betreuung für ausreichend. Damit fehlte uns die Möglichkeit, für das Kind einen Platz im Tali-Projekt[11] zu beantragen. Diese Maßnahme ist in der Regel auf zwei Jahre begrenzt und umfasst drei Hauptschwerpunkte: Unterricht in Kleinstklassen, Nachmittagsbetreuung in einer Kindergruppe sowie intensive Beratung und Unterstützung der Familie. Obwohl die Situation nach wie vor ungeklärt war, buchte die Familie eine Urlaubsreise in ihr Heimatland vor Schulbeginn. Ich konnte dem Kind nicht weiterhelfen. Die Möglichkeiten der Schule stießen hier an ihre Grenzen. Eile war geboten. Deshalb schickte ich eine direkte Anfrage an den Leiter des Jugendamts. Da ich nach zwei Wochen noch keine

Antwort erhalten hatte und die Sommerferien vor der Tür standen, setzte ich meinen Dienststellenleiter in Kenntnis. Verständlicherweise war der nicht gerade erfreut, sich auch noch in dieser Angelegenheit sachkundig machen zu müssen. Er leitete meine Anfrage an die zuständige Sonderpädagogin weiter. Diese wunderte sich, dass nicht bereits alles am Laufen sei, war doch vonseiten der Schulaufsicht alles geregelt. Obwohl dem Jugendamt alle Mitschriften, Aufzeichnungen und Befunde vorlagen, handelte es nicht. Ich ging mit einem ungeklärten Fall in die Sommerpause. Eine Einschulung an unserer Schule wäre dem Kind emotional nicht zuzumuten gewesen. Sein Leidensdruck wäre enorm gewesen, seine Einbindung in regulären Unterricht unmöglich. Pünktlich zu Schulbeginn, gerade aus dem Heimaturlaub zurückgekehrt, stand die Mutter bei uns in der Schule und wollte ihr Kind bei uns einschulen. Da ich eine Aufnahme ihrer Tochter verweigerte, wurde ihrem Kind letztendlich ein Schulplatz in dem Integrationsprojekt Tali ermöglicht.

Im Oktober 2017 – das Jugendamt war weiterhin nicht erreichbar – hätte ich nach einem Gewaltvorfall auf unserem Schulhof dringend Unterstützung gebraucht. Ich informierte meinen Schulrat, dass Schüler sich gegenseitig mit Mord bedrohten. Die hinzugeeilten Aufsichtspersonen hatten sie zur Seite gestoßen. Ein Erzieher setzte einen Notruf an die Polizei ab, die hatte aber nicht sofort einen Einsatzwagen zur Verfügung. Am Ende der Pause gelang es mit meiner Unterstützung, die beiden beteiligten 6. Klassen kurzfristig zu isolieren und ihnen eine Kollektivstrafe aufzuerlegen. Da die Drahtzieher der Streitigkeiten sich nicht ermitteln ließen, war der friedliche Ablauf der folgenden Hofpausen gefährdet. Zwar beschwerten sich immer wieder zahlreiche Eltern über die Gewalt an der Schule und den aggressiven Umgangston, viele waren aber nicht imstande, ihre eigenen Kinder entsprechend zu erziehen. Unsere Schulsozialarbeiterin war angesichts all dieser Notfälle überfordert. Die im Jugendhilfegesetz vorgesehenen „Hilfen zur Erziehung" hätte das Jugendamt leisten müssen, um mit entsprechend geschulten Fachkräften in diesen Familien tätig zu werden. Im November erhielt ich endlich den Termin beim Jugendamtsleiter, um den ich seit über einem halben Jahr gebeten hatte. In dem Gespräch erfuhr ich allerdings, dass es allein meine Schuld sei, dass im Schöneberger Norden, explizit an der Spreewald-Grundschule, alles schieflaufe. Meine Fremdenfeindlichkeit und mein Versagen als Schulleiterin seien der Grund für die geringen Schüleranmeldezahlen und würden dem Bezirk zusätzliche Kosten verursachen. Außerdem würde ich eine Zusammenarbeit mit dem Jugendamt verhindern. Hingegen sei es langjährige Politik der SPD, Schüler mit Migrationshintergrund in Schulen mit Ganztagsbetreuung zu integrieren, damit sich ihre Leistung verbessere. Wenn in der Praxis erkennbar wird, dass Ganztagsbetreuung alleine nicht ausreicht, mag das niemand aus diesem politischen Spektrum hören. Es wird übersehen, dass es an der interkulturellen Arbeit fehlt, mit der man auf die Eltern in unserem Schulbezirk hätte einwirken müssen. Die Schule hatte in der Vergangenheit durchaus Erfolge bei der türkischen Community erzielt, die sich aber nicht ohne Weiteres auf Familien aus arabischen Ländern übertragen ließen. Für die türkischstämmigen Kinder hatte es die Möglichkeit gegeben, in der Schule neben deutsch auch türkisch alphabetisiert zu werden, was man weitgehend mit hauseigenen Mitteln erledigen konnte, weil es türkischstämmige Lehrkräfte in der Schule gab und eine vom Senat extra finanzierte Sprachwissenschaftlerinnenstelle für diese Schule einen entsprechenden Lehrgang entwickeln konnte.

Auch früher schon waren Kinder aus Polen oder Rumänien durch das Angebot der Schule benachteiligt gewesen. Da aber seit der amerikanischen Invasion im Irak 2003 verstärkt Menschen aus Arabisch sprechenden Ländern nach Berlin kamen, änderte sich die Schulpopulation im Schöneberger Norden. Wegen der großen Anzahl Arabisch sprechender Kinder konnte man Kindern anderer Herkunftssprache keine Alphabetisierung in ihrer Muttersprache mehr anbieten. Es fehlte vor allem an Arabisch sprechenden Lehrkräften, die eine Mittlerfunktion in der Schule hätten ausüben können. Der Jugendamtsleiter machte mir deutlich, dass ich keine Hilfe erwarten könne, wenn ich nicht bereit sei, mich den Spielregeln des Bezirks anzupassen. Das hieß, wenn ich nicht ebenfalls mit den Trägern der Jugendhilfe kooperieren würde, mit denen die Behörde seit Jahrzehnten zusammenarbeitete. Die mir zugedachte „Strafe" mussten die hilfsbedürftigen Kinder ausbaden, deren schulisches Vorankommen dadurch rücksichtslos behindert wurde. Zu diesem Zeitpunkt war mir noch nicht geläufig, dass das Kieznetzwerk auf die Fördermittel der Schule angewiesen war, um seine freien Mitarbeiter in Kooperationsprojekten einsetzen und bezahlen zu können. Für meine Schüler wollte ich den bestmöglichen Kooperationspartner ins Haus holen und nicht nur aus Tradition Beauftragungen fortschreiben. Ich wählte einen Partner, dessen Arbeit ich kannte, der seinen Sitz allerdings nicht in unserem Bezirk hatte. Er sollte den gegenwärtigen ersetzen, der schon unter drei Schulleitungen vor mir versagt hatte. Doch auch wenn ich mich damit extrem unbeliebt machte und mir das alle Türen beim Jugendamt verschloss, würde ich dennoch jederzeit wieder so entscheiden. Ich brauchte die beste Hilfe im Kontakt mit Eltern, denen die Bedeutung von Ausbildung für den Lebensweg ihrer Kinder gleichgültig war. Die erwarteten, in Deutschland so leben zu können wie in ihrem Herkunftsland. Die ihren Heimaturlaub zwei Wochen über die Herbstferien hinaus ausdehnten – ohne befürchten zu müssen, dass das geahndet wird. Es war bekannt, dass das Jugendamt auf so etwas nicht reagierte. Wir als Schule hatten keine Sanktionsmöglichkeiten. Dadurch wird die Entstehung von Parallelgesellschaften begünstigt. Die Schule müsste als wichtigster Aufenthaltsort der Zuwandererkinder außerhalb ihrer Familie dieser Entwicklung entgegenwirken. Wir können zwar durch Erziehungsarbeit versuchen, die Vorurteile, die die Kinder von zu Hause mitbringen und die zu täglichen gewaltsamen Auseinandersetzungen in der Schule führen, allmählich abzubauen. Es ist aber offensichtlich, dass eine Bildungseinrichtung kapitulieren muss, wenn sie mehrfach in der Woche nur mit Unterstützung der Polizei Streitfälle lösen kann.

Im Rahmen der familienunterstützenden Jugendamtshilfe wollten wir an unserer Schule eine Gruppe einrichten, in der Mädchen und

Jungen sozialintegratives Verhalten einüben. Das Projekt scheiterte, weil das Jugendamt zuerst die Ausgangslage überprüfen wollte. Anderen Jugendhilfeträgern hatte es jahrelang Gelder für soziale Projekte an unserer Schule bewilligt, aber angesichts des von mir gewählten neuen Trägers wurden plötzlich Sachverhalte neu geprüft, die seit Jahr und Tag bekannt waren. Bis zu meinem Ausscheiden aus der Schule zwei Jahre später kam es nie zu der Bestandsaufnahme, die das Jugendamt nun plötzlich für nötig hielt. Es ließ die psychisch beeinträchtigten Schüler mit geringer Frustrationstoleranz aus bildungsfernen, sozioökonomisch benachteiligten Elternhäusern alleine.

Im Frühling 2018 kam eine Mutter nachmittags zur Schule, um ihre Töchter abzuholen. Sie vertraute sich dem Schulsozialarbeiter an. Sie sei sehr krank, ihr Mann habe sie mehrmals geschlagen und mit einem Messer bedroht. Sie und ihre Kinder hätten große Angst. Der Sozialarbeiter versuchte, die Mutter zu beruhigen, und bat sie ins Schulgebäude, um sich an einem ruhigen Ort mit ihr zu unterhalten. Als sie die Treppe hinaufgingen, brach die Mutter zusammen, weinte laut und hyperventilierte. Wir alarmierten einen Notarzt. Da gerade Ramadan war, war es nicht so einfach, schnell Hilfe zu bekommen. Für die Berliner Rettungskräfte war es Alltag, dass verschleierte Frauen zusammenbrachen. Diese körperliche Schwäche wurde auf das strenge Fasten zurückgeführt. Während wir auf den Arzt warteten, klingelte das Handy der Mutter. Ein Mann wollte mit mir sprechen, er stellte sich als Freund der Familie vor. In welchem Verhältnis die Frau zu ihm stand, war für uns nicht zu durchschauen. Wir stießen öfter auf solche „Freunde der Familie". Er bestätigte mir, dass die Ängste der Frau begründet seien und sie tatsächlich um ihr Leben bangen müsse. Schon oft habe er sie bei Behördengängen unterstützt und wisse über die Situation Bescheid. In der Zwischenzeit waren die Rettungskräfte eingetroffen. Mithilfe einer anderen Mutter, die als Dolmetscherin fungierte, konnten sich die Sanitäter mit der nur Arabisch sprechenden Frau aus dem Irak verständigen. Sie wurde ins Krankenhaus gebracht, ihre beiden Kinder blieben bei uns in der

Schule. Angesichts der offenbar gegebenen Gefährdungslage verbot es sich, den Vater zu benachrichtigen und sie ihm zu übergeben. So rief ich die Kinderschutz-Hotline an. Man teilte mir mit, dass ein Notfallteam komme, um die Kinder zu übernehmen. Nach einer halben Stunde rief ich erneut an. Unser Fall war noch nicht vom Bezirksnotdienst bearbeitet worden, da diese Familie im Nachbarbezirk registriert war und folglich dessen Jugendamt zuständig war. Das war uns nicht bekannt gewesen. Nicht selten zogen Flüchtlingsfamilien in einen anderen Bezirk, wenn sich dort bessere Wohnmöglichkeiten ergaben. Da die Berliner Jugendämter nicht bezirksübergreifend zusammenarbeiten, waren wir über solche spontanen Ortswechsel häufig nicht informiert. Erst durch Vorfälle dieser Art wurde der Wohnsitzwechsel bekannt. In der Zwischenzeit hatte der Vater erfahren, dass seine Frau im Krankenhaus und seine Kinder noch in der Schule waren. Er wollte die Mädchen abholen. Außer mir und einigen Pädagogen war niemand mehr im Schulgebäude. Ich rief die Polizei an und bat sie zu kommen. Man erklärte mir, man werde erst dann eine Streife in die Schule schicken, wenn der Vater gewalttätig geworden sei und die Situation eskaliere. Ich schloss die Schule ab, der Sozialarbeiter behielt das Schultor im Auge. Gegen 17 Uhr kam der Vater, um seine Kinder abholen. In der halb geöffneten Tür erklärten wir ihm kurz die Situation und verwehrten ihm die Herausgabe der Kinder. Er verließ ohne Diskussion das Schulgelände. Es war nicht notwendig, die Polizei einzuschalten.

Mittlerweile war es fast 19 Uhr geworden, und wir hörten noch immer nichts vom Jugendamt. Die beiden Kinder waren hungrig, wir fanden in der Schulküche noch ein paar Leckereien. Es war unglaublich, wie brav und besonnen die beiden sich in dieser Situation verhielten. Kurz nach 19 Uhr kam dann endlich ein Taxi und brachte sie zum Notdienst des Jugendamtes Charlottenburg-Wilmersdorf. Der Sozialarbeiter begleitete sie. Wenige Minuten später erschien ihre 13-jährige Schwester, um sie abzuholen. Ihr Vater habe sie geschickt; ihre kleineren, noch nicht schulpflichtigen Geschwister seien bei ihm zu Hause. Das Jugendamt meinte, sie solle in die U-Bahn steigen und alleine zum Amt fahren, wo ihre Schwestern bereits waren. Da sie aber den Weg nicht kannte und auch nicht in der Lage war, allein zu fahren, schickte das Jugendamt ein weiteres Taxi. Es war bereits 20 Uhr, und sowohl der Sozialarbeiter als auch ich hatten wieder einen zwölfstündigen Arbeitstag hinter uns.

Während die Kinder von uns betreut wurden und auf eine Entscheidung des Jugendamts warteten, begannen sie nach und nach, von der Situation zu Hause zu erzählen. Sie hätten große Angst vor dem Vater, weil der die Mutter oft anschreie, schlage und mit dem Messer bedrohe. Der letzte elterliche Streit sei besonders schlimm gewesen. Die Mutter wollte mit ihrem Bruder im Irak telefonieren, da ihre Mutter im Krankenhaus lag. Das hatte ihr Mann ihr aber verboten. Daraufhin hatte der Bruder ihn wohl per WhatsApp beleidigt, woraufhin der Vater mal wieder ausgerastet sei. Die Kinder erzählten auch, ihr Vater liebe eigentlich eine Frau im Irak, zu der er gerne ziehen würde. Aber hier in Deutschland bei ihrer Mama bekomme er mehr Geld. Sie selbst seien schon oft von ihrem Vater geschlagen worden, auch mit einem Stock. Die kleinen Geschwister züchtige der Vater jedoch nicht. Für das jüngste Kind, gerade erst ein Jahr alt, zeige er kein Interesse, das könne er „nicht leiden". Die Kinder wollten auf keinen Fall nach Hause gehen, solange dort nur der Vater auf sie warte. Lieber würden sie auf der Straße schlafen, erklärten sie. In all die bedrückenden Schilderungen des Lebensalltags zu Hause mischten sich episodenhafte Berichte über die Flucht nach Deutschland. Die Mädchen beschrieben die Überfahrt über das Mittelmeer und wie sie sich nun in Deutschland fühlten. Eine einstweilige Anordnung des Amtsgerichts untersagte dem Vater, die mütterliche Wohnung zu betreten, sich ihr weiter als auf 50 Meter zu nähern und in irgendeiner Form Verbindung zu ihr aufzunehmen. Außerdem war der Mutter das alleinige Aufenthaltsbestimmungsrecht für ihre Kinder übertragen worden. Der Vater hatte seiner Familie die Wohnung zur alleinigen Nutzung überlassen müssen. Für mich war nicht verständlich, was er überhaupt noch in der Wohnung tat, zumal ihn das ein Ordnungsgeld bis zu 25.000 Euro oder ersatzweise Ordnungshaft kosten konnte. Später erfuhr ich, wie schwer es der Mutter fiel, vor Gericht zu gehen und Anzeige gegen ihren Mann zu erstatten. Schließlich war sie 14 Jahre mit ihm verheiratet und sie hatten sechs Kinder. Ihre Ehe war von Anfang an von Gewalt geprägt. Bedrohungen und Beleidigungen wie „Schlampe" oder „Hure" waren alltäglich. Sie hielt ihre Ehe für gescheitert. Die gesamte Familie war als Flüchtlinge eingereist. Ihr Mann flog insgesamt drei Mal wegen Gewalttätigkeiten gegen sie aus Flüchtlingsheimen. Sie traute sich damals nicht, ihn zu verlassen, und begleitete ihn in immer neue Unterkünfte. Nun wollte sie die ständigen Gewalttätigkeiten beenden, nicht zuletzt, um ihre Kinder zu schützen. Sie hatte allerdings enorme Angst, sich endgültig zu trennen und die Scheidung einzureichen. Ihr Mann könnte aus Verärgerung den Kindern etwas antun, befürchtete sie. Nun war ihr Plan, in ein ihr bekanntes Heim umzuziehen, wo sie sich sicher fühlte und ihre Kinder gut aufgehoben wusste. Ihr Mann hatte ihr nach jeder Gewalttätigkeit angedroht, dass er, falls sie ihn bei der Polizei anzeige, mit den Kindern in den Irak zurückgehen würde. Deswegen wollte sie nun die Pässe sicherstellen. Spät am Abend erfuhr ich vom Kindernotdienst, dass der Vater endgültig der Wohnung verwiesen worden war.

Dies ist leider kein Einzelfall. Nachdem ich die Verantwortlichen im Jugendamt indirekt aufgefordert hatte, ihren Aufgaben nachzukommen, wurde ich wieder einmal gebeten, zunächst einmal die Angebote des Kieznetzwerks wahrzunehmen. Statt effektive Hilfe anzubieten, versuchte man erneut, mich mit sanfter Gewalt zur Kooperation mit den verschiedenen Jugendhilfeprojekten im Kiez zu veranlassen. Mir wurde klar, dass ich in diesem Reigen von Ignoranz, Böswilligkeit und rücksichtslosem Egoismus nicht erfolgreich arbeiten konnte. Eine Persönlichkeit wie ich musste hier notwendig scheitern. Deshalb beschloss ich, meine Tätigkeit für den Bezirk zum Schuljahresende einzustellen. Ich konnte mich nicht wie viele meiner Kollegen mit den gegebenen Verhältnissen arrangieren und mich damit begnügen, am Stammtisch oder im Freundeskreis über die unfähigen Vorgesetzten zu lästern.

10

KOPFTUCHMÄDCHEN
UND
MINI-MACHOS

DIE GRUNDSCHULE IST weiblich. In ihr unterrichten überproportional viele Lehrerinnen. Frühpubertierende, verwöhnte muslimische Muttersöhnchen sehen sich dort unter anderem mit attraktiven, langhaarigen und mehr oder weniger freizügig gekleideten Pädagoginnen konfrontiert. Der Konflikt ist vorprogrammiert: Es treffen Verhaltensweisen aufeinander, für die es offenbar keinen leicht erreichbaren Kompromiss eines einvernehmlichen Miteinanders gibt. Es gleicht einer Kraftprobe, welche Regeln zu gelten haben. Diese müssen territorial durchgesetzt werden. Schulhof und -flur, Klassenzimmer und Toiletten sind die Orte, an denen sie stets neu zu behaupten sind. Den meisten Männern aus Einwandererfamilien aus dem arabischen Raum, der Türkei und anderen muslimisch geprägten Ländern fällt es schwer, Frauen in Leitungsfunktionen zu akzeptieren und ihnen Autorität zuzugestehen. Der Koran weist – wie die Bibel – der Frau eine nachgeordnete Stellung in Gesellschaft und Geschäftsleben zu. In der westlichen Welt hat sich das nachhaltig verändert. Deutschland sollte darauf achten, dass der gegenwärtige Einwanderungsprozess nicht dazu führt, aus anderen Gesellschaftsmodellen stammende Rollenvorstellungen künstlich am Leben zu erhalten oder erneut zu etablieren.

Kapitel 10

Der meist weiblichen Lehrkraft steht ein adretter Junge mit gegeltem Haar gegenüber, der auch ohne Bartwuchs etwas zu viel und zu lautes Rasierwasser vom großen Bruder benutzt und die von männlichen Verwandten oder türkischsprachigen Filmen und YouTube-Videos abgeschaute Haltung eines „echten Mannes" einnimmt. Wenn er nur auf den Zustand seiner Schultasche oder seiner Federmappe so viel Sorgfalt verwenden würde wie auf die äußere Erscheinung! Die Voraussetzungen für schulische Höchstleistungen wären mustergültig gegeben. Leider gehört es zu seinem Selbstverständnis, weder freundliche Hinweise noch routinemäßig an ihn herangetragene Anordnungen zu befolgen oder sich auch nur auf Regeln einzulassen, auf die irgendeine fremde Frau besteht. Da er weiß, dass er sich nicht durch herausragende Schulleistungen wird auszeichnen können, bleibt ihm nur die Möglichkeit, sein Image beziehungsweise Selbstwertgefühl zu pflegen, indem er zeigt, dass er sich von dieser Frau nichts sagen lässt. Er wird sie dabei insgeheim oder zur Seite gesprochen als „Fotze", „Nutte", „Tussi" oder mit ähnlichen Bezeichnungen titulieren. Für die Lehrerin kommt es darauf an, sich nicht provozieren zu lassen und damit auf das Kommunikationsniveau des Jungen zu sinken. Sie wird mit einer leicht spöttischen Anerkennung für den kessen Sitz seiner Baseballkappe, die ihm leider nicht dabei hilft, eine sehr einfache Aufgabe in Mathematik zu lösen, besser fahren und ihn auf seine wirkliche Größe zurechtstutzen.

Ich fragte mich anfangs immer, wieso sich die oft jungen Mütter dieser schönen Knaben unter unkleidsamen Gewändern versteckten und nicht einmal die dekorativen Möglichkeiten nutzten, die ein modisch eingefärbtes Tuch ihren Haaren verleihen könnte. Sie schienen mir durch ihr Auftreten weit entfernt von der Wahrnehmung ihrer eigenen Freiheiten, die ihnen die Gesetze des Landes garantieren, in das sie ausgewandert oder geflohen sind. Das Zusammenleben der Menschen, die zu einer Schulgemeinschaft gehören, wird durch Gesetze verbindlich geregelt. Die Grundrechte des Einzelnen, das Erziehungs- und Bestimmungsrecht der Eltern wird begrenzt durch die Schulpflicht. Dabei steht es der einzelnen Schule frei, die Regelungen des Gesetzgebers an örtliche Gegebenheiten anzupassen. Die Schulordnung, die ein friedliches, demokratisches Miteinander regeln soll, ist in einer Brennpunktschule nicht selbstverständlich auf dem ganzen Gelände durchsetzbar. Die Schüler müssen den Sinn der Regeln verstehen, Pädagogen genug Respekt genießen, um ihnen Geltung zu verschaffen. Die größte unmittelbare Autorität übten in der Spreewald-Grundschule ein energisch zupackender Hausmeister und eine Schulleiterin aus, die bereits bewiesen hatte, dass sie Chefin im Ring ist. Als störender Einfluss kann sich die religiöse Überzeugung der Familie erweisen, wenn die dort geforderten Verhaltensregeln den Bedingungen eines geordneten schulischen Miteinanders widersprechen. In diesem Ringen verweisen eingewanderte Eltern und zum Teil auch deren Kinder gerne auf den Koran. Doch gründet sich diese Herleitung nach meiner Erfahrung weniger auf die schriftliche Überlieferung eines Heiligen Buches. Sie dient vielmehr dem Zweck, aus dem Herkunftsland mitgebrachte soziale Regeln zu rechtfertigen. Wenn die Eltern die Teilnahme einer Schülerin am Sportunterricht aufgrund ihrer religiösen Überzeugung verhindern wollen, führen sie im Koran festgelegte Bekleidungsvorschriften an. In Sure 24, Vers 31 des Korans heißt es: „Und sprich zu den gläubigen Frauen, dass sie ihre Blicke niederschlagen und dass sie nicht ihre Reize zur Schau tragen, es sei denn, was außen ist; und dass sie ihren Schleier über den Busen schlagen und ihre Reize nur ihrem Ehegatten zeigen."

Für uns bedeutete das zunächst im obligatorischen Schwimmunterricht ein Problem. Die muslimischen Mädchen wollten für das gemeinsame Schwimmen mit den Jungs eine weite Ganzkörperbekleidung tragen. Wir bestanden aber darauf, dass Mädchen Badeanzüge zu tragen hätten. Und dann der Dauerbrenner: das Kopftuch. Kleine Mädchen von gerade einmal sechs Jahren verteidigen es nach meiner Erfahrung mit der ganzen Kraft ihrer kindlichen Emotionalität. Ich habe sie oft gefragt, warum sie es an warmen Tagen oder in geheizten Räumen nicht absetzen wollten. Ihre Antwort war, dass sie mit Schuleintritt nicht mehr klein seien und genauso leben wollten wie ihre älteren Schwestern, Cousinen, Mütter und Tanten.

Die meisten Mütter der Spreewald-Grundschulkinder hatten das Kopftuch nie abgelegt. Viele stammten aus anatolischen Kleinstädten oder aus den Slums am Rande der großen Metropolen. Dort galt die Verhüllung aller weiblichen Personen als unverzichtbar für die Familienehre. Unter den Müttern unserer Kinder waren aber auch deutschstämmige Frauen, die mit ihrer Heirat zum Islam übergetreten waren und nun – wie alle Konvertiten – besonders streng auf die Regeln ihrer neuen Religion achteten, wie radikale, missionarische Prediger sie ihnen verordnet hatten. Es gibt durchaus praktische Gründe für das Tuch. Auch in ländlichen Gegenden ganz Europas schützt es Frauen bei der Garten- und Feldarbeit vor Staub und Sonne. Einfache Kopfbedeckungen für den Alltag oder kunstvolle für Feiertage gehören zu allen Trachten Österreichs oder Deutschlands. In Wüstenregionen sind Kapuzen oder Turbane für Männer ebenso unverzichtbar wie für Frauen ein Kopfschutz. In Kleinstädten oder Slums an den Rändern der Großstädte war er später nicht mehr nötig, erschien mit dem Aufkommen der Fabrikarbeit und dem Einsatz des Fließbands sogar eher als Unfallrisiko und musste oft vorgeschriebener Schutzkleidung weichen. Als der Gründer der Türkischen Republik, Mustafa Kemal Atatürk, den Sultan absetzte und das Land nach westeuropäischem Vorbild modernisieren und an internationale Standards anpassen wollte, verbot der Staat nicht nur den Männern das Tragen der vorher obligatorischen Kopfbedeckung Fez. Auch die neu ausgebildeten Lehrerinnen, die dafür sorgen sollten, dass auch Mädchen der Schulpflicht nachkommen, durften in der Schule ihr Kopftuch nicht mehr tragen. Erst nach Übernahme der Regierungspartei AKP durch den gegenwärtigen Präsidenten Recep Tayyip Erdogan trat dessen Ehefrau als Landesmutter mit verhülltem Haupthaar auf und die Pflicht zum Tragen einer Kopfbedeckung kehrte in den öffentlichen Dienst und an die Schulen zurück.

Während sich die Frauen in Ländern wie Tunesien oder der Türkei, dem Libanon oder Israel für einige Jahrzehnte von den tradierten Bekleidungsvorschriften befreien konnten, sehen sie sich in nahezu allen Ländern dieses Kulturkreises mittlerweile wieder in die Pflicht genommen, ihr Haupthaar in der Öffentlichkeit zu bedecken. Als bewusste Gegenreaktion auf die strengen Vorschriften in der Heimat verzichteten Frauen aus diesen Ländern in der westlichen Diaspora in USA oder Westeuropa früher außerhalb von Gebetsstätten auf ein Kopftuch.

Hierzulande nahm die Diskussion um das Kopftuch mit dem ersten Familiennachzug in den Gastarbeitergenerationen der 1970er- und 1980er-Jahre Fahrt auf, und das vor allem in Bezug auf die angemessene Schulkleidung mit großem Nachdruck und unterschiedlichsten Begründungen. Die Kultusminister der Bundesländer haben das Tragen von Kopftüchern in der Schule für Schülerinnen grundsätzlich verboten oder nur abhängig vom Alter erlaubt. Intensiv diskutiertes Thema war und ist auch die Kleidung muslimischer Lehrerinnen. Das führte zu gelegentlichen Entlassungen und unzähligen Gerichtsverfahren. Die Berliner Landesregierung war anders als zum Beispiel diejenige Nordrhein-Westfalens darum bemüht, religiöse Symbole in öffentlichen Gebäuden grundsätzlich nicht auszustellen. Das Tragen religiöser Symbole ist Lehrern, Polizisten oder Justizangestellten im Dienst untersagt. Man wollte sicherstellen, dass jeder Bürger eine objektive Behandlung erwarten kann, außerdem sollte verhindert werden, dass diese Symbole bei Glaubensbrüdern und -schwestern Hoffnung auf bevorzugte Behandlung auslösen. Ich war es gewohnt, ein Kreuz an einer Halskette als Modeschmuck zu tragen, und musste dieses im Dienst ablegen. Für Eltern galt diese Vorschrift selbstverständlich nicht, sodass ich mich in meiner religiösen Identität gegenüber den Erziehungsberechtigten meiner Schüler benachteiligt fühlte. Unser Islamkundelehrer kämpfte vergeblich darum, den Schülerinnen nahezubringen, dass weder Allah noch der Prophet von Kindern erwartet, Bekleidungsvorschriften des Islam für erwachsene Frauen zu befolgen. Wir hatten entschieden, dass innerhalb des Schulgebäudes grundsätzlich niemand eine Kopfbedeckung

tragen durfte. Ausschlaggebend dafür waren weniger die Kopf-
tücher einiger Mädchen als vielmehr die Baseballkappen sämtlicher Jungen.

Ein weiteres großes Problem für den Schulbetrieb sind die Speisevor-
schriften des Fastenmonats Ramadan. Sie beeinträchtigen die physische und intellektuelle Leistungsfähigkeit der Kinder enorm, besonders wenn der Ramadan in den Sommer fällt. Zu Hause werden
die Kinder dafür belohnt, möglichst früh das Fasten zu lernen und
sich darin zu üben, ein guter Muslim zu sein. Wir konnten nicht wie
Schulen mit geringerem Anteil muslimischer Kinder verfahren, die
Fastende vom Sportunterricht befreien. Mehr als 90 Prozent unserer
Schüler gehörten verschiedenen muslimischen Konfessionen an. Wir
hätten den Sportunterricht faktisch abschaffen müssen. Anders als in
der Kopftuchfrage überlässt man in der Schulverwaltung Berlins das
Fastenproblem den Schulleitern. Meinen Eindruck, dass im ungüns-
tigsten Fall sogar von einer Gefährdung des Kindeswohls auszugehen
ist, gab ich bereits in meinem ersten Jahr in der Schulleiterkonferenz
wie in Gesprächen mit Vorgesetzten weiter.

Mir widerstrebte es, zuzusehen, wie Kinder mehr als acht Stunden
ohne Nahrung und Getränke auszukommen versuchten. Zunächst
blieb mir nichts anderes übrig, als die Sportlehrer zu bitten, speziell
an heißen Tagen besondere Rücksicht zu nehmen. Bei akuten Schwä-
cheanfällen riefen sie den Krankenwagen. Die Eltern unserer Schüler
und auch andere Brennpunktschulen unseres Bezirks nahmen es mit
dem Fasten besonders genau – wie ich schon weiter vorne erläuterte,
hier aber nochmals betonen muss. Anderswo machten Muslime von
den Ausnahmeregelungen Gebrauch, die der Koran für besondere
Fälle wie Kranke und Reisende und natürlich auch Kinder vorsieht.
Wir hatten es hingegen mit Erstklässlern zu tun, die fasten sollten.
Die Mütter erklärten mir, es sei wichtig, dies von klein auf zu üben.
Schließlich sei der Ramadan der Monat, an dem man sich jeden Tag
ganz besonders auf das festliche Familienessen am Abend freue.
Nicht selten wurden die Kinder mit Geldversprechen gelockt, sich an

die Vorschriften zu halten. Wir boten eine Elterninformationsveranstaltung mit einem Imam an. Er zeigte Möglichkeiten auf, den Kindern im Einklang mit dem Koran das Fasten zu ersparen. Das Interesse an diesem Informationsabend war gering. Besonders kompliziert gestaltete sich während des Ramadans die Zusammenarbeit mit den nach Berlin geflüchteten Eltern. Wenn wir die Mütter anzurufen versuchten, ihre entkräfteten Kinder von der Schule abzuholen, waren sie nicht zu erreichen. Der Portier der Notunterkunft war oft unser einziger Ansprechpartner. Er klärte mich darüber auf, die Frauen hätten sich in ihre Zimmer zurückgezogen, wo sie sich möglichst wenig bewegten und selbstverständlich auch nicht ans Telefon gingen. Ohnehin oft schon gesundheitlich angegriffen, kauerten sie in den besser durchlüfteten Ecken des Hauses, um den Anbruch des Abends zu erwarten und die Speisen für das Fastenbrechen vorzubereiten.

Komplett neu für mich war, dass Jungen selbst in der häuslichen Badewanne ihre Unterhosen anbehalten. Eine Mutter erklärte mir, das gelte ebenso für das Duschen im Militärdienst oder Sportverein. Deshalb gab es bei uns Probleme, wenn sich die Jungen nach dem Schwimmen in der Dusche ausziehen und in Anwesenheit anderer waschen sollten. Einige waren extrem verängstigt und fühlten sich glücklich, wenn Cousins oder Brüder zu ihrem Schutz zu Hilfe eilten, andere sahen zum ersten Mal die Geschlechtsteile anderer Jungen, und für eine dritte Gruppe war das nichts Neues, sie fühlten sich eher sexuell animiert und posierten mit ihrem nackten Geschlecht vor ihren Kameraden. Türkische Gastarbeiter, die im Bergwerk vor Ort dem Kohlestaub ausgesetzt sind, gehen selbstverständlich nach der Arbeit gemeinsam unter die Dusche, und die älteren Brüder und Cousins erzählen davon auch zu Hause. Hier hat die Notwendigkeit Priorität, sich täglich und regelmäßig zu duschen. Menschen hingegen, die aus ihrer Heimat Wasserknappheit gewohnt waren (in Wüstengebieten verrichtet man die im Koran vorgeschriebenen rituellen Waschungen nur mit Sand), werden sich nicht mit der gleichen Unvoreingenommenheit in der Gemeinschaftsdusche der Schwimmhalle bewegen. Die rigide Geschlechtertrennung in den Familien und die frühe Zuordnung verschiedener Lebensbereiche für Jungen und Mädchen unterstützt kulturell bedingt auch homoerotische Neigungen. Es ist wesentlich selbstverständlicher als in christlichen Kulturen, dass Jungen engen körperlichen Kontakt miteinander pflegen und auch gemeinsam in einem Bett schlafen. Im Kiez rund um die Spreewald-Grundschule ließ sich darüber hinaus gut die Berliner Schwulenszene beobachten, die sich am Winterfeldplatz etabliert hat und auch Touristen mit einschlägiger Orientierung in diesen „Regenbogen"-Kiez zieht. So waren der Straßenstrich männlicher Prostituierter in der Nähe des Nollendorfplatzes und die Schwulenbars zwischen Winterfeldplatz und Motzstraße für unsere Schüler ein zusätzlicher Anschauungsort. Je nach Auslegung bedroht der Islam homosexuelle Beziehungen mit der Todesstrafe. Das Thema ist in muslimischen Familien extrem tabuisiert. Der Umgang männlicher Muslime miteinander bildet für Europäer einen schwer nachvollziehbaren Gegensatz dazu. Auf einer türkischen Hochzeit, die oft über mehrere Tage gefeiert wird, ist es selbstverständlich, dass Männer sich den ganzen Abend beim Tanzen umarmen und beim gemeinsamen Trinken zum Zeichen brüderlicher Freundschaft küssen.

Eine entscheidende Rolle kommt dem Islamkundeunterricht zu, den die Schule anbieten kann, der aber zumeist in Koranschulen stattfindet. „Zwischen 2.300 und 2.500 Moscheegemeinden gibt es nach Schätzungen in Deutschland. Ihre Imame stammen zu 80 bis 90 Prozent aus islamischen Herkunftsländern, werden von dort finanziert – und beeinflusst."[1], heißt es in einem *Zeit*-Artikel. Der Inhalt der vermittelten sozialen Regeln hängt entscheidend davon ab, welcher islamischen Konfession die Lehrkraft angehört. Die von der Türkei entsandten Religionslehrer, die als türkische Staatsbeamte von der Kulturabteilung der Konsulate betreut werden und in der Regel nach zweijährigem Aufenthalt die Bundesrepublik wieder verlassen sollen, haben in allen Städten mit türkischem Konsulat – natürlich auch in der Bundeshauptstadt Berlin – schon aufgrund ihrer schieren Zahl einen großen Einfluss. Sie unterrichten allerdings auf Türkisch und sind von daher für die Kinder aus arabischen Ländern zunächst ohne Belang. Zwar wird in allen Koranschulen der Koran in hocharabischer Schrift gelesen und werden seine Texte auswendig gelernt. Doch legen sie – wie früher auch die katholische Kirche – keinen Wert auf das Verständnis der Texte. Die aus Arabisch sprechenden Ländern stammenden Kinder sind auf Lehrer angewiesen, die zu Moscheevereinen gehören, deren Basisfinanzierung das saudi-arabische Königreich sicherstellt. Je nach Zusammensetzung der Schülerschaft beeinflussen diese Religionslehrer ebenfalls nachhaltig das Schulklima. Meine Möglichkeiten, zu überprüfen, inwieweit ihr Unterrichtsstoff mit dem Berliner Schulgesetz vereinbar ist, waren äußerst begrenzt. Es blieb für mich im Dunkeln, ob diese Lehrer zu der grundgesetzlich garantierten religiösen Toleranz anleiten. Eher ist davon auszugehen, dass sie versuchen, eine starke Bindung an die jeweilige Moschee herzustellen, die in Einzelfällen auch zur gewaltsamen Abschaffung der in Europa geltenden religiösen und persönlichen Freiheiten aufruft. Immer wieder stehen die „Import-Imame" in der öffentlichen Kritik: Sie „sprechen kein Deutsch, denken in traditionellen Geschlechterrollen, sind geprägt von Obrigkeitsdenken und einem konservativen Islambild."[2] Leider verzichtet Berlin anders als Nordrhein-Westfalen oder Österreich darauf, eigene islamische Religionslehrer auszubilden. An meiner Schule war ein Arabisch sprechender Imam beschäftigt, der zur Islamischen Föderation[3] gehörte und auf Deutsch unterrichtete. Soweit sein Einfluss ausreichte, bemühte er sich gemeinsam mit der Schulleitung, das Fastengebot für Grundschulkinder abzumildern.

Eine besonders bedenkliche Tendenz ist von Fastenzeiten und Feiertagen völlig unabhängig: Religionszugehörigkeit dient als Vorwand zur Ausgrenzung anderer Kinder und ergänzt ethnische, sprachliche und nationale Vorurteile. Als deutsche Kinder die Spreewald-Grundschule noch besuchten, waren sie bereits in der Minderheit und mussten sich als „Kartoffelfresser" oder „Schweinefleischfresser" ihrer Haut wehren. Der Schulhof und häufig auch die Klassenzimmer waren zum Revier der muslimischen Kinder aus dem Kiez geworden. Jüdische, christliche oder nichtgläubige Kinder wurden als schwache Opfer betrachtet. Sie verließen uns, weil ihre Eltern keine andere Möglichkeit sahen, ihnen einen erträglichen Schulalltag zu sichern. Es war ganz egal, ob diese Kinder aus deutschen, griechischen oder polnischen Familien stammten. Gemobbt wurde grundsätzlich alles, was anders ist.

Einen Kontrast dazu stellte nach meinen Berliner Erfahrungen der Dienstantritt an einer ländlichen Volksschule in Oberösterreich dar. Dort erwarteten mich Mütter, deren äußere Erscheinung mir von meinem Schöneberger Kiez durchaus vertraut war. Sie waren als Muslima deutlich erkennbar, verbargen ihre Körper mit langen Mänteln und Röcken. Auch trugen sie selbstverständlich ein Kopftuch. Als ich die Klasse betrat, empfing mich jedoch ein freundliches „Grüß Gott" aus ihren Mündern. Schnell stellte ich fest, dass sie darüber hinaus zwar größte Schwierigkeiten hatten, sich auf Deutsch zu verständigen. Aber es war tröstlich, zu erfahren, dass sie die in Österreich noch immer am häufigsten benutzte Grußformel offenbar umstandslos akzeptierten, weil sie ja eigentlich universell ist. Vielleicht hatte ihnen jemand erklärt, dass „Gott" genauso gut für Allah wie für Jahwe stehen kann und es letztlich vor allem darum geht, das Gegenüber göttlichem Schutz anzuempfehlen.

11

MUSLIME SIND SO KLUG
ODER DUMM
WIE CHRISTEN

„INSGESAMT 17 MILLIONEN Menschen haben in Deutschland einen Migrationshintergrund – in Frankfurt, Stuttgart oder Köln bald die Hälfte aller Kinder. Ihre Chancen sind besser als noch vor zwanzig Jahren. Der OECD zufolge ist bei der Gruppe der im Ausland Geborenen die Beschäftigungsquote zwischen 2006 und 2017 von 59 auf 67 Prozent gestiegen. Der Anteil der Hochqualifizierten wird stetig größer. Allerdings hat rund ein Viertel der Migrantenkinder weder Abitur noch eine abgeschlossene Berufsausbildung. Bei Kindern ohne Migrationshintergrund sind es nur acht Prozent. Der Religionsmonitor 2017, eine Studie der Bertelsmann Stiftung, zeigt: Hier geborene Muslime lernen größtenteils die Landessprache als erste Sprache, sie sind deutlich gebildeter als ihre Eltern, auch beruflich stehen sie besser da. Die Integration der muslimischen Einwanderer, so die Schlussfolgerung der Studie, schreitet mit jeder Generation voran."[1]

Auch wenn die politische Rechte und Islamhasser es verbreiten: Man ist nicht automatisch bildungsfern, nur weil man Muslim ist. Es ist grober Unfug zu behaupten, ein Mensch sei aufgrund seiner religiösen oder ethnischen Prägung dümmer oder intelligenter als andere. Intelligenz kann bei Deutschen wie Eingewanderten gleichermaßen in Familien und Bildungseinrichtungen vernachlässigt oder aber gefördert werden. Entscheidend ist es, allen Kindern gleiche

Bildungschancen zu gewähren, damit sie ihr Potenzial entwickeln können.

Auch das katholische Brauchtum im niederbayerischen Dorf stiftet vornehmlich persönliche oder familiäre heimatorientierte Identität und wird deshalb gepflegt und nicht wegen seiner Verankerung in der römisch-katholischen Kirche. Entsprechend empfanden die Familien meiner Schüler den Islam nicht in erster Linie als Religion, sondern als Ausdruck ihrer Kultur und Identität. In Deutschland gehören politische Mandatsträger, Führungskräfte in der Wirtschaft, erfolgreiche Unternehmer ebenso wie gefeierte Komiker unterschiedlichen muslimischen Bekenntnissen an. Auch der Falafelbäcker an der Ecke oder der Inhaber eines Dönershops ist in der Regel daran interessiert, dass seine Kinder das deutsche Schulsystem erfolgreich durchlaufen. Arabische Prinzen werden ebenso auf britische Internate oder amerikanische Eliteuniversitäten geschickt. Kinder von Eltern aus der Unterschicht, egal welcher ethnischen Zugehörigkeit, werden ihre Bildungskarrieren jedoch wahrscheinlich nicht als Professoren beenden – es sei denn, sie verlassen früh das elterliche Milieu und werden anderswo individuell gefördert. Wer unterrichtet wird, lernt nicht zwangsläufig etwas. Und dies, obwohl die Schüler immer intelligenter, die Lehrer immer besser ausgebildet, unser Lehrplan immer ausgefeilter und unsere Technologien immer fortgeschrittener wurden. Allerdings sinkt die Bereitschaft unserer Schüler, Informationen aufzunehmen. Die persönliche Entwicklung, die Beziehung zu Lehrkräften und Mitschülern, Motivation und Emotionen wirken sich auf das Lernen aus, im positiven wie im negativen Sinne. Diese Faktoren sind dem kulturellen Wandel unterworfen. Das erschwert die Arbeit des Lehrers. Er bekommt außerdem aus den Elternhäusern weniger Unterstützung als in vorangegangenen Generationen: Dort wird die Erziehung vernachlässigt. Die Lehrpläne berücksichtigen diesen Wandel nicht und legen damit die Basis für erhebliche Frustrationen des Lehrers. Dazu kommt, dass die Schere zwischen dem intellektuellen Potenzial der Schüler und ihren tatsächlichen Leistungen immer weiter auseinanderklafft. Ich

Muslime sind so klug oder dumm wie Christen

möchte dies an einem Test illustrieren, dem meine Schüler sich gegen Ende ihres zweiten Schuljahrs unterzogen:

Bekarei	Bäckerei
HAntuch	Handtuch
Zäne	Zähne
Farat	Fahrrad
Postkart	Postkarte
ZNerg	Zwerg
Eima	Eimer
kerst	Kerze
sant kist	Sandkiste
Blleter	Blätter
Kam	Kamm
Regenwom	Regenwurm
Schtifl	Stiefel

anna Ferkleided sich Fordem spiege
Anna verkleidet sich vor dem Spiegel.

Ein weiteres Beispiel zeigt den Leistungsstand zu Beginn einer vierten Klasse:

Das Pferd sieht (zieht).
Sie hat einen Krangs (Kranz).
Türkisch ist eine schwere schprache (Sprache).
Der Mann Buscht (rutscht).
Die Katze Kracktz (kratzt).
Du hast mir das aber Ferschprochen (versprochen).
Karin Klascht (klatscht).
Die Kievelle (Quelle).
Mutter ist flieng (flink).
Dort geht ein Vrojlein (Fräulein).

Kapitel 11

Wenn Sie meinen, das wäre ein Beispiel dafür, dass die Kinder die deutsche Sprache noch nicht beherrschen, dann täuschen Sie sich. Die hier benötigten Wörter wurden vorab viele Wochen lang kontinuierlich und konsequent geübt. Es gab jedoch keine häusliche Nacharbeit in den Familien.

Anschaulich vermitteln Gespräche auf Grundlage einer Bildergeschichte, zu denen Kinder einer ersten Klasse angeregt wurden, Wortschatz und Sprachbeherrschung der kleinen Probanden, wie in diesem Beispiel festgehalten:

Ein Hund und ein Kätzchen. Und der Hund will Kätzchen essen. Und hier der Hund hat erschreckt das Kätzchen. Und dann das Kätzchen guckt nach oben auf Baum und dann haben ihn essen und dann der Kätzchen ist weggerennt. Der Kätzchen schlaft. Und dann der Hund hat gesehen und dann will er essen und dann kommt er nach oben und Kätzchen und dann hat sie erschreckt und dann nach oben auf Baum und dann der Hund hat gelacht: „Komm runter, ich will dich essen!". Und dann der Kätzchen kommt nicht runter. Und der Hund ist traurig.

Muslime sind so klug oder dumm wie Christen

Und dann der Kätzchen ist nach unten gelandet. Und dann der Hund hat in sein Glück. Und dann will er essen. Der Hund sagt wau wau und dann der Kätzchen sagt Miau. Der Kätzchen schlagt auf Baum. Und dann der Hund will er essen und dann der Hund kommt runter. Und dann der Kätchzchen hat Angst von ihn und dann der Hund bleibt unten, ist traurig. Und der Kätzchen lacht. Nach oben klettern. Der Hund traurig, die lacht. Aber ich habe auch gesehen, ein böses Kätzchen.

Dies stammt nicht von einem Flüchtlingskind, sondern von einem Schüler, der nirgendwo anders als in Deutschland gelebt hat. Deutlich wird, dass in dieser Familie vermutlich nie Bücher gelesen, Bilderbücher gemeinsam angeschaut, einander Geschichten erzählt wurden. Es ist nie Erzählfreude angeregt worden. Auch das durch die Bildergeschichte vermittelte zeitliche Nacheinander und der sich daraus entwickelnde Sinnzusammenhang sind nicht erlernt worden, ganz zu schweigen von dem Aufbau eines Spannungsbogens. Diese kognitive Entwicklungsstufe und die gleichermaßen fehlende soziale Anpassungsbereitschaft, multipliziert mit der großen Zahl solcher Fälle in den Schulklassen, ist ein Pulverfass für unsere Zukunft. Hierbei geht es nicht um mangelnde Intelligenz, sondern um ungenügende Chancen, intelligentes Verhalten entwickeln zu können. Wenn in einer Brennpunktschule wie der unsrigen, in der die meisten Schüler Muslime sind, ein eklatant niedriger Leistungsstand auftritt, ist das kein Beweis dafür, dass Muslime dümmer wären als christliche oder atheistische Altersgenossen. Es bedeutet vielmehr, dass ihre Familien besonders häufig versagen, wenn es darum geht, sie auf die Bildungsziele der deutschen Schule vorzubereiten. Erschwerend kommen die Tücken des von der CDU eingeführten Betreuungsgelds für die häusliche Erziehung durch nicht berufstätige Mütter hinzu. Es verführt gerade Familien mit Migrationshintergrund, den Einschulungstermin der Kinder und damit ihre Begegnung mit der Zielsprache Deutsch möglichst um ein Jahr hinauszuschieben. Damit wird die

Gefahr des frühzeitigen schulischen Scheiterns leichtfertig in Kauf genommen. Zwar gibt es ein breit gefächertes Beratungsangebot für Zuwandererfamilien. Es stößt jedoch in der Praxis auf wenig Interesse, weil ihr Misstrauen gegenüber Vertretern staatlicher Institutionen groß ist. Ohne die Anstrengungen der Nachmittagsbetreuung in der Schule, in Nachbarschaftszentren und im Nachhilfeunterricht infrage stellen zu wollen: Ein fest in der Familie verankertes Bildungsinteresse lässt sich durch keinerlei Kompensationsbemühungen ersetzen. Es hilft entscheidend, wenn Eltern ihre Kinder zum Lernen motivieren und ihnen vermitteln, dass Erfolg cool ist, sich aber ohne Anstrengung nicht einstellen wird. Manche Eltern nehmen Hilfen zur Erziehung gerne an und bemühen sich ihrerseits, die Schule zu unterstützen. Sie kümmern sich um Termine, greifen unsere Anregungen auf und sind am schulischen Fortkommen ihrer Kinder hochinteressiert. Andere Eltern nehmen die Unterstützung zwar pro forma an, ergreifen aber nicht wirklich die Chance, die Lebenssituation ihrer Kinder zu verbessern. Wieder andere geben die Verantwortung weitgehend an die Schule ab oder auch wie in Schöneberg-Nord an die Kiezinitiativen.

Das Bildungsbürgertum interessiert sich für musische Früherziehung, karrt seine Kinder im SUV zu Ballett- und Yogakursen, steht stundenlang auf dem Hockey- oder Fußballplatz herum und tröstet die lieben Kleinen, wenn sie im Reitunterricht vom Pony gefallen sind. Desinteressierte Eltern hingegen schicken ihre Kinder häufig unzureichend bekleidet und ohne Frühstück zur Schule, weil sie zu der frühen Tageszeit selber noch im Bett liegen, da sie nicht zur Arbeit müssen, sondern von Sozialhilfe leben. Wenn sich die intensive Elternarbeit auf ein oder zwei Kinder der Klasse beschränkt, mag das noch zusätzlich von der Lehrkraft zu leisten sein. Sobald aber mehr als die Hälfte der Kinder in eine dieser Kategorien fällt, gelangen auch die pädagogischen Fachleute an ihr Limit. Bessere Unterrichtsmethoden allein helfen hier nicht weiter. Sie können nicht ausgleichen, dass einer Mutter die nötige Autorität abgeht, wenn ihr selbst Schulbildung fehlt und sie die Unterrichtssprache nur mangelhaft beherrscht. Wendet sich ein Kind mit Schulproblemen hilfesuchend an seine Mutter und erfährt, dass diese sich mit den schulischen Anforderungen nicht auskennt, schließt es daraus: „Meine Mami hat mich lieb, das reicht. Wenn nicht einmal die sich mit dem Stoff auskennt, brauche ich mich auch nicht um die von der Schule geforderte Arbeit zu kümmern." Bald merkt das Kind auch, dass die Mutter sein schulisches Pensum gar nicht überblicken kann. Auf ermahnende Aufforderungen wird es antworten: „Ich hab doch schon alles erledigt." Hier müsste die Mutter jetzt erzieherisch eingreifen können, die Schultasche kontrollieren, sich die Einträge im Elternmerkheft zeigen lassen und nachschauen, ob Arbeitsblätter ordentlich abgeheftet und alle Hausaufgaben erledigt sind.

Immer wieder geht es an unseren Elternsprechtagen darum, die naive Vertrauensseligkeit liebender Mütter zu erschüttern und ihnen zu vermitteln, dass Liebe ohne nachdrückliche Strenge kaum zum erwünschten Verhalten führt. Hinzu kommt eine weitere Komplikation, die sich aus der geschlechtsspezifischen Erziehung der muslimischen Zuwandererfamilie ergibt. Ab der Einschulung erziehen und beaufsichtigen der Vater oder von ihm beauftragte männliche Familienmitglieder die Söhne. Die Mutter ist nur für die Töchter zuständig. Wir blieben mit unseren Aufklärungsbemühungen meist wirkungslos, solange nur die Frauen zu den Elterngesprächen erschienen. Wenn hingegen Väter in die Schule kamen, hatten ihre Söhne zumindest Angst, dass der Lehrer über auffälliges Verhalten oder schlechte Leistungen berichten könnte, die für sie dann unangenehme Konsequenzen hätten.

Im Schulalltag vergessen wir oft, dass Bindung die stärkste Motivation ist. Wir sollten sie unbedingt für den Unterricht nutzbar machen. Erst wenn die Lehrerin die Herzen der Schüler gewinnt, hat sie wirklichen Einfluss auf ihre Lernentwicklung. In der Grundschule sollte es daher stets um die Entwicklung aller kognitiven Fertigkeiten gehen. Reine Wissensvermittlung darf nicht im Mittelpunkt stehen, sondern die Anstrengung, Verständnis für die Lernziele zu erwecken.

Laut Bildungsverwaltung sollen Lehrkräfte gerecht sein, fachkompetent, methodisch versiert, didaktisch innovativ, psychologisch geschult, emotional und psychisch belastbar, interkulturell versiert und streng, aber verständnisvoll. Das Ergebnis einer 2014 durchgeführten repräsentativen Umfrage bei Grundschülern aus ganz Deutschland ergab, dass diese sich vor allem nette Lehrer wünschen, die humorvoll sind und nicht zu streng. Letzteres heißt allerdings nicht, dass alles erlaubt sein soll: Zwei Drittel der Schüler fanden die Lehrerinnen und Lehrer am besten, die „ein bisschen streng sind und auch mal schimpfen und bestrafen, wenn man nicht macht, was man soll". Am konkretesten waren die Wünsche, wenn die Kinder sich an eigene schlechte Erfahrungen erinnerten. So wünschte sich eine Siebenjährige eine Lehrerin, die „nicht nach Rauch stinkt". Ein Elfjähriger meinte, Lehrer sollten gelassen bleiben und „nicht gleich hysterisch aus der Klasse rennen"[2]. Ähnliches wünschten sich meine eigenen Schüler, die zum Beispiel mit einer Lesepatin[3] nicht gerne arbeiteten, weil sie starken Mundgeruch hatte. Das der Patin zu vermitteln, war wiederum meine delikate Aufgabe.

Kritikfähigkeit ist laut dem Bildungsforscher John Hattie eine der wichtigsten Eigenschaften, die ein Lehrer mitbringen soll. Pädagogen, die das Feedback ihrer Klassen ernst nehmen, können nicht nur die eigene pädagogische Leistung verbessern. Sie wirken mit dieser Rücksichtnahme auf die Bedürfnisse der Schüler auch positiv auf deren Lernfortschritt ein. Lehrer sind keine Wissenschaftler. Wir erwarten, dass sie den Unterrichtsstoff mit den Augen der Schüler sehen. Sie sollten wissen, warum es denen schwerfällt, bestimmte Dinge zu verstehen. Die Arbeit mit Kindern und Jugendlichen verlangt vor allem eines: Geduld. Denn die Schüler bestimmen das Lerntempo. Verstehen sie den Stoff nicht, liegt es an den Lehrern, Dinge anders und besser zu erklären. Dazu müssen Lehrer fachlich äußerst kompetent sein. Nur wer selbst vom Lernstoff begeistert ist, kann andere dafür interessieren. Damit verträgt sich die Realität schlecht, in der Lehrer ständig Fächer unterrichten müssen, die sie nicht studiert haben. Grundschullehrer, die die universitäre Ausbildung durchlaufen haben, bringen zwar heutzutage Kompetenzen in der mathematischen Erziehung mit, auf den drei Ebenen der Sprachvermittlung (Schreiben, Lesen und Leseverständnis) und in einem weiteren Schulfach. Bei genauerem Hinsehen haben sie diese Kompetenzen in der Regel aber nur „anstudiert" und können sich nur mit viel gutem Willen zur Weiterbildung im Laufe ihrer Schulpraxis allmählich vervollkommnen. Die Berliner Bildungssenatorin Scheeres neigt als gelernte Kindergärtnerin dazu, die Bildungsleistung der Grundschullehrer relativ gering einzuschätzen. Sie geht davon aus, dass der Kindergarten die entscheidenden Voraussetzungen für den Erwerb der grundlegenden Bildungskompetenzen lege. Auf denen müsse das Schulpersonal dann nur noch aufbauen.

Immer öfter müssen Lehrer darüber hinaus für die Versäumnisse des Elternhauses geradestehen. Ein guter Pädagoge sollte zwar ein Ohr für die Anliegen seiner Schüler haben, das sollte jedoch nicht zulasten der Wissensvermittlung gehen. Wenn die Bildungspolitik Individualisierung in der Schule einfordert, erwartet sie, dass die Lehrer jeden einzelnen Schüler beobachten und die Ergebnisse in Bezug auf die Lernentwicklung, Leistungsbereitschaft, soziales Verhalten und Sprachentwicklung dokumentieren. Sie sollten erkennen, wo der Einzelne steht und wo er Fehler macht. Gleichzeitig heißt das, dass jeder Lehrer seinen Unterricht an die Individualität von 25 oder mehr Personen anpassen soll. Der Unterricht sollte Möglichkeiten eröffnen, dass Kinder unterschiedlicher Fähigkeitsstufen gemeinsam an einem Thema lernen. Die Förderung von Lernkompetenz im Rahmen individualisierten Unterrichts wird über differenzierte, auf das einzelne Kind zugeschnittene Wochenpläne gesteuert. Ausgangspunkt ist ein individueller Förderplan, der das schulische Lernen begleitet und Diagnostik, Handlungsplanung, Umsetzung und Evaluation laufend miteinander verknüpft. Ziel ist es, die individuellen Fördermöglichkeiten eines Kindes optimal auszuschöpfen und flexibel auf Entwicklungen zu reagieren. Eine wahrhaft schwierige Aufgabe! Die von der Schulbehörde erwartete Individualisierung lässt sich in multinationalen Klassen mit Flüchtlingskindern bestenfalls anbahnen, aber sicherlich nicht völlig verwirklichen. Wie hilfreich ist es doch für den Arbeitnehmer, wenn er mit Zielen konfrontiert wird, die objektiv unerreichbar sind! Ein ähnliches Problem ergibt sich aus der Tatsache, dass manche Eltern meinen, für Erziehung und Bildung seien ausschließlich die Lehrer zuständig. Genügen die Kinder den Anforderungen nicht, stehen die Schuldigen schnell fest: die Schule und ihr Personal. Das Nachrichtenmagazin *Der Spiegel* veranstaltete im November 2018 gemeinsam mit einer deutschen Lehrergewerkschaft eine Onlineumfrage zur Werteerziehung. Darin waren sich fast alle Eltern und Lehrer einig, dass die Schule Werte wie Konfliktfähigkeit, Achtung der Menschenrechte, eigenverantwortliches Handeln sowie weitere soziale Kompetenzen zwar ansatzweise vermittelt, aber bei Weitem nicht ausreichend. Die in den Koalitionsverhandlungen der gegenwärtigen Bundesregierung zentralen Themen wie Heimatverbundenheit und Leistungsorientierung sollten hingegen keinen größeren Raum in der schulischen Arbeit einnehmen. Was bei diesen Überlegungen allerdings völlig außen vor bleibt, ist die Frage, inwieweit die Erziehungsberechtigten ihrerseits bereit und in der Lage sind, ihren Beitrag zu leisten. Ohne diese Vorleistung der zur Erziehung nicht nur Berechtigten, sondern auch Verpflichteten kann schulische Arbeit nicht erfolgreich sein – es sei denn, wir stellen auf ein Internatswesen um.

In der türkischen Dorfschule genau wie in der alten preußischen Volksschule wurde der Zögling an der Schultür dem Lehrer übergeben, der sich notfalls mit körperlicher Gewalt durchsetzte. In einer Zeit mit einem grundsätzlich anderen Menschenbild verbietet sich dies von selbst. Wir sind also auf die Kooperation aller Beteiligten angewiesen. Ich finde Ansätze in Großbritannien und einigen skandinavischen Ländern vielversprechend. Dort ist das beste verfügbare Personal gut bezahlt an sozialen Brennpunkten im Einsatz. Großbritannien setzt Schulleiter zielgerichtet mit befristeten und hoch dotierten Verträgen ein, um Brennpunktschulen sozusagen zu sanieren. Sie erhalten dafür einen Etat, der es ihnen erlaubt, Lehrkräfte je nach individueller Leistung entsprechend zu vergüten. Das hat zur

Folge, dass fähige, erfolgsorientierte Pädagogen bereit sind, sich für einige Jahre zu engagieren. Ähnlich wie in einem Fußballklub kann dabei jeder Spieler genauso wie der Manager bei Nichterfolg jederzeit entlassen werden. Niemand hat eine Garantie dafür, dass er den Job im nächsten Jahr noch machen kann, wenn er keine sichtbaren Erfolge nachweist. Die Berliner Variante, die ebenfalls den Notstand anerkennt, ihn aber mit einer leistungsunabhängigen höheren Besoldung zu bekämpfen versucht und Bezüge auf Lebenszeit garantiert, auch wenn Krankheit oder andere Härten vollen Arbeitseinsatz gar nicht erlauben, ist zwar ebenfalls signifikant teurer, führt aber nicht zu besseren Ergebnissen.

Nach meiner Übernahme als Schulleiterin nahm ich an einem Empfang der Schulsenatorin für alle neu in ihr Amt berufenen Personen im Land Berlin teil. Dabei wurden wir nach Verbesserungsvorschlägen für unsere Schulen befragt. Ich regte an, man möge uns eine Möglichkeit einräumen, Kollegen mit überdurchschnittlichem Einsatz und herausragenden Ergebnissen mit Prämien oder Bonuszahlungen zum Schuljahresende zu belohnen. Das hätte allen anderen Lehrern finanziell nicht geschadet, mir aber die Chance eröffnet, Leistungsträger an unsere Schule zu binden, die ihnen besonders viel abverlangte. Diese Anregung galt als nicht umsetzbar, weil sie elementaren personalrechtlichen Abmachungen zur Gleichbehandlung aller Dienstkräfte widersprach. Selbstverständlich muss der Senat davon ausgehen, dass jeder Mitarbeiter seiner vertraglichen Verpflichtung nachkommt und mit vollem Einsatz seinen Dienstauftrag erfüllt. Die berufliche Praxis sieht oft anders aus. Die offensichtliche Überbeanspruchung der Lehrkräfte an Schulen „in schwieriger Lage", wie Brennpunktschulen in Berlin nun auf einmal heißen, bringt ihnen eine Zulage in Höhe von 300 Euro im Monat. „Schwierige Lage" bedeutete im Schuljahr 2017/18, dass mindestens 80 Prozent der Schüler von der Zahlung eines Eigenanteils an den Lernmittelkosten befreit waren. Die Zulage ist auf die Schuljahre 2018/19 und 2019/20 begrenzt. Die Gewerkschaft Erziehung und Wissenschaft (GEW) fragt sich nicht zu Unrecht, was sich innerhalb von zwei Jahren an

Brennpunktschulen so ändern soll, dass die Zulage wieder wegfallen kann. Offenbar handelt es sich um eine Wertschätzung mit Verfallsdatum. An Brennpunktschullehrer werden besondere Anforderungen gestellt. Die Vermittlung von Lern- und Arbeitsstrategien ist hier essenziell wichtig, vom systematischen Üben bis hin zum selbstständigen Erkennen eigener Fehler. Diese gehören zum Lernen dazu. Die Kinder müssen erfahren, dass sie Anstrengung, Ausdauer und Frustrationstoleranz brauchen. Dafür bedarf es eines vertrauensvollen Umgangs zwischen Lehrkraft und Schülern. In einer Schule mit einem hohen Anteil von Kindern unterschiedlicher kultureller und religiöser Herkunft gehört die Kommunikation in mehreren Muttersprachen zum Alltag.

Nach meiner Rückkehr aus Berlin hat mich verwirrt, dass der der FPÖ angehörende stellvertretende Landeshauptmann Oberösterreichs auf den Schulhöfen ausschließlich Deutsch als Sprache zulassen wollte. Die Deutschpflicht sollte die Sprachkompetenz zugewanderter Kinder verbessern. Diese Forderung wies das Bildungsministerium unter Hinweis auf die Verfassungslage zurück. Unabhängig davon ging die Forderung meiner Einschätzung nach komplett am Ziel vorbei, nach Österreich zugezogene Kinder besser mit dem Deutschen vertraut zu machen. In ihrer Muttersprache können sie sich über Lernerfahrungen austauschen. Das darf auf keinen Fall unterbunden werden. Außerdem müsste man nach der oberösterreichischen Logik auch zweisprachige Erziehung infrage stellen, wie wir sie von anspruchsvollen Internaten oder Privatschulen kennen. Die Erfolgsbilanz zweisprachiger Erziehung Deutsch/Türkisch in verschiedenen deutschen Bundesländern sowie in skandinavischen und westeuropäischen Staaten der Europäischen Union widerspricht dem oberösterreichischen Ansatz ebenfalls. Ganz davon abgesehen, dass kaum vorstellbar ist, wie man ihn hätte verwirklichen wollen: Man sollte Lehrern lieber vorschreiben, das Fach Deutsch an Grundschulen dialektfrei zu unterrichten. Das Gegenteil wird Kindern in Österreich zu oft zugemutet und erschwert zugewanderten wie einheimischen, die Landessprache kompetent zu beherrschen. Meine

Muslime sind so klug oder dumm wie Christen

Berliner Erfahrung zeigte mir, dass Integration und die damit verbundene Bereitschaft zum Erlernen der Zweitsprache dann erfolgreich ist, wenn die Kinder in den ersten und zweiten Klassen sogleich auf deutschsprachige Mitschüler treffen. Ältere machen gute Fortschritte, wenn sie sprachlich gezielt in den Fächern gefördert werden, in denen ihnen Erfolgserlebnisse im Vergleich mit Gleichaltrigen auch dann möglich sind, wenn sie das Deutsche noch nicht so gut beherrschen: Sport, Bildnerische Erziehung oder Werken.

Zur komplizierten Mixtur der Zielvorstellungen in der Berliner Bildungspolitik kommt aktuell ein weiteres Problemfeld. Es handelt sich dabei um das Konzept der inklusiven Schule. Sie verbindet interkulturelle Erziehung und Willkommenskultur für Flüchtlingskinder mit den Bemühungen, Kinder mit körperlich oder geistig bedingten Lernbehinderungen zu integrieren. Früher landeten sie auf Sonderschulen, heute geht es darum, ihren speziellen Förderbedarf zu berücksichtigen und sie in der allgemeinbildenden Schule gemeinsam mit den übrigen Kindern zu unterrichten. Das soll Diskriminierung abbauen. Man muss sich allerdings klarmachen, dass diskriminierende Effekte bereits entstehen, wenn bestimmte pädagogische Theorien zum Einsatz kommen. Man sagt diesen Kindern zwar: „Wir behandeln dich nicht anders", unterstützt sie aber regelmäßig zusätzlich, sodass ihre Hilfsbedürftigkeit für ihre Klassenkameraden deutlich erkennbar ist. Nur in einigen wenigen Fächern und Schulsituationen fiele dieser Unterschied nicht auf. Je nach Behinderung kämen Kunst- oder Sportunterricht oder das gemeinsame Mittagessen dafür infrage. Kinder mit Downsyndrom beteiligen sich zum Beispiel an einer Schulaufführung mit dem gleichen Eifer und werden von den anderen Kindern voll angenommen, weil diese den Einsatz bemerken und alle zusammen Spaß haben. Wenn das behinderte Kind nicht verspottet und ausgegrenzt wird, funktioniert Inklusion. Spätestens seit der Ratifizierung der UN-Behindertenrechtskonvention durch Deutschland im Jahr 2009 wurden die Länderschulgesetze angepasst und Inklusion wurde zum zentralen Thema. Bildung soll der entscheidende Baustein dafür sein, alle Menschen „zur wirklichen Teilhabe an der freien Gesellschaft zu befähigen" (UN-BRK Artikel 24). Für die Schule bedeutet das, alle bestehenden Strukturen und Arbeitsweisen zu überdenken. In den einzelnen Schulen stehen folglich nicht nur bauliche Veränderungen an (zum Beispiel Fahrstühle und Rampen), sondern auch eine Erweiterung des Kollegiums durch Fachpersonal. Hilfen, die bislang im Bedarfsfall von außen kamen, stehen jetzt viel häufiger direkt in der Schule selbst zur Verfügung. Immer öfter unterstützen Sonderpädagogen, Inklusionshelfer oder andere pädagogische Mitarbeiter die Lehrer im Klassenzimmer. Gemeinsam arbeitet man in Klassen, die im Hinblick auf die Verschiedenartigkeit ihrer Schüler jetzt um einen weiteren Faktor vergrößert wurden. Lehrkräfte, die sich bislang auf ihre langjährigen Erfahrungen verlassen konnten, sehen sich mit völlig neuen Herausforderungen konfrontiert und stellen sich berechtigterweise die Frage, ob sie imstande sind, diesen professionell zu begegnen. Sie müssten Beratung und Hilfe annehmen. Die Bereitschaft dazu gehört nicht gerade zu den Stärken des typischen Lehrers. Es hilft, sich fortzubilden, um das Methodenrepertoire zu erweitern und sich ein förderpädagogisches Grundwissen anzueignen (zum Beispiel über den Umgang mit einem autistischen Kind). Auch den Schülern wird mehr abverlangt. Sie müssen noch mehr aufeinander Rücksicht nehmen und sich gegenseitig unterstützen.

All diese Veränderungen sind kostenintensiv. Das Geld reicht aber nicht für alle Schulen. Schüler machen jedoch nicht diesen Umstand für Missstände verantwortlich, sondern ihre Klassenkameraden. Ich musste die Erfahrung machen, dass sich Kinder beschwerten, ich hätte keine Zeit mehr für sie, weil ich mich ständig um die förderbedürftigen Mitschüler kümmere. Vollständigkeitshalber sei hier noch angemerkt, dass sich einige Behinderungen sehr unproblematisch in die Klassengemeinschaft einbinden lassen, andere jedoch zu sozialer Ablehnung führen und wieder andere sich in den täglichen Unterrichtsbetrieb bei bestem Willen nicht inkludieren lassen. Der entscheidende Unterschied zwischen Inklusion und Integration liegt übrigens darin, dass im Integrationsprozess Menschen, die ausgeschlossen waren, in die Gruppe zurückgeführt werden. Bei der Inklusion geht es darum, die Kinder in die alltäglichen Interaktionen der Klassengemeinschaft einzubeziehen, wobei man die individuellen Bedürfnisse jedes Schülers im Blick hat. Rollstuhlfahrer brauchen möglicherweise Hilfe in den engen Gängen zwischen den Schulmöbeln. Hörbehinderte Kinder werden unterstützt durch ein Mikrofon, das die Lehrerin sich um den Hals hängt (wobei sie aufpassen muss, dass andere Kinder oder Gegenstände nicht an das Mikrofon stoßen). Kinder mit einem Downsyndrom wissen möglicherweise die richtige Antwort, können sie aber nicht verständlich artikulieren. In der Spreewald-Grundschule wurden bei 300 Schülern 45 Anträge auf sonderpädagogischen Förderbedarf gestellt und bewilligt. Der Förderbedarf wird unterteilt in die Bereiche Lernen, Sprache, geistige Entwicklung, körperliche und motorische Entwicklung, Sehen und Hören sowie soziale und emotionale Entwicklung. Ein einzelner Antrag erfordert die Bearbeitung eines 18-seitigen Fragebogens. Unsere zwei sonderpädagogischen Lehrer hatten uns verlassen, sodass wir wieder mal auf Quereinsteiger angewiesen waren. Am meisten Probleme bereiteten uns die verhaltensauffälligen Kinder, die den Unterricht störten, ohne dass ein konkreter Grund dafür erkennbar war. In dieser schwierigen Ausgangslage besuchte ich eine Fortbildung des Senats für Berliner Schulleiter.

Während ich froh sein konnte, wenn sich mal kein Lehrer krankgemeldet hatte und Unterricht überhaupt stattfinden konnte, berauschte man sich im Senat an Schlagwörtern wie „To-do-Strategie", „Vision & Mission", „Bildungsmonitoring", „Datenbasierung statt Bauchgefühl" und sammelte emsig Daten. Ich hatte welche, von denen keiner Kenntnis nehmen wollte: 30 Gewaltanzeigen, die ich möglichst nicht melden sollte, denn das macht sich nicht gut in der Statistik. Mein Bauchgefühl sagte mir, dass Tarek wohl das Fahrrad eines Viertklässlers, das er zuvor angepinkelt hatte, würde abwaschen müssen. Ich hatte die Vision einer gewaltfreien Schule. Als ich sie verwirklichen wollte und einen Wachschutz beauftragte, um Vorfälle wie den eben erwähnten zu vermeiden, hatte man kein Verständnis für mich. Ich sollte stattdessen To-do-Strategien entwickeln und realisieren, denn Qualität zeichne sich aus durch ständige Entwicklung und Veränderung, sie entstehe im prozesshaften Handeln aller Akteure und sei auf der handelnden Mikroebene verortet, darstellbar und messbar. Analyse sei der Schlüssel, um sich weiterzuentwickeln. Mir wurde schnell klar: In unserer Schulentwicklung waren wir deutlich weiter als in dieser Fortbildung. Inklusion wurde für uns aber immer weniger leistbar. Die Not der Pädagogen wurde mir bewusst, als mich eine Kollegin um ein sozialpädagogisches Coaching in ihrer fünften Klasse bat. Ihr gelang es dort nicht, einen differenzierten, auf die Kinder abgestimmten Unterricht anzubieten. Dafür war die Zahl verhaltensauffälliger und lernschwacher Schüler zu hoch. Von 24 gab es sieben mit sonderpädagogischem Förderbedarf, fünf verhaltensauffällige und vier lernschwache. Die Streitigkeiten im Unterricht häuften sich. Ein Schüler fiel durch ständiges Stören auf, begleitet von Arbeitsverweigerungen, Beleidigungen und Provokationen. In seiner Familie herrschte offenbar eine ziemlich aggressive Atmosphäre. Er ließ seinen persönlichen Schmerz und Frust zunehmend an Mitschülern aus, beleidigte und bedrohte diese permanent. Davor war auch die Lehrerin nicht sicher, was sie nicht mehr ertrug. Seine Provokationen imponierten den Klassenkameraden und er wurde zu ihrem Vorbild. Die gesamte Klasse verlegte sich auf ständige Kämpfe während des Unterrichts. Aus gelegentlichem Necken wurde eine handfeste Auseinandersetzung. Ein Coaching war für die Kollegin wie für die Klasse unbedingt erforderlich.

Abweichendes Verhalten oder Gewaltausübung können Ursache einer genetisch bedingten psychischen Störung sein oder aus einem momentanen Anlass entstehen. Eine Schülerin einer sechsten Klasse hatte erhebliche Probleme im Umgang mit anderen. Sie brauchte inklusive Hilfsmaßnahmen, um den Schulalltag zu bewältigen. Eine zusätzliche Lehrkraft oder eine Erzieherin begleiteten sie stundenweise im Unterricht und halfen ihr mit den Schulaufgaben. Eines Tages bedrohte sie während der Pause jüngere Mädchen: Sie besprizte sie auf der Toilette mit dem Wasserhahn und zwang sie dann, die

Pfützen auf den Knien aufzuwischen. Eine Freundin aus ihrer Klasse wies sie an, das Ganze mit dem Handy zu filmen. Im Elterngespräch zeigte die Mutter keinerlei Einsicht und verharmloste die Situation: Das bisschen Wasser mache doch nichts, ihre Tochter habe sich bloß einen Scherz erlaubt. Eine Fortsetzung der Therapie des Mädchens, die wir ihr dringend nahelegten, hielt sie für unnötig.

Das Verhalten eines anderen Schülers ist ein weiteres Beispiel dafür, wie schwierig sich Inklusion in einer Brennpunktschule verwirklichen lässt. Der Junge besuchte die Klasse im dritten Lernjahr, das heißt, er erhielt drei Jahre Zeit, um die ersten beiden Schuljahre zu absolvieren. Durchgängig war er extrem verhaltensauffällig, konnte kaum ruhig sitzen und sich auf eine Arbeit konzentrieren. Er stand während des Unterrichts auf, störte seine Mitschüler, sprach laut, warf seinen Radiergummi durch die Klasse und lachte dabei. Dadurch wurde Unterricht unmöglich. Ein sonderpädagogischer Förderbedarf wurde bei dem Jungen noch nicht diagnostiziert, weil man in Berlin davon ausgeht, dass sich derart hyperaktives Verhalten in den ersten beiden Schuljahren noch „auswachsen" kann. In der Klasse gab es regelmäßige Auseinandersetzungen zwischen dem Jungen und dem Rest der Klasse. Dazu gehörten Streitereien, Beleidigungen und körperliche Übergriffe. Außerdem hatte er eine extrem niedrige Frustrationstoleranz. Sein Verhalten zu reflektieren oder Einsicht zu zeigen, fiel ihm schwer. Zur Lösung des Problems fanden regelmäßig Elterngespräche statt. Die Lehrerin informierte die Eltern täglich durch Eintragungen ins Hausaufgabenheft über das Verhalten ihres Kindes. Auch der Junge selbst erhielt am Ende jedes Tages eine Rückmeldung von ihr. Darüber hinaus fanden Einzelgespräche mit dem Schulsozialarbeiter und dem Klassenerzieher statt. Das gesamte in der Klasse tätige pädagogische Personal tauschte sich über die laufenden Interventionen aus und versuchte, sie vorab abzustimmen. Die Jugendhilfe bewilligte zusätzlich als externe Unterstützung die Teilnahme an einer sozialen Gruppe, in der der Schüler einmal in der Woche nach Schulschluss lernte, Streitigkeiten mit Gleichaltrigen ohne Gewalt zu lösen.

Dem einen oder anderen Kollegen an meiner Schule gelang es trotz widrigster Umstände, Kinder fit für das Gymnasium zu machen. Das war nur möglich, wenn Eltern Interesse am schulischen Erfolg zeigten und sie beim Lernen unterstützten. Auch in meiner vierten Klasse, die ich zuletzt in der Spreewald-Grundschule unterrichtete, gab es Kinder, die später ein Gymnasium besuchten. (Das Gymnasium beginnt in Berlin mit der siebten Klasse, da die Grundschule nach der sechsten endet.) Viele Probleme an Brennpunktschulen ließen sich mit mehr qualifiziertem und motiviertem Personal lösen. Erfolgversprechend wäre wie gesagt ein Anreizsystem, mit dem engagierte Lehrer an Schulen wie die Spreewald-Grundschule gebunden werden können. Im Juli 2018 berichtete die Berliner Zeitung, „dass die Berliner Bildungssenatorin Sandra Scheeres im kommenden Schuljahr wegen des akuten Lehrermangels das schulische Angebot verringern muss: ‚Die Schulleitungen können Stunden für Sprachförderung, Integration oder Inklusion heranziehen, um das schulische Pflichtangebot zu sichern‘. Früher hatte die Senatorin stets betont, wie wichtig diese zusätzlichen Förderstunden seien, um alle Schüler im Zeitalter der Inklusion zu fördern. Doch nun sollen sie ganz offiziell dafür herhalten, das Mindestangebot abzusichern. Bisher geschah das nur bei hohem Krankenstand.“

Wie verantwortungslos muss eine Bildungspolitikerin sein, die das normale Unterrichtsangebot nicht sichern kann, den Lehrern aber stundenlange Extraarbeit für das Erstellen von Förderplänen abverlangt für Reformvorhaben wie Inklusion und Integration, um sie dann zum Opfer der eigenen verfehlten Personalpolitik zu machen? Kinder mit Migrationshintergrund, die es nach Berlin verschlagen hat, haben letztendlich Pech gehabt. Sie werden „die Dummen“ bleiben müssen, auch wenn weder ihre Herkunft noch ihre religiöse Orientierung etwas damit zu tun haben. Die Leistungskraft Europas lässt sich nur mit optimal ausgebildeten Fachleuten erhalten. Wir aber leisten es uns, die Ressourcen brachliegen zu lassen, die gut ausgebildete Zuwanderer für die Volkswirtschaft darstellen könnten.

12

WENN ELTERN
ZUR SCHULE
GEHEN MÜSSEN

MANCHMAL KAM ES mir vor, als hätte sich die ganze Welt mit all ihren Problemen bei mir in der Spreewald-Schule versammelt, als müssten wir pädagogisch und didaktisch die Globalisierung aufarbeiten. Die meisten Schüler waren zwar in Deutschland geboren, ihre Eltern kamen aber aus Syrien, der Türkei, dem Libanon, Polen, Rumänien und Bulgarien. In vielen bildungsfernen Elternhäusern wurde nur die Sprache des Herkunftslands gesprochen. Um die Lernatmosphäre für die Schüler positiv zu verändern, musste man auch bei den Eltern ansetzen. Aber wie?

Nur wenigen Familien war klar, welch große Bedeutung Bildung für den Erfolg in unserer Leistungsgesellschaft spielt. Viele Eltern und Sorgeberechtigte unserer Kinder waren arbeitslos und lebten zum Teil bereits in der zweiten Generation von Sozialhilfe. Die Arbeitsplätze dieser Menschen waren in Folge der Globalisierung wegrationalisiert oder in andere Länder ausgelagert worden. Deutsche Unterschichteltern sind davon ebenso betroffen wie Familien, die zur Vermeidung von Armut in die Migration gezwungen wurden.

Wie sollte ich diesen Eltern vermitteln, worauf es in Bezug auf den späteren Erfolg ihrer Kinder ankam? Eine Mutter erzählte mir, ihre Deutschkenntnisse reichten nicht aus, das Kind beim Lernen und den Hausaufgaben zu unterstützen. Ihr Mann verbiete ihr aber, einen

Deutschkurs zu besuchen, weil er befürchte, dadurch die Kontrolle über sie zu verlieren.

Die Sprachdefizite der Eltern standen unseren Bemühungen um die Kinder immer wieder im Weg. Die sechs Jahre alte Nadira, die mit ihren drei Geschwistern in Berlin lebt, erklärte stolz, dass sie in Deutschland geboren, also eine Deutsche sei. Sie kannte nur den Wannsee und erzählte mir: „Meine Eltern sind in Sri Lanka geboren, das ist eine große Insel im Indischen Ozean. Meine Mama spricht Tamil. Wenn meine Mama etwas aus dem Deutschen übersetzen muss, ist das sehr schwer. Tamil besteht aus vielen Zeichen, da gibt es keine Buchstaben wie bei uns im Deutschen. Ich spreche sehr gut Deutsch und kann auch sehr gut lesen. Darum helfe ich meiner Mama, wenn sie etwas nicht so gut versteht." Die Schulanfängerin, die das Deutsche noch gar nicht richtig beherrschte, wurde zur Dolmetscherin ihrer Mutter. Ohne sie war eine Kommunikation zwischen Elternhaus und Lehrkräften nicht möglich. Trotzdem kam es immer wieder zu Verständnisschwierigkeiten. So fiel der Klassenlehrerin auf, dass Nadira die Aussprache des Buchstaben S schwerfiel. Die Lehrerin bat Nadiras Mutter in die Schule und machte sie auf das Lispeln ihrer Tochter aufmerksam. Das Mädchen dolmetschte. Die Mutter befolgte den Rat der Lehrerin, einen Arzt aufzusuchen, um eine Überweisung zum Logopäden zu erwirken. Am nächsten Tag kam Nadira gemeinsam mit ihrer entsetzt blickenden Mutter in die Schule und bat die Lehrerin, möglichst rasch Kontakt mit ihrem Kinderarzt aufzunehmen. Dieser habe bestätigt, dass bei ihr „alles in Ordnung" sei. Also setzte sich die Lehrerin nach einem langen Arbeitstag ans Telefon, um den Kinderarzt zu erreichen. Dieser erklärte ihr, dass Nadira lesen könne – was sie jedoch nie bezweifelt hatte. Nadira hatte falsch übersetzt, für sie war Sprachbeherrschung gleichbedeutend mit Lesenkönnen. Beim zweiten Arztbesuch stellte sich heraus: Sie litt an einem schweren Sprachfehler, der durch frühzeitiges Erkennen und regelmäßiges Training therapiert werden konnte. Hätte sich die Lehrkraft nicht mit Nachdruck für diese Schülerin eingesetzt, wäre die Therapie nie zustande gekommen. Auch die

Wenn Eltern zur Schule gehen müssen

Mutter arbeitete schließlich an ihrer eigenen Sprachkompetenz und besuchte zum großen Stolz der Tochter einen Deutschkurs der Volkshochschule.

Nadira war eine vorbildliche, ehrgeizige und intelligente Schülerin. Allen, die nicht so mitkamen wie sie, wollten wir kostenlose Nachhilfe ermöglichen, die das Land Berlin anbot.

Unterstützung der Eltern war nur insofern nötig, als dass sie ihre Kinder in die Nachhilfeschulen im Kiez brachten. Von dem Angebot wurde allerdings kaum Gebrauch gemacht. Lediglich in meiner eigenen Klasse gelang es mir, für jedes Kind zweimal wöchentlich jeweils 90 Minuten Mathematik- und Deutschnachhilfe zu organisieren. Das schränkte die Freizeit der Kinder zwar ein, aber die Erfolge waren deutlich sichtbar. Manche Eltern legten auf solche Hilfestellungen allerdings keinen Wert. Vor allem für den Lebensweg der Töchter erschien Bildung oft zweitrangig. Die neunjährige Emine war in Deutschland geboren und sprach Deutsch und Türkisch. Sie hatte dunkles, gepflegtes Haar, lange, braune Wimpern, ein fröhliches, ausgeglichenes Gemüt und war humorvoll und liebevoll im Umgang mit ihren Mitschülern. Sie wäre ein gutes Vorbild für unsere Schulanfänger und innerhalb der Klasse gewesen und eine große Unterstützung für die Lehrerin. Doch der Unterricht interessierte sie nicht. Es schien, als hätte sie ihren Platz im Leben bereits gefunden: Sie bereitete sich auf das Leben als attraktive junge Frau vor und wartete darauf, einmal einen Mann zu heiraten. Schulbildung spielte da keine Rolle. Man(n) will ja keine kluge Frau haben, sondern eine, die gut aussieht, gut kochen kann und fügsam ist. Danach bestimmt sich ihr Marktwert. Emines schlechte Schulleistungen beunruhigten zu Hause niemanden. Bildung war für Emines Eltern ein Fremdwort. Da, wo sie herkommen – aus dem Süden der Türkei –, gehen Frauen nur verschleiert aus dem Haus und haben oft noch nicht einmal vier Jahre lang die Schule besucht. Ihre traditionellen Werte, Normen und Geschlechterrollen hatte die Familie nach Deutschland mitgebracht, sie bestimmten die Aufgabenverteilung, Pflichten und Freiheiten. Die Autorität des Vaters war ungebrochen, alle wesentlichen Entscheidungen traf allein er, männliche Familienmitglieder genossen größere Freiheiten als weibliche. Die Familienehre hing von der vorbildlichen, das heißt zurückhaltenden Lebensweise ihrer Frauen und Mädchen ab. Die Männer mussten sicherstellen, dass ihre Töchter und Schwestern „unberührt" in die Ehe gehen. Es stellt sich die Frage, ob Emine jemals die Chance auf eine umfassende Schulbildung erhält – in unserer Gesellschaft die Voraussetzung für Erfolg und materielle Annehmlichkeiten. Es dürfte schwer werden, ihre Eltern davon zu überzeugen, dass es besser ist, in die Ausbildung ihrer Tochter zu investieren, als sie auf die Rolle einer attraktiven Braut vorzubereiten.

Traditionalistische Orientierungen wie in Emines Familie erscheinen in Kulturen wie der deutschen mit ihrer Betonung von persönlicher Autonomie, Selbstverwirklichung und Gleichberechtigung als Hindernis für die Integration von Jugendlichen mit Migrationshintergrund. Die Weigerung eines Teils der Mädchen muslimischer, baptistischer oder mennonitischer Religionszugehörigkeit, am Sport- und Schwimmunterricht sowie an Klassenfahrten teilzunehmen, führt zu Konflikten, die mit Gesprächen alleine oft schwer zu klären sind. Auch die Sexualerziehung lässt in den Elternhäusern das Misstrauen gegenüber der Schule steigen. Ein Kopftuchverbot für Mädchen empfinden viele als Ungerechtigkeit, besonders dann, wenn Jungs das Tragen von Baseballkappen erlaubt ist. In der Spreewald-Grundschule war das Tragen von Kopfbedeckungen in den Klassenräumen grundsätzlich verboten.

Teil der Integrationsthematik ist auch das Thema gesunde Lebensführung und Ernährung, das für arme Familien häufig ein besonderes Problem darstellt. Der siebenjährige Abbas besuchte im zweiten Schuljahr die Schule. Er überragte seine Mitschüler um anderthalb Köpfe und brachte stolze 55 Kilogramm auf die Waage. Das bedingte seine Vormachtstellung in der Klasse. In seiner Nähe fühlten sich die „kleinen" Mitschüler wohl, und Abbas genoss es, ihr Beschützer zu sein. Wen er beschützte, der verspottete ihn nicht wegen seiner Fettleibigkeit. Abbas wusste, dass er zu dick war, doch er war zu jung, um sein Essverhalten selbst zu steuern. Seine Mutter fütterte ihr Kind mit Liebe. „Ihr Kind ist zu dick" – dieser Hinweis der besorgten Lehrerin erreichte die Frau nicht. Ein rundes Kind gilt in Familien, die aus ländlichen, notleidenden Regionen stammen und dort Hunger kennengelernt haben, oft als besonders gesund. Das Zusammentreffen von Speisetraditionen wie spätem, reichlichem Essen mit Ernährungssünden wie Fastfood, zuckrigen Getränken und süßen Snacks lässt sich von der Schule kaum steuern.

Auch wenn das Thema Gesunde Ernährung immer wieder aufgegriffen wurde, saß Abbas bereits zur ersten Pause mit zwei riesigen Weißbrot-Toastscheiben, dick gefüllt mit Nutella, auf der Schulbank. Gierig schlang er sie runter, trank dazu eine Flasche Saft und verspeiste als Nachtisch eine Milchschnitte. Sein Mittagessen gestaltete sich ähnlich: Trotz des Verbots der Erzieherin wartete er einen günstigen Moment ab, um seinen leer gegessenen Teller gegen einen vollen auszutauschen. Oft war ihm danach übel und seine Leistungsfähigkeit im Nachmittagsunterricht nahm drastisch ab. Er litt unter Schweißausbrüchen, Kurzatmigkeit und war in seinen Bewegungen deutlich eingeschränkt. Dieses Unwohlsein versuchte er, mit Süßigkeiten zu betäuben. Wir bemühten uns, mit sportlicher Aktivität gegenzusteuern: in den Pausen, in der Freizeit sowie im Sportunterricht. Abbas entzog sich allen Angeboten. Letztendlich blieb uns nur übrig, das Jugendamt einzuschalten, um vielleicht doch das Einverständnis der Mutter, die der einzige Kontakt für das Jugendamt war, für die Einweisung ihres Sohnes in eine Adipositas-Klinik zu erwirken. In diesem Fall war eine Veränderung, wenn auch spät, noch möglich. Andere Kinder und deren Eltern verschwanden plötzlich aus unserem Einflussbereich.

Die fünfeinhalb Jahre alte Hazar sprach ausschließlich Arabisch. Sie wirkte freundlich, lächelte sogar ein wenig, als sie das erste Mal den Klassenraum betrat. Sie hatte schulterlanges, braunes Haar, relativ blasse Haut und wunderschöne dunkelbraune Augen, leuchtend wie Kastanien. Ihre beiden älteren Brüder, elf und zwölf Jahre alt, schoben sie durch die Klassentür. Ihre Mutter blieb draußen stehen. Die Mutter wohnte mit ihren drei Kindern im Asylbewerberheim. Sie waren von der Abschiebung in den Libanon bedroht, die wegen der angegriffenen Gesundheit der Frau bislang verhindert werden konnte. Der Vater war im Kriegsgebiet geblieben. Die beiden Söhne gingen schon seit etlichen Monaten in unsere Schule. Hazar trug einen kleinen, zerknautschten, rosa-braunen Rucksack, in der Hand hielt sie eine Schultüte. Der Fotograf sollte Bilder von den Schulanfängern machen. Hazars Schultüte war leer, ihr Rucksack auch.

Hazar strahlte, sprach aber kein Wort Deutsch. Wahrscheinlich hatte man ihr gesagt, dass es das Beste sei, freundlich zu sein und nicht aufzufallen. Ihre Brüder waren da ganz anders – sie waren mitten in der Pubertät und verstanden kaum ein Wort Deutsch. Da blieb oft nur die Faust, um sich in der Schule zu behaupten. Die Lehrerin ihrer kleinen Schwester fragten die Jungs jedoch sehr höflich in einer Mischung aus Deutsch und Englisch, wann sie Unterrichtsschluss habe. Da sie sich verbal noch nicht verständigen konnte, wäre es für Hazar wichtig gewesen, wenigstens mit Schere und Kleber kreativ zu werden. Aber ihr Rucksack blieb leer. Sie hatte ein paar abgekaute, ungespitzte Stifte in einer alten Federtasche, keinen Radiergummi, keinen Bleistiftanspitzer. Hazar war tapfer. Sie störte weder im Unterricht noch in der Frühstückspause, wenngleich ihr sicherlich der Magen knurren musste, während ihre Klassenkameraden ihre Frühstücksbrote verzehrten. Still blieb sie auf ihrem Stuhl sitzen, um sich später für die Hofpause anzustellen. Auf nachdrückliches Bitten der Lehrerin brachte sie schließlich ein Frühstück mit: ein Croissant vom Bäcker nebenan, verlockend duftend. Das Getränk fehlte zwar noch, aber alle hofften auf den Elternabend in einer Woche, bei dem man mit der Mutter und einer extra dafür organisierten Dolmetscherin alles besprechen wollte. Die Mutter hatte eine Einladung dafür auf Arabisch bekommen. Doch plötzlich fehlte von Hazar jede Spur. Fünf Tage lang blieb sie unentschuldigt dem Unterricht fern, telefonisch war niemand zu erreichen.

Wenn Eltern zur Schule gehen müssen

Wahrscheinlich wusste die Mutter nicht, dass sie das Fehlen ihres Kindes begründet entschuldigen muss. Auch bei einem späteren Hausbesuch konnte die Lehrerin die Eltern nicht von der Haltung der Schule überzeugen.

Es ist stets mit viel Aufwand und Vorbereitung verbunden, wenn man beim Aufeinanderprallen zweier Lebensweisen und Wertesysteme vermitteln möchte. Viele Eltern mit Migrationshintergrund beschwerten sich, dass sie sich von der Schule allein gelassen fühlten und ihre Kinder beim Lernen zu wenig unterstützt würden. Sie selbst waren damit überfordert. Ihr Wissen reichte oft nicht aus, auch nur bei den Hausaufgaben zu helfen. Trotz dieser Klagen ignorierten viele Eltern unsere Interventionsversuche. Die notwendige Überzeugungsarbeit empfanden unsere Pädagogen als zusätzliche Belastung. Das Elternhaus muss mit der Schule zusammenarbeiten, anders geht es nicht. Seit 2010 ist Elternarbeit ein elementarer Bestandteil pädagogischer Arbeit. Sie gründet sich auf ein konstruktives, partnerschaftliches und dialogisches Miteinander. Man spricht von einer Bildungspartnerschaft im Interesse der Kinder. Eine gute Zusammenarbeit von Familien mit Migrationshintergrund und Schulen wäre besonders wichtig. Oft aber erreicht Elternarbeit nur die Eltern, die sie gar nicht so dringend nötig haben. Vor allem Kinder, die in zwei Lebenswelten zu Hause sind und täglich den Übergang zwischen ihnen vollziehen müssen, sind für ihr Wohlbefinden und ihre Entwicklung darauf angewiesen, dass diese beiden Lebensbereiche sich mit wechselseitiger Anerkennung begegnen. Nicht Belehrung ist gefragt, sondern respektvolle kulturelle Begegnung und Ausgleich.

Besonders schwierig ist eine Kommunikation auf Augenhöhe. Davon sind wir im Schulalltag meilenweit entfernt. Im Idealfall sieht sie so aus: Das pädagogische Personal überwindet seinen Defizitblick, nimmt die Kinder in ihrer Vielfalt und Differenziertheit wahr und begreift Mehrsprachigkeit und unterschiedliche kulturelle Einflüsse als Chance für die Entwicklung der Fähigkeit, sich auf Menschen mit unterschiedlichsten sozialen und kulturellen Hintergründen einzustellen. Die Pädagogen setzen sich mit den einzelnen ethnischen, nationalen und religiösen Gruppen intensiv auseinander und informieren sich über ihre Lebenssituation. Sie laden die Eltern zu Sitzungen und Elternabenden ein und planen und gestalten mit ihnen gemeinsam das Schulleben. Unterschiedlichen Wertvorstellungen begegnen sie mit Respekt. Die Zusammenarbeit mit Familien mit Migrationshintergrund knüpft an deren Möglichkeiten und Ressourcen an. Es stimmt nicht, dass rechtlich und sozial unterprivilegierte Familien ihrer Aufgabe per se nicht gerecht werden können, ihren Kindern in der Auseinandersetzung mit der deutschen Gesellschaft und bei der Integration zu helfen. Idealerweise haben Eltern mit Migrationshintergrund ein gesteigertes Interesse an der Bildung ihrer Kinder. Sie brauchen mehr Unterstützung bei der Hausaufgabenbetreuung und der Formulierung und Durchsetzung ihrer Interessen. Erziehungsproblemen stehen sie oft besonders hilflos gegenüber, weil sie über die deutschen Beratungseinrichtungen nicht informiert sind. Sie benötigen ein Netzwerk, in das Bildungs-, Rechts-, Sozial- und Berufsberatung eingebunden sind. Migrantenorganisationen müssen sich einschalten und sich auch den Bildungsfragen sowie der Hausaufgaben- und Nachhilfe widmen.

Bei der Erziehungspartnerschaft zwischen Eltern, Kind und Schule müssen professionelle Helfer sich von der Einstellung „Einer hilft, dem anderen wird geholfen" verabschieden. Eine Partnerschaft entsteht nur schrittweise auf Basis gemeinsamer Erfahrungen. Dabei muss man der Versuchung widerstehen, sich gegenseitig die Schuld für schulische Misserfolge, Disziplinlosigkeiten, schlechte Arbeitshaltung, Verhaltensauffälligkeiten und Lernstörungen in die Schuhe zu schieben. Die anspruchsvollsten pädagogischen Programme scheitern, wenn Eltern sie nicht akzeptieren, besser noch aktiv unterstützen. Sie sind die Experten für die Biografien ihrer Familie und ihres Kindes, seiner Rolle im familiären System und die dortigen Lebensbedingungen. Auch die Pädagogen müssen sich mehr engagieren. Dies geht über die herkömmlichen Formen von Elternarbeit wie

Wenn Eltern zur Schule gehen müssen

Sprechstunde und Elternabend hinaus und umfasst außerdem Dreiergespräche mit den betroffenen Kindern und telefonische Kontaktaufnahme mit dem Elternhaus. Die Spreewald-Grundschule lud Eltern ausdrücklich zu Zweier- und Dreiergesprächen ein. Wir veranstalteten mit Eltern als Begleitpersonen Exkursionen zu Sportvereinen, Religionsgemeinschaften und Betrieben. Dabei bemühten wir uns um flexible Termine vor Arbeitsbeginn, an Abenden und Wochenenden. In unserem Elterncafé luden wir zu Veranstaltungen für Teilnehmer aus bestimmten Herkunftsländern ein. Die Volkshochschule bot in unserem Gebäude Deutschkurse für Erwachsene an, und wir konnten sie für die Mitarbeit bei der Schulentwicklung gewinnen. Das übergeordnete Ziel war, Eltern mit Migrationshintergrund an den Entscheidungsprozessen, vor allem in der Elternvertretung, zu beteiligen und sie für Dolmetscherfunktionen zu gewinnen. Um Hemmschwellen abzubauen, sprachen wir an der Wohnungstür persönliche Einladungen aus, riefen an, verabredeten Hausbesuche, organisierten gesellige Treffen außerhalb der Schule, zum Beispiel einen Kaffeeklatsch im Kiezzentrum Pallasseum. Es ist nicht erforderlich, dass Eltern, Lehrkräfte und Erzieher miteinander befreundet sind. Aber sie müssen ein gemeinsames Interesse haben: das Wohl des Kindes. „Kindeswohl ist in dem Maß gegeben, in dem das Kind einen Lebensraum zur Verfügung gestellt bekommt, in dem es die körperlichen, gefühlsmäßigen, geistigen, personalen, sozialen, praktischen und sonstigen Eigenschaften, Fähigkeiten und Beziehungen entwickeln kann, die es zunehmend stärker befähigen, für das eigene Wohlergehen im Einklang mit den Rechtsnormen und der Realität sorgen zu können."[1]

Wir versuchten, bei den Eltern Verständnis dafür zu wecken, dass auch sie ein hohes Maß an Verantwortung für die schulische Laufbahn ihrer Kinder haben. Zumindest sollten sie die Bemühungen der Schule nicht behindern. Eines unserer Mittel dafür war seit dem Herbst 2015 das „Lerncafé der Vielfalt", das einen lebendigen Austausch über Erziehungsfragen in privatem Rahmen ermöglichte. Gastgeber waren Mütter und Väter, zentrale Themen waren Medien,

Konsum, Suchtvorbeugung, Pubertät und Gewalt. Die von Eltern oder eingeladenen Experten moderierten Runden behandelten unter anderem Fragen wie „Wie handhaben andere Eltern das mit dem Fernsehen?", „Wie viel Taschengeld ist sinnvoll?", „Wie kann ich mein Kind vor Alkohol und Drogen schützen?" Das „Lerncafé der Vielfalt" sollte die gegenseitige Achtung und Toleranz fördern, eine schwierige Aufgabe. Eine der Organisatorinnen war eine Frau mit schiitischen iranischen Wurzeln, was bei der Mehrzahl der sunnitischen türkischen Frauen auf Skepsis stieß. Auch zogen viele Muslimas es vor, sich zur Zufriedenheit ihrer Männer daheim um Kinder und Haushalt zu kümmern statt um Schulbelange. Sie kamen selbst dann nicht, wenn wir ihnen für Informationsabende Kinderbetreuung und Dolmetscher in Aussicht stellten.

So manche Elternvertreter warfen resigniert die Flinte ins Korn, viele blieben in ihren Parallelgesellschaften. Nicht wenige haben wie gesagt keine Vorstellung davon, wie fatal Schulversagen für die berufliche Zukunft und die Integrationschancen ihrer Kinder ist. Sie glauben, „solange der Lehrer nichts Schlimmes sagt, wird mit meinem Kind schon alles gut gehen". Fatal ist auch, dass bei Schulproblemen den Eltern oft vermittelt wird, sie würden ihrem Erziehungsauftrag nicht genügend nachkommen oder es mangle ihnen an pädagogischem Geschick. Dies hat mittlerweile zu Misstrauen der Migranteneltern auch gegenüber wohlmeinenden Lehrern und Erziehern geführt. Hilfreich ist in diesem Fall, wenn man als Vermittler Personen einschalten kann, die beide Kulturkreise ebenso kennen wie das Anforderungssystem der Schule. Noch so gute und scheinbar sinnvolle Aktivitäten laufen ins Leere, wenn sie auf die Alltagsrealität der Betroffenen keine Rücksicht nehmen.

In mehrfacher Hinsicht ähnelt die Lebenswelt der Migranten der von Einheimischen. Auch hier gibt es Schicht-, Bildungs- und Einkommensunterschiede sowie Vorurteile gegenüber Geschlecht und Alter. Es existiert deshalb kein Patentrezept dafür, wie man Kindern anderer Herkunft die Chance eröffnen kann, sich konkurrenzfähig auf dem Arbeitsmarkt einzubringen und ihr Leben zu gestalten. Die

Wenn Eltern zur Schule gehen müssen

Medien vermitteln ihnen Träume vom großen Glück. Auf YouTube kann jeder, der ein Handy hat, sich der Welt als Stuntman, Extremsportlerin, Akrobat, Zauberin, Musiker, Komponistin, Sänger, Pornostar, Freak oder Tollpatsch präsentieren. Doch was bringt einen jungen Menschen dazu, etwas zu wagen? Wie ermutige ich Kinder, sich etwas zuzutrauen? Haben Ali oder Anna eine Chance, etwas aus sich zu machen? Wie stärke ich ihr Selbstwertgefühl, sodass sie Pläne für ihre Zukunft schmieden? Wie lernen sie, zu träumen und herauszufinden, was man braucht, um diese Träume zu verwirklichen – jenseits von unerreichbarer sportlicher Superbegabung oder körperlicher Schönheit?

Für Ibrahim war „kurz nach fünf vorbei", damit meinte er, dass er kurz vor Schuljahresbeginn seinen fünften Geburtstag gefeiert hatte. Er war der Jüngste in der Klasse, hatte aber keine Probleme, sich gegenüber den Klassenkameraden durchzusetzen. Es wurde gezwickt, gehauen, gebissen, die Zunge gezeigt, gedrängelt – Ibrahim war immer unter den Ersten. Die Lehrerin nannte ihn „zielstrebig", bescheinigte ihm „Durchsetzungsvermögen", die Erzieherin bezeichnete ihn als „verhaltensauffällig" oder gar „verhaltensgestört" und die Sonderpädagogin meinte, man müsse den Jungen im Auge behalten. Ibrahim wuchs mit drei älteren Geschwistern bei seinem alleinerziehenden Vater auf. Der Mutter hatte man wegen Alkoholmissbrauchs das Sorgerecht entzogen. Die älteren Geschwister galten als nicht besonders intelligent und so lag es auf der Hand, auch Ibrahim mit einem entsprechenden „Label" zu versehen. Noch lagen keine eindeutigen Ergebnisse entsprechender Tests vor. Der Lehrerin erschien das Kind lernwillig und bemüht. Sie schrieb sein defizitäres Verhalten seinem Alter zu. So saß Ibrahim zum Beispiel gern auf dem Boden und räumte sorgsam, für manche Lehrer vielleicht zu langsam, seine Schulsachen aus und ein. Er träumte auch gern, klammerte sich zeitweise beinahe scheu an seine Federtasche. Vielleicht hätte er manchmal gern mit einem Teddy gekuschelt, aber diese Blöße hätte er sich seinen Klassenkameraden gegenüber niemals erlaubt. Obwohl er sich anstrengte, fiel es ihm schwer, die Wörter im Deutschunterricht nachzusprechen. Immer wieder wollte die Zunge nicht dahin, wohin sie sollte. Doch die Lehrerin meinte, er brauche nur noch ein paar Wochen, um zu wissen, dass es nicht nur die undeutliche Vokalartikulation gibt, die er von zu Hause kannte. Obwohl Ibrahim Deutscher war und auch Deutsch sprach, war die in der Schule verwendete Sprache neu für ihn. Sein Vater kam aus dem Libanon, sprach zwar Deutsch mit ihm, aber mit starkem arabischem Akzent. Ibrahim saugte alles auf, was ihm mit Liebe vermittelt wird. Er konnte nichts für sein familiäres Umfeld, in dem er sich wohlfühlte.

In diesem Fall heißt Erziehungspartnerschaft, dem offensichtlich sehr geforderten Vater unterstützend zur Seite zu stehen, ihn auf das Artikulationsproblem, die mögliche Sprachbehinderung seines Sohnes hinzuweisen, zum Besuch eines Logopäden zu raten und gezielte Leseübungen für zu Hause anzubieten. In der Schule ist es wichtig, Ibrahim mit einer liebevollen Hand durch den Unterricht zu führen. Das pädagogische Personal ist hier besonders gefordert, die Lebendigkeit des Jungen so zu bündeln, dass seine Lernfreude gefördert wird und seine familiär bedingten sprachlichen Defizite ausgeglichen werden. Solche Lösungsvorschläge, so sinnvoll sie sind, ließen sich in unserer Schule unglaublich schwer in die Tat umsetzen. Denn wir hatten in jeder unserer Klassen nicht nur einen, sondern mehrere Ibrahims.

13

ERFOLG WIRD NICHT
GESCHENKT,
SONDERN ERARBEITET

IN DER INSTITUTION Schule treffen frustrierte Erwachsene aufeinander. Deprimierte Lehrer klagen über die Erziehungsergebnisse genervter Eltern. Jede Seite erwartet von der anderen, die Probleme der Kinder zu lösen, fühlt sich selbst dieser Aufgabe nicht gewachsen und lässt die Dinge in der Regel laufen. Sachzwänge regieren: Die Kinder des engagierten Elternvertreters verlassen die Schule, die erfolgreiche Schulleiterin wird auf einen zentralen Verwaltungsposten befördert, gute Lehrer werden Berater in der Weiterbildung oder der Verwaltung und fehlen damit dem Unterricht. In einer Schule wie der Spreewald-Grundschule kommen weitere Erschwernisse hinzu. Der Kiez Schöneberg-Nord, in dem sie liegt, gehört zu den 24 Berliner „Gebieten mit besonderem Aufmerksamkeitsbedarf", wie es offiziell heißt. Es handelt sich um eine multikulturelle Nachbarschaft, die von den Traditionen und Normvorstellungen der Herkunftsländer ihrer Bewohner bestimmt ist. Als dieser Kiez noch wesentlich von türkischstämmigen Einwanderern geprägt war, wurde hier wie gesagt ein Modell der zweisprachigen Alphabetisierung entwickelt. Heute funktioniert das nicht mehr, weil sich die Familiensprachen der Schüler geändert haben und viel zahlreicher geworden sind. Diese kulturelle Vielfalt kann man als große Chance betrachten, aber auch als Bedrohung wahrnehmen. Sie erfordert jedenfalls hohen, nicht zuletzt finanziellen Einsatz. Chancengerechtigkeit bedeutet, hier höheren Aufwand für die Entwicklung junger Menschen zu betreiben als anderswo. Doch fehlt die Bereitschaft der politisch Verantwortlichen, dort, wo es sinnvoll ist, mehr zu investieren, sich vom gesetzlichen Gebot der Gleichbehandlung zu lösen und bewusst mit einer ungleichen Verteilung der Fördermittel zu arbeiten. Wenn der Staat, seine Institutionen, Amtsträger und Funktionäre oder Politiker Kinderrechte propagieren und durchzusetzen bemüht sind, dann müsste auch verbindlich dafür gesorgt sein, dass den Schülern nicht der Putz maroder Gebäude auf den Kopf fällt. Lehrkräfte müssten so leistungsorientiert bezahlt werden, dass sich erfolgsorientierte Menschen um einen Job in der Schule bemühen, nicht nur die bestenfalls auf Sicherheit bedachten. Außerdem müsste man sich einer der folgenschwersten Herausforderungen unseres Bildungssystems stellen: der Notwendigkeit, die Erziehungsberechtigten dahin zu bringen, dass sie ihre Verantwortung wahrnehmen – bei der elterlichen Erziehung, mit gesunder Ernährung zu Hause, einem ordentlichen Frühstück vor dem Schulweg und einer Pausenmahlzeit, die diesen Namen verdient. Sie sollten nicht nur für eine geeignete Schultasche sorgen, sondern auch dafür, dass sie zweckmäßig gepackt ist. Ihre Kinder sollten Kleidung tragen, die dem Wetter angepasst ist. Sie sollten sie rechtzeitig daheim losschicken, damit sie pünktlich zum Unterricht erscheinen. Sie sollten sie überhaupt zur Schule schicken.

Wenn es egal wird, ob ein Kind die Schule regelmäßig besucht oder nicht, wenn toleriert wird, dass eine Schulleiterin dafür beschimpft wird, weil sie es untersagt, die Osterferien einfach um eine Woche zu verlängern, dann unterstützen wir die Missachtung von Gesetzen. Leider wissen viel zu viele Eltern bereits, dass sie tun und lassen können, was sie möchten, weil niemand da ist, der ihnen auf die Finger klopft. Es muss in Berlin nicht für jeden Platz sein, vor allem wenn er von Sozialhilfe lebt und keine Leistungen an die Gesellschaft zurückgibt. Die attraktive Metropole hat eine hohe Anziehungskraft

Erfolg wird nicht geschenkt, sondern erarbeitet

für Zuwanderer aus allen Schichten und allen Regionen dieser Welt. Das bedeutet für diejenigen, die tagtäglich unter großen Mühen ihr Geld verdienen, einen verschärften Konkurrenzkampf um Wohnungen. Und es schafft Unmut, wenn Familien, die ausschließlich Sozialhilfe beziehen, bei der Vergabe von Sozialwohnungen bevorzugt werden. Nach meiner Kenntnis ist das Spektrum an kostenfreien Unterstützungsangeboten und Möglichkeiten zur Fortbildung, die es für Groß und Klein, für Alt und Jung gibt, kaum mehr zu überbieten. Es muss endlich ein Weg gefunden werden, Eltern dazu zu bringen, diese Angebote anzunehmen. Derzeit erreichen niedrigschwellige Unterstützungsmaßnahmen nur einen Bruchteil von ihnen. Wenn man sich in Schulen und Kitas umhört und ehrliche Antworten der Verantwortlichen bekommt, wird klar: Genau jene Eltern, die der Hilfe besonders dringend bedürften, nehmen sie nicht an. Gespräche oder Drohungen mit dem Jugendamt bleiben erfolglos. Dieser Elternkreis beginnt erst dann, seine Erziehungspflichten wahrzunehmen, wenn er mit finanziellen Einbußen zu rechnen hat. Erst wenn es gelingt, Sozialhilfe und Wohngeld an das Erfüllen bestimmter Bedingungen zu knüpfen, deren Einhaltung konsequent überprüft wird, lässt sich eine Änderung der Verhaltensweisen erwarten.

Im Schulalltag würden bereits ganz banale Veränderungen helfen: Er ließe sich deutlich besser organisieren, wenn Ali zehn Minuten vor dem Läuten in die Klasse käme und sich dort auf den Unterrichtstag vorbereiten könnte und nicht erst fünf Minuten nach Unterrichtsbeginn an der Hand seiner Mutter in die Klasse geschleift würde – das stört nämlich enorm. Oder wenn Resmi das Elternheft mit der Mitteilung, dass er seine Hausaufgaben nachzuholen habe, am nächsten Tag unterschrieben der Lehrkraft vorlegen könnte und nachgearbeitet hätte. Oder noch einfacher: Wenn alle Arbeitshefte und Arbeitsblätter in eine Mappe gepackt wären und nicht zerknüllt in der Schultasche lägen, wäre die Arbeit für alle Beteiligten leichter und sicher auch erfolgreicher.

Wenn die Kinder in der Ganztagsschule zu Mittag essen und damit die Haushaltskasse der Familie entlasten, sollte dafür ein angemessener Essensgeldbeitrag bereitgestellt werden. Bei Empfängern öffentlicher Leistungen sollten die Behörden ihn von vornherein einbehalten. Sozialleistungen müssen stärker mit der Erfüllung staatsbürgerlicher Pflichten verknüpft werden. Dann wäre die Berliner Schulsenatorin nicht gezwungen gewesen, festzulegen, dass Schulessen grundsätzlich für alle gratis ist, was wiederum Steuermittel zur Renovierung der Schulgebäude freisetzen würde. Sanktionen, die bei Fehlverhalten in den Schulen ausgesprochen werden, müssen außerdem vorhersehbare Folgen haben. Wenn zum Beispiel ein Schulverweis als härteste Disziplinarmaßnahme nötig wird, müssen für diese Schüler zentral Plätze zur Verfügung stehen, an denen besonders qualifizierte Pädagogen an ihrer Resozialisierung arbeiten. Extrem verhaltensauffällige Kinder dürfen nicht als Wanderpokale von einer Schule zur nächsten herumgereicht werden. Auch dürfen Schulleiter sich keinem Druck ausgesetzt sehen, ihre Entscheidung zurückzunehmen, nur damit kein Verwaltungsaufwand entsteht. Wenn sich hier konsequentes Handeln durchsetzen würde, würde die Beispielwirkung bereits die Gesamtzahl der problematischen Fälle signifikant verringern. Dann könnten Lehrkräfte sich endlich wieder um Unterrichtsinhalte kümmern. Es kann nicht angehen, dass wir allein für die Bildung und Erziehung zuständig sind, während die Eltern sich entspannt auf der Couch zurücklehnen und sich durch die Fernsehprogramme zappen – und noch zusätzlich über den Staat schimpfen.

In keinem anderen Industrieland ist die soziale Herkunft so entscheidend für den Schulerfolg wie in Deutschland. Kinder aus Akademikerfamilien haben eine wesentlich größere Abiturchance als Kinder aus Facharbeiterfamilien. Auch für Unterschichtkinder mit besten Leistungen ist die Hauptschule meist die Endstation. Nicht die tatsächliche Leistung des einzelnen Schülers ist entscheidend für seine Schullaufbahn, sondern die Leistungserwartung seiner Eltern. Unsere Schulkultur kann sich nur verändern, wenn Familien sich am

Erfolg wird nicht geschenkt, sondern erarbeitet

Bildungsweg ihrer Kinder beteiligen. Ganz konkret heißt das: Die Familie vermittelt nicht nur Werte und Sprachvermögen, sie ist der Ort der Entwicklung von Grob- und Feinmotorik, unterstützt oder hemmt Neugier und Lernmotivation, Interessen, Selbstvertrauen und soziale Kompetenzen und trägt entscheidend zum Schulerfolg bei. Die Schule kann nicht ausgleichen, was Eltern nicht oder schlecht erledigen oder sogar konterkarieren. Die Alternative wäre, die Kinder bei fehlendem Mitwirkungswillen des Elternhauses in ein Internat aufzunehmen.

Es liegt nahe, hier nach einer obligatorischen „Elternschule" zu rufen. Dem steht der Artikel 6 des Grundgesetzes entgegen, der „Pflege und Erziehung der Kinder als natürliches Recht der Eltern und die zuvörderst ihnen obliegende Pflicht" beschreibt. Es heißt aber im folgenden Satz auch: „Über ihre Betätigung wacht die staatliche Gemeinschaft." Die zentrale Intention der Väter und Mütter des Grundgesetzes bestand vor allem darin, eine totalitäre Beeinflussung der Erziehung durch den Staat wie in der NS-Zeit für die Zukunft auszuschließen.

Ein Konflikt zwischen Eltern und pädagogischem Personal ist nicht unausweichlich. Beide Seiten streben im Idealfall die bestmögliche Entfaltung und Entwicklung sämtlicher Fähigkeiten und Begabungen des Kindes an. Eine gute Zusammenarbeit mit den Eltern erschöpft sich nicht darin, Verständnis für pädagogische Zusammenhänge und Transparenz herzustellen. Sie zielt darauf ab, Eltern in Diskussionen und Entscheidungen einzubeziehen und sie am pädagogischen Geschehen teilhaben zu lassen. Für die Schule geht es darum, für Familien durchschaubarer zu werden. Die Eltern möchten beispielsweise wissen, was die Lehrer unterrichten und welche Erziehungsziele, -vorstellungen und -praktiken sie haben. Vor allem aber interessiert es sie, wie sich ihr Kind in der Klasse verhält, wie es sich entwickelt, welchen Lernfortschritt es macht oder ob es Schwierigkeiten hat. Die Lehrkräfte sollten in Erfahrung bringen, welche Erziehungsziele und -methoden sowie Bildungsansprüche die Eltern haben, welche ökonomischen oder sozialen Belastungen und welche Probleme beispielsweise bei der Tagesorganisation. Sich darüber auszutauschen setzt Vertrauen voraus. Nur dann werden die Eltern bereit sein, über das Verhalten des Kindes in der Familie und außergewöhnliche Ereignisse dort zu sprechen.

Einheitliche Bildungsvorstellungen werden sich im Zusammenhang mit Flucht und Zuwanderung nicht leicht formulieren lassen. Die Anforderungen an das Bildungssystem und dessen Hilfsangebote haben sich stark gewandelt. Es ist wissenschaftlich belegt, dass gravierende Mängel in der Bildungs- und Sozialbilanz der Kinder und Jugendlichen mit Migrationshintergrund bestehen. Auch den Politikern ist bewusst, dass Deutschland vom Ziel der Chancengleichheit für alle Schulpflichtigen weit entfernt ist. Bereits 2017 diskutierte der *Tagesspiegel*[1] die sozialen Unterschiede zwischen den Berliner Bezirken bei den Abiturabschlüssen in den Oberschulen. Dabei fällt auf, dass die Schüler nicht deutscher Herkunftssprache dort am schlechtesten abschließen, wo auch die Ergebnisse unter den Kindern ohne Migrationshintergrund schlecht sind. In gutbürgerlichen Gegenden, in denen Eltern nicht deutscher Herkunftssprache ihre Kinder zur Schule schicken, sind Abschlüsse signifikant dort am höchsten, wo auch die deutschen Kinder mit dem höchsten Prozentsatz ihre Abiturzeugnisse erhalten. In einem Land, in dem der Bildungserfolg der Kinder von der sozialen Stellung der Eltern abhängt, trifft das in vollem Umfang auch auf die Kinder aus Familien nicht deutscher Herkunft zu. Die Erfahrung unserer Schüler in der Spreewald-Grundschule zeigt, dass Kinder aus anderen Kulturen in der ersten bis dritten Klasse ein vielfach erhöhtes Risiko tragen, nicht versetzt zu werden. Auch in die Oberschule schaffen sie es deutlich seltener als im Landesdurchschnitt.

Wenn sich auch Wissenschaft und Politik in der Beschreibung der Chancenungleichheit für junge Menschen mit Migrationshintergrund einig sind, so werden die Ursachen sehr unterschiedlich diskutiert. Was die Bildung betrifft, haben die Veröffentlichung der

Erfolg wird nicht geschenkt, sondern erarbeitet

Daten der IGLU- und PISA-Studien die Diskussion belebt. Für das schlechte Abschneiden Deutschlands im internationalen Vergleich wurde anfangs trotz unzureichender Datengrundlage sehr schnell der Ausländeranteil in den Klassen verantwortlich gemacht. Es wurde suggeriert, dass die Ursachen bei den Schülern mit Migrationshintergrund und ihren Familien selbst zu suchen seien. Zentraler Gegenstand der seit 2006 im Zweijahresrhythmus veröffentlichten nationalen Bildungsberichte[2] ist stets die Situation dieser Kinder. Sie sind in bestimmten Schulformen häufiger anzutreffen, die Erfolgsbilanz dieser Schulen ist beeinträchtigt, gleichzeitig fehlt eine angemessene Förderung. Die zweite Einwanderergeneration schneidet in Deutschland in der Schule schlechter ab als die erste. Im internationalen Vergleich erweist sich, dass beruflicher Status und Bildungsniveau der Eltern, die sprachliche Situation im Elternhaus und das Einwanderungsalter sich deutlich stärker auswirken als in den meisten anderen Staaten.

Viele Eltern fühlen sich ihren halbwüchsigen und aufmüpfigen Kindern nicht gewachsen. In Familien mit Herkunft aus anderen Ländern als Deutschland verschärfen kulturelle Anpassungsschwierigkeiten und Sprachprobleme dieses Ohnmachtsgefühl. Darauf sind Lehrer nicht genügend vorbereitet. Sie haben in ihrer Ausbildung nicht gelernt, mit Klassen umzugehen, in denen viele Schüler mit ganz unterschiedlichen kulturellen Wurzeln sitzen. Sie sind auf den „Normalfall" geeicht: rein deutschsprachige Mittelschichtskinder. Mit dem vergleichen sie, was sie vorfinden, wenn sie sich mit Kindern auseinandersetzen müssen, die von dieser Norm abweichen. Sie nehmen sie vor allem als Problemfälle wahr. Hinzu kommt, dass die Angst vor Kriminalität und Terror die Aufnahme- und Hilfsbereitschaft der deutschen Gesellschaft für Asylsuchende gemindert hat. Deutschland hat ein im internationalen Vergleich dichtes Netz von Sozialleistungen für alle Aufenthaltsberechtigten vorzuweisen. Es ist deshalb als Asylort schon lange attraktiv. Seit den jüngsten EU-Erweiterungen übt es auch auf Arbeitsuchende aus Mittel- und

Südosteuropa, aus Polen und den baltischen Staaten große Anziehungskraft aus. In jüngster Zeit verstärkt der Flüchtlingsstrom aus dem Nahen Osten das Konflikt- und Risikopotenzial. Das führt in Brennpunktschulen zu einem Konflikt-Cocktail, der kaum noch zu bewältigen ist. Wir mussten ihn in der Spreewald-Grundschule fast täglich bis zur Neige trinken. Wir wurden außerdem mit Geschlechterrollen konfrontiert, die in westlichen Gesellschaften in Auflösung begriffen scheinen. In der Regel hielten die Mütter den Kontakt zur Schule. Getroffene Vereinbarungen konnten sie aber zu Hause nicht durchsetzen, weil dort die Väter das Sagen hatten. Die aber fanden nicht den Weg zu uns. In Familien, die aus Marokko, Syrien oder dem Osten der Türkei zuwandern, gibt es durchaus Unterschiede, was das heimatliche Brauchtum angeht, aber auch eine ziemlich einheitliche Familienstruktur, in der der Vater beziehungsweise der Großvater als Familienoberhaupt zu allen wirtschaftlichen wie gesellschaftsbezogenen Entscheidungen eines Familienmitglieds – und dabei handelt es sich stets nur um die männliche Linie – seine Zustimmung erteilen muss.

Die Bildung, die ein Mädchen braucht, um eine tüchtige Ehefrau zu werden, erhält es nach dieser Logik am besten von den älteren Frauen in der Familie. Wenn Gesetze des Aufenthaltslands dem entgegenstehen, zum Beispiel die Schulpflicht, dann versuchen diese Migranten, sicherzustellen, dass die Schule die Mädchen den tradierten Regeln nicht entfremdet. Deshalb stehen ihre Cousins und Brüder in der Pflicht, die Familienehre während des Schultages zu wahren – das bedeutet, die Unberührtheit der Mädchen zu garantieren und ihre sexuellen Reize zu verbergen. Diesen Erziehungsstil können nur speziell ausgebildete Therapeuten und Psychologen ändern. Sie können Gesprächsgruppen für die entwurzelten Patriarchen anbieten, die um ihre unangefochtene Rolle als Ernährer und Beschützer der Großfamilie fürchten. Nach unseren Erfahrungen müssen diese Experten in jedem Fall selbst Muslime sein, die Sprache ihrer Klientel beherrschen und über die kulturell tradierten Strukturen genau Bescheid wissen. In unserer Schule fehlte uns solch ein Experte. Stattdessen sahen sich die Familienväter aus ihrer Sicht wild gewordenen Emanzen gegenüber, die versuchten, ihre eigene bindungslose Existenz vor allem den weiblichen Mitgliedern ihrer Familien als vorbildhaftes Verhalten vorzuschreiben. In dieses Klischee gehörte ich natürlich ebenfalls: unverheiratet und kinderlos. Zwar sicherten mir mein resolutes Auftreten und meine amtsgebundene Autorität meist zähneknirschende Akzeptanz. Aber ich stieß auf taube Ohren, wenn es darum ging, diesen Eltern die Erziehungsziele unserer Schule näherzubringen.

Auch ich hätte einen Coach gut gebrauchen können, der mir dabei geholfen hätte, meine in diesen Auseinandersetzungen erfahrenen Kränkungen und Beleidigungen zu verarbeiten, um mich mit neuen Kräften wieder meiner Aufgabe widmen zu können. Meine Vorgesetzten erwarteten hingegen von allen Schulleitern, dass sie sich wie Münchhausen am eigenen Schopf aus dem Sumpf ziehen. Auch die Frauenvertretungen konnten mir nicht helfen, weil ich eine Repräsentantin der Leitungsebene war, sie sich aber eher meinen weiblichen Angestellten verpflichtet fühlten. Ich wurde als Chefin wahrgenommen, nicht als Opfer von Geschlechterdiskriminierung.

Ich vermisse eine Instanz, die sich aktiv dafür einsetzt, die uns in Deutschland, Österreich oder der Schweiz lieb gewordenen Werte und errungenen Freiheiten zu verteidigen. Das finde ich deswegen so wichtig, weil ich mich dem Grundgesetz verpflichtet fühle, das gleichermaßen für die Kinder, die meine Schule besuchen, wie für deren Eltern Gültigkeit haben sollte. Das heißt, ich möchte eine Anpassungsleistung auch von den Zugewanderten verlangen dürfen, ohne dass mich ängstliche Zeitgenossen in Deutschland gleich der AfD oder in Österreich der FPÖ zuordnen. Dieser Diskurs lässt sich versachlichen. Sehr erhellend finde ich in diesem Zusammenhang ein in Deutschland veröffentlichtes Papier der GEW, wonach es meine Aufgabe ist, „das Bewusstsein der Lehrer aller Fächer dafür zu schärfen, dass sprachlich-kulturelle, leistungsbezogene und soziale Pluralität in ihren Klassenzimmern normal ist"[3].

Den Grundstein für den Erwerb von Fachwissen legt nach wie vor die Grundschule. Sie bildet Qualitäten aus, die auch in Zeiten von Globalisierung und Digitalisierung weiterhin erforderlich sind, nämlich soziale, interkulturelle und methodische Kompetenzen. Dazu gehört der Erwerb von Lernstrategien und die zunehmend freiwillige Entscheidung, Bildungsangebote aktiv zu nutzen. Entsprechend ausgestattet, könnte eine Brennpunktschule zum Initiator dieser Entwicklungsprozesse bei allen in ihr lernenden Kindern werden. In der Metropole Berlin müssen wir bestrebt sein, den Prozentsatz der Menschen zu vergrößern, die sich vom Hergekommenen lösen und sich auf die gesellschaftlichen Bedingungen einstellen, die sie in Deutschland vorfinden –, um sie dann im Idealfall mitzuprägen. Der Staat sollte Sozialleistungen verbindlich mit der Bereitschaft verknüpfen, an (Erwachsenen-)Fortbildungsangeboten teilzunehmen. Den Kindern müssen wir vermitteln, dass es sich lohnt, verantwortlich an ihren Tages- und Wochenplänen mitzuwirken und so zu erleben, dass vor Wochen noch unmöglich Erscheinendes auf einmal zur verlässlich abrufbaren Routine wird. Unsere Schule ist dann Mittelpunkt einer Gemeinschaft, die über den Familienalltag hinausgehende neue (Zukunfts-)Perspektiven erschließt.

Wenn wir Eltern unterstützen wollen, in unserer Gesellschaft anzukommen, und ihre Kinder annehmen und optimal fördern wollen, müssen wir dafür sorgen, dass auch die Eltern sich in der Schulgemeinde aufgehoben und ernst genommen fühlen. Die im Berliner Schulgesetz vorgeschriebene aktive und eigenverantwortliche Mitwirkung der Erziehungsberechtigten bei der Verwirklichung der Bildungs- und Erziehungsziele ist nur dann möglich, wenn die Eltern hinter diesen Zielen stehen und erkennen, dass sie für ihre Kinder angemessen und sinnvoll sind. Ängste und Sorgen dürfen sie äußern, Unterstützung und kompetente Beratung erwarten.

Vertrauen in die eigene Leistung erwerben die Schüler, wenn ihnen Aufgaben so gestellt werden, dass jeder erfolgreich sein kann. Zugleich muss aber klar sein: Erfolg wird nicht geschenkt, sondern erarbeitet. Daher ist für Kinder wie Eltern gleichermaßen wichtig, dass sie verstehen, warum der Schulalltag so strukturiert ist, dass er verlässliche Rahmenbedingungen schafft. Die von der Schule festgelegten Ordnungs- und Arbeitsprinzipien müssen nachvollziehbar sein.

Eine Folge des Migrations-, Europäisierungs- und Globalisierungsprozesses ist, dass es an Wertetraditionen fehlt, die auch in unserer Nachbarschaft konsensfähig wären. Darum müssen wir uns bemühen, unseren eigenen Wertekanon beispielhaft vorzuleben und nicht ängstlich zu sein, wir könnten dabei irgendein Kind möglicherweise indoktrinieren. Die Berliner Senatorin Scheeres verschickte am 23. Januar 2019 an alle Schulleitungen einen Brief unter dem Motto: „Schulen zusammen weiterentwickeln! Potenziale entfalten! Ergebnisse steigern!" Darin heißt es: „In Berlin stehen wir vor besonderen Herausforderungen, unsere Schülerinnen und Schüler wachsen in einer multikulturellen, lebendigen Großstadt auf. Ihre Lebenswelt ist komplex. Die Bedingungen, die sie mit ihren Familien vorfinden, unterscheiden sich. Die Schule ist der Ort, an dem sie bestmöglich darin unterstützt werden sollen, ihre Zukunft zu gestalten. Deshalb dürfen wir nicht nachlassen, sie in der Entwicklung ihrer Kompetenzen zu unterstützen, die es ihnen ermöglichen, ihr Potenzial zu entfalten. Dafür gilt es, unsere Anstrengungen aufrechtzuerhalten und weiterzuentwickeln. Sie als Pädagoginnen und Pädagogen stehen dabei täglich vor der Herausforderung, ganz unterschiedliche und teilweise auch schwierige Bedingungen bei der Arbeit mit Ihren Schülerinnen und Schülern zu berücksichtigen. Das können zum Beispiel große Unterschiede in den Lernvoraussetzungen und Lernmöglichkeiten, der Lernmotivation oder der Unterstützung durch die Eltern sein. […] Umso wichtiger ist es, gerade jetzt die Leistungen der Schülerinnen und Schüler stärker in das Zentrum der Schul- und Unterrichtsentwicklung zu rücken. Dies soll mit der Übernahme der Verantwortung für die Schulqualität auf jeder Ebene unseres Bildungssystems geschehen und sichtbar werden. Alle Partner – Schulen, Schulaufsichten, Schulträger und

Hauptverwaltung – sind hier als eine Verantwortungsgemeinschaft gemeinsam in die Pflicht zu nehmen."

Das ist exakt, worum wir uns in der Spreewald-Grundschule unter meiner Leitung jahrelang bemüht hatten – ohne Unterstützung der Schulverwaltung und oft gegen ihren Widerstand.

14

ZURÜCK ZU RESPEKT,
ANERKENNUNG
UND KOLLEGIALITÄT

AM 22. AUGUST 2018[1] meldete der Internetdienst News4teachers: „Ein Paukenschlag, der durch ganz Deutschland zu hören ist: Die Leiterin einer Berliner Brennpunkt-Grundschule quittiert den deutschen Schuldienst und wechselt ins beschauliche Österreich – weil sie sich von der Bildungsverwaltung im Stich gelassen fühlt. Angesichts von Gewalt, Dreck und Drogen, die von außen hereingetragen würden, könne sie ihren Bildungsauftrag nicht mehr erfüllen." Ich habe Berlin nicht verlassen, um meinen inneren Frieden zu finden oder mich selbst zu verwirklichen, wie besorgte Kooperationspartner oder Kollegen vermuteten. Im Gegenteil: Niemals erlebte ich mich stärker als handlungsfähige Person als während meiner medial unterstützten Auseinandersetzung mit der Berliner Schulpolitik. Für diesen Kampf musste ich mir ein dickes Fell wachsen lassen, Demütigungen und Beleidigungen schlucken.

Die damalige Pressesprecherin der Senatorin, Beate Stoffers, schrieb im August 2018 an den Berliner *Tagesspiegel*: „Der Verbleib einer Schulleiterin, die sich jeglicher Unterstützung verschließt, ist insbesondere an einer Brennpunktschule nicht tragbar. Mit der Freistellung der Kollegin ebnen wir den Weg für die neue Schulleitung, die in der kommenden Woche die Verantwortung für die Schule übernehmen wird." Der Lohn dieser Sprecherin für die gewagte Uminterpretation meiner freien Entscheidung, zu gehen, in eine „Freistellung" war, dass sie den Posten des in Auseinandersetzungen mit mir und anderen kritischen Schulleitern gescheiterten Staatssekretärs Mark Rackles übernahm. Dieser erklärte zu meinem Ausscheiden: „Für mich weist Ihr Agieren keinerlei Bezug mehr zu den Interessen der Ihnen anvertrauten Schule auf. Sie schaden durch Ihr öffentliches Agieren massiv der Spreewaldschule, die in ihren Leistungsdaten deutlich besser dasteht, als es das bespielte Image als ‚Brennpunktschule' vermuten lässt." Rackles lobte hingegen sein eigenes Engagement und zählte dann all meine vermeintlichen Versäumnisse auf: „Ich war bei Ihnen mit dem Schulträger² in der Schule und wir haben angesichts der objektiv vorhandenen Probleme vor Ort den Wachschutz zugelassen und die erbetene zusätzliche Sozialarbeiterstelle bewilligt. Allerdings wurde weder [sic] eine pädagogische Antwort auf die Herausforderungen in der Elternarbeit/Schülerarbeit erarbeitet, wie dies besprochen war. Auch der besprochene und von der Schulaufsicht angemahnte Runde Tisch zur Sicherheitslage wurde von Ihnen blockiert; nach Auskunft der regionalen Schulaufsicht wurde sämtlichen Initiativen diesbezüglich durch Sie eine Absage erteilt. Sie haben Quereinsteiger als ungeeignet abgewiesen. Sie haben Ihre Teilnahme an den sogenannten Quereinsteiger-Castings abgesagt. Im Unterschied zu anderen Schulen, die mit Quereinsteigenden arbeiten (auch und gerade in sozialen Brennpunkten), haben Sie damit die Lage weiter verschärft, ohne selbst Ihrer Führungsaufgabe gerecht zu werden."

Dieser Bankrotterklärung einer Schulverwaltung, die sich für die wichtige Arbeit an Brennpunktschulen auf pädagogisch unversierte Quereinsteiger stützt, ließ der Staatssekretär noch einen Maulkorberlass folgen: Bis zu meinem endgültigen Ausscheiden seien Pressegespräche zu dienstlichen Angelegenheiten nur noch in direkter Abstimmung mit der Pressestelle der Senatsverwaltung gestattet. Da ich abhängig Beschäftigte war, musste ich die Loyalität zu meinem Arbeitgeber beachten. Ich fühlte mich wie im alten Preußen, musste später aber feststellen, dass sich vergleichbare Gepflogenheiten auch in Österreich erhalten haben. Einen schwachen Trost stellte ein Schreiben meines ehemaligen Schulrats an den Staatssekretär dar: „Ich möchte versuchen, im Interesse der Schule und aller Beteiligten darauf hinzuwirken, dass es zu einem würdevollen Abschied von Frau Unzeitig und zu einer Befriedung der Situation kommen kann. Frau Unzeitig hat die Schule nun fünf Jahre geleitet und sich in dieser Zeit in beispielhafter Weise in der inhaltlichen Arbeit und in der Arbeit mit allen Beteiligten im Umfeld der Schule engagiert. Sie ist dabei nicht immer bequem gewesen, aber das ist auch nicht ihre Aufgabe … Die externe Evaluation durch die Schulinspektion (in der ich auch dreieinhalb Jahre tätig war) hat ihr eindeutig gute Arbeit bescheinigt. Dabei wurden die Schwierigkeiten ebenfalls deutlich benannt, die im Kollegium der Schule noch vorhanden sind. Hier hat sich Frau Unzeitig auch mit externer Hilfe ebenfalls deutlich engagiert. Die Probleme, wegen derer sie jetzt aufgegeben hat, sind tatsächlich darauf zurückzuführen, dass sich in verschiedenen, durch sie nicht beeinflussbaren Feldern nichts bewegt hat. Das ist auch ihrer Vorgängerin schon so gegangen. […] Ich möchte jedoch nur darum bitten, dass Frau Unzeitig nicht immer wieder öffentlich vorgeworfen wird, dass sie sich nicht kümmert oder keine Hilfe annimmt und dass sie schuld an diesen Entwicklungen in der Schule ist. Es wäre gerade für eine sozialdemokratische Bildungsverwaltung angemessen, sich aktiv vor diese Schulen zu stellen und politische Entscheidungen anzustoßen, die ernsthaft gegen solche Entwicklungen angehen. Frau Giffey[3] hat ja gezeigt, dass das geht."

Ich hatte die stille Hoffnung, dass man meine Rückkehrentscheidung als Notruf versteht und mich zu halten versucht, statt mir zu verstehen zu geben: „Gott sei Dank, Sie gehen, holen Sie sich gleich Ihre Papiere." Die gesamte Verwaltung sah es nicht gern, wenn man Missstände benannte. Zum Beispiel bedeutete es nach ihrer Lesart keine zwingende objektive Zunahme von Gewaltvorfällen, dass deren jährlich gemeldete Zahl seit dem Schuljahr 2010/11 von 1.468 pro Jahr auf 3.975 stieg. Vielmehr seien die Schulen für das Problem heute stärker sensibilisiert und zeigten deshalb wesentlich mehr Vorfälle

an, die zuvor unberücksichtigt geblieben seien.[4] Die Verwaltung
deckte unfähige Parteimitglieder, die in der Lokalpolitik des Landes
beschäftigt sind. Zu Beginn meiner Tätigkeit hatte mich der zuständige Abteilungsleiter in der Senatsverwaltung unter Druck gesetzt,
gemäß den Wünschen der Schulaufsicht zu funktionieren. Schon
damals wunderte ich mich über die Ignoranz gegenüber den Problemen meiner Schule. Meine gesamte Amtszeit als Leiterin einer
Brennpunktschule begleitete die offensichtliche Hilflosigkeit beziehungsweise Unfähigkeit vieler Beteiligter, den Schutz für die Kinder
und das pädagogische Personal sowie geeignete Rahmenbedingungen für guten Unterricht herzustellen und zu sichern.

Auf Dauer wirksame Sprachbildung, anspruchsvollen, guten
Unterricht und eine angemessene Mitnahme der Eltern zu garantieren, war kaum möglich, da der Senat die notwendigen Entscheidungen für eine angemessene personelle und sachliche Ausstattung der
Schule sowie deren zuverlässige Finanzierung nicht herbeiführte,
häufig nicht einmal in Erwägung zog. Dazu hätte man den Einsatz
von Lehrkräften besser steuern und sie wieder verbeamten müssen,
damit die besten Berliner Absolventen nicht in die benachbarten
Bundesländer abwandern. Eine bessere Planung der Stadtentwick-
lung, die Ghettobildung unterbindet, würde auch helfen. Das Entstehen rechtsfreier Räume in der Stadt muss konsequent und wirk-
sam bekämpft und verhindert werden. Außerdem brauchen die
Jugendämter und die übrigen zuständigen Abteilungen in der Verwaltung mehr Personal. Der eklatante Mangel an Lehrern und anderen Beschäftigen im öffentlichen Dienst des Landes Berlin ist das
Ergebnis eines politischen Versagens. In der Amtszeit des Regierenden Bürgermeisters Klaus Wowereit (SPD) kaprizierte sich der Senat
auf spektakuläre kulturelle Ereignisse. Für die öffentlichen Verwaltungsaufgaben hingegen fehlte Geld.

Mich erstaunte das nachdrückliche mediale Echo meiner Mitteilung, dass meine Kräfte nicht ausreichten, um die Problemhäufung
an unserer Schule im Alleingang zu bewältigen, ohne die notwendige
Unterstützung der Vorgesetzten und der dafür eigentlich vorgesehe-

nen Ämter. Ich habe zwar von der seriösen Berliner Presse durchaus Unterstützung erfahren, die ich aber mit Rücksicht auf die komplizierten Wechselbeziehungen zwischen Senat, Schulaufsicht und dem Bezirk als Schulträger nur sparsam in Anspruch zu nehmen bemüht war. Erst die Nachricht von meinem Ausscheiden löste ein landesweites Medienecho aus. Diese Unterstützung kam jedoch zu spät. Staatssekretär Rackles verbot mir nach meiner Kündigung im August 2018 wie gesagt ausdrücklich die direkte Kommunikation mit den Medien bis zu meinem endgültigen Ausscheiden. Fünf Jahre leitete ich eine Grundschule, an der sich fast die ganze Welt mit all ihren Problemen zu Hause fühlen sollte. Ich sah es immer als unsere Verpflichtung an, jedes einzelne Kind nach seinen Möglichkeiten fit für die Zukunft in dieser Gesellschaft zu machen. Wir alle in der Spreewald-Grundschule bemühten uns tagtäglich, für unsere Schüler in schwieriger Lage faire Startchancen zu schaffen. Widrige Rahmenbedingungen verwehrten uns jedoch einen durchschlagenden Erfolg. Mein Team und ich können dennoch auf eine stolze Bilanz origineller und erfolgreicher Bildungsmaßnahmen zurückblicken. Ich sehe nicht, dass die Berliner Bildungspolitiker, deren Parteigenossen seit Jahrzehnten eine verfehlte Schulpolitik zu verantworten haben, in absehbarer Zeit eine Veränderung herbeiführen könnten, die es möglich macht, dass auch Kinder in einer Brennpunktschule erfolgreich lernen können.

„Die Schule selbst, als ausführendes Organ ministerieller Vorgaben und pädagogischer Illusionen, tut vielleicht noch ihr Bestes, um Kompromisse mit einer Wirklichkeit zu schließen, von der die Lehrpläne nichts wissen. Aber sie ist […] hoffnungslos überlastet und überfrachtet […] mit Forderungen und Aufgaben, die sie ihrem Wesen nach gar nicht erfüllen kann. Sie soll Chancengleichheit herstellen in einer Gesellschaft, in der es gleiche Chancen nicht geben kann – als ließe sich Sozialpolitik durch Schulpolitik ersetzen. Sie soll Arbeitskräfte für eine digitalisierte Zukunft produzieren – als seien Schulen Dienstleister der Wirtschaft."[5], heißt es in einer Besprechung von Jürgen Kaubes Sachbuch „Ist die Schule zu blöd für unsere

Kinder?" Und weiter: „Unter seinen Einsichten die politisch brisanteste ist vielleicht, dass Chancengleichheit, falls es sie über alle sozialen und genetischen Unterschiede hinweg überhaupt geben kann, jedenfalls nicht von der Schule hergestellt – und schon gar nicht kontrolliert werden kann. Denn Chancengleichheit kann sich nur erweisen, wenn Chancen auch ergriffen werden; was aber ist mit sozial resignierten Milieus, die vor Herausforderung traditionell scheuen? Glaubt irgendjemand, dass Schule über einzelne Schüler hinaus, die sie vielleicht ermutigt, ganze Milieus in ihrer Mentalität verändern kann?"[6]

Ich habe mich bemüht, in diesem Buch darzustellen, wo Möglichkeiten einer Schule liegen könnten, in diesem Problemfeld erfolgreicher zu wirken, als es gegenwärtig der Fall ist. Natürlich kann die Schule auch mit bester personeller und finanzieller Ausstattung nicht all die vielfältigen gesellschaftlichen Probleme in den sozialen Brennpunkten Europas lösen. Durch gezieltes Engagement ließe sich jedoch sicherlich mehr erreichen als gegenwärtig. Man könnte damit beginnen, dass man der gesetzlich vorgeschriebenen eigenverantwortlichen Schulleitung diese Verantwortung tatsächlich zugesteht und ihr das nötige Personal und Geld zur Verfügung stellt. Die vielfältigen Probleme der Globalisierung sind im Schulalltag vor allem ein ständiger Störfaktor. Die europäischen Gesellschaften befinden sich in einem Umbruch, der geprägt ist von einer sich kontinuierlich weiter öffnenden Schere zwischen Arm und Reich. Die einen besitzen Haus und Grund und Aktien, können Erbschaften erwarten und brauchen sich keine Sorgen um ihre persönliche Zukunft zu machen. Andere wiederum können eine eigenverantwortete Vorsorge für diese Zukunft nur schwer oder gar nicht organisieren. In meiner Schule hatte ich es ausschließlich mit Schülern aus Familien der zweiten Kategorie zu tun.

Für die meisten Eltern der türkischen Kinder ging es zunächst darum, die Familienehre hochzuhalten. Ihre Familienidentität beruht auf der Tatsache, dass sie Teil der großen türkischen Nation sind, eines Vaterlands, dem es unter einem aufopferungsvollen und selbstlosen Führer ökonomisch gut gehen soll; dessen erfolgreiche Eingriffe in die Politik der desorientierten Nachbarländer das türkische Ansehen in der Welt stützen. Es ist also nicht vorrangig wichtig, dass der türkische Dönerbudenbesitzer sein Geschäft in der Diaspora erfolgreich führt, um damit die Wirtschaft Berlins oder der Bundesrepublik zu fördern und seiner Familie hier eine sichere und verlässliche Zukunft zu sichern. Die Erträge seines Schaffens müssen vielmehr vor allem zu einem möglichst hohen Prozentsatz in das Mutterland fließen, damit der dort regierende Staatspräsident und seine Partei über die notwendigen Ressourcen verfügen, der Türkei zu ihrer verdienten glanzvollen Stellung unter den Nationen zu verhelfen. Wie gering sind die Chancen unserer Schule, in diesem Interessenwiderspruch konkrete Lebenshilfe zu leisten! Uns bleibt nur die Möglichkeit, das Demokratieversprechen unserer Gesellschaft und seine Absicherung im Berliner Schulgesetz durch engagiertes Handeln für unseren Kiez erfahrbar werden zu lassen. So war ich bemüht, mich alltäglicher Gewalt entgegenzustellen. Es war notwendig, ihre Ursachen aufzudecken, Abhilfen zu entwickeln und diese immer wieder auf ihre Wirksamkeit zu überprüfen. Auch wenn es nur ein Tropfen auf den heißen Stein sein konnte, durften wir nicht aus den Augen verlieren, dass unser geringer Beitrag zur Lösung dieser Probleme in der Entwicklung interkultureller Kompetenz unserer Schüler lag.

Unverständlich war für mich allerdings, dass organisierte Clankriminalität, die auch in der Spreewald-Grundschule unter den Eltern verbreitet war, in den Überlegungen zur Gewaltprävention keine herausgehobene Rolle spielte. Hier hätte sich über den Zuschnitt der Schuleinzugsgebiete ein Steuerungselement angeboten, das jedoch nicht genutzt wurde. Erst im Frühling des Jahres 2019 erweckte dieser Aspekt der Gewaltbekämpfung erfreulicherweise größeres öffentliches Interesse. Es war von koordinierten Aktionen der Polizei in Nordrhein-Westfalen, Niedersachsen, Bremen, Hamburg und Berlin zu lesen. Ein solcher effektiver Eingriff in etablierte kriminelle Parallelwelten ist notwendig. Justiz, Polizei und Jugendarbeit müssen sich den besonderen Herausforderungen stellen und können damit auch zur Sicherheit des Schulbetriebes in gefährdeten Kiezen beitragen. Ich hätte mich in meiner Berliner Zeit gefreut, wenn mich eine stärkere Instanz als mein Vertrauen zur geringen eigenen Bedeutung bei Auseinandersetzungen mit Erziehungsberechtigten aus dem kriminellen Umfeld geschützt hätte.

Das größte Problem bei der Integration von Flüchtlingen und Wirtschaftsmigranten sehe ich darin, dass in erster Linie eine Defizitdebatte geführt wird. Nie stehen die Fähigkeiten der Zuwanderer im Vordergrund. Als besonders einschneidend gelten ihre mangelnden Sprachkenntnisse sowie die Unkenntnis über die Gewohnheiten der Mehrheitsgesellschaft, die als Ignoranz ausgelegt werden. In der Praxis verstellt diese Debatte oftmals die Chancen des Zusammenlebens, des gegenseitigen Kennenlernens und der Verständigung.

Fragt man mich nach dem Rezept für erfolgreiches Unterrichten in einer Brennpunktschule, muss ich ganz klar neben einem fundierten pädagogischen und fachlichen Grundwissen die Autorität nennen. Es war für mich bitter, erleben zu müssen, wie Bürokratismen Personen Steine in den Weg legten, die diese seltene Gabe als natürlichen Charakterzug mit in den Schuldienst brachten. Als Beispiel mag der Fall einer Kollegin dienen, die bei uns im Rahmen eines Freiwilligen Sozialen Jahres (FSJ) beschäftigt war. Weil ihr Abiturzeugnis in Mathematik eine Drei aufwies, wurde sie für einen Studiengang zur Lehrerin nicht unmittelbar zugelassen. In der Stadt fehlten aber in allen Schulen Lehrkräfte beinahe jeder Fächerkombination. Meine Mitarbeiterin, die als FSJlerin knapp 500 Euro im Monat erhielt, musste sich mit einem Nebenjob als Kassiererin über Wasser halten. Unserer Schule stand sie zwischen 8:00 und 16:00 Uhr zur Verfügung. Die Aussicht, durch ein Wartejahr möglicherweise doch noch einen Studienplatz zu ergattern, ließ sie die enorme Belastung ein Jahr lang durchhalten. Als ihr danach erneut die Zulassung verwehrt wurde, begann sie ein sozialpädagogisches Studium. Hier kam dem Land Berlin eine engagierte, durchsetzungsstarke Lehrerin abhanden. Sie wusste, dass Schüler auf die Erfahrung einer Person angewiesen sind, die sich nicht aus Einfallslosigkeit für diesen Beruf entschieden hatte. Ein Lehrer muss Sicherheit ausstrahlen. Dabei sind zwei Formen von Autorität zu unterscheiden. Die eine leitet sich von sozialer, fachlicher und emotionaler Kompetenz ab und lässt es auch zu, bei den Anforderungen mal Abstriche zu machen, wenn die Lösung eines Konflikts oder die begrenzte Leistungsfähigkeit eines Kindes es erfordern. Hinzu tritt eine Autorität, die auf dem Recht des Stärkeren gründet, wobei die Stärke dazu dient, Schwächere zu schützen, statt sie zu übervorteilen, zu mobben oder ihnen anderweitig zu schaden. Es muss klar sein, dass die Lehrkraft Chef im Klassenzimmer ist und ihre Autorität verantwortungsvoll zum Nutzen aller einsetzt. In diesem Buch wurde immer wieder deutlich, welch entscheidende Vorbildrolle die Lehrerpersönlichkeit hierbei einnimmt, die ständig Forderungen aus unterschiedlichsten Richtungen ausgesetzt ist. Die Schulbehörde erlässt Verordnungen, die das Verhalten des einzelnen Pädagogen gängeln. Ich hatte immer den Eindruck, dass ich mich am besten durchsetzen konnte, auch gegenüber Menschen, die mir alles andere als wohlgesinnt waren, wenn ich meinen eigenen Prinzipien treu blieb und für andere Verlässlichkeit ausstrahlte. Wir brauchen Lehrerpersönlichkeiten, die fröhlich etwas leisten, dabei Ecken und Kanten zeigen, die nachvollziehbar und berechenbar handeln, konsequent an eigenen Schwächen arbeiten und individuelle Stärken in den Dienst anderer stellen.

Meine Berliner Vorgesetzten schätzten mich trotz objektiv nachweisbarer Erfolge als nicht beförderungsfähig ein. Zu groß war die Furcht vor meiner Eigenständigkeit und meinen Ansichten, vor Unruhe in den Amtsstuben. Angesichts der politischen Gemengelage in der Bundeshauptstadt habe ich keine Hoffnung, dass die Berliner Verwaltung in absehbarer Zeit die Fähigkeit erlangen wird, ausgerechnet die Probleme der Schule zu meistern, wenn sie überfordert ist bei Mieten, Energieversorgung, Erhaltung der Verkehrswege, Sicherung des öffentlichen Nahverkehrs und Anbindung an leistungsfähige digitale Netze. Es ist keine Lösung und Anlass zur Sorge, dass die AfD die Mehrzahl der Kinder meiner alten Schule in irgendwelche angeblich sicheren Herkunftsländer zurückschicken will, in denen sich ihre Zukunftschancen gewiss nicht verbessern werden.

Inzwischen habe ich mich in meine Heimat Österreich zurückgezogen, aus dessen Schuldienst ich beurlaubt war. Dort war man auf meinen Ortswechsel nicht vorbereitet. Ich habe deshalb zunächst in einer oberösterreichischen Volksschule als fachliche Unterstützung mehrerer Lehrkräfte, dann als Klassenlehrerin allmählich wieder zu mir selbst finden können – in einen normalen Arbeitsalltag, in dem Schule noch so abläuft, wie es sicher auch in vielen ländlichen Gegenden in Deutschland der Fall sein dürfte. Hier begegnen Schüler und Eltern einem Schulleiter und den Lehrern noch mit Respekt vor ihrer fachlichen Leistung, was sehr förderlich für meine Gesundheit und Psychohygiene ist, sodass ich wieder aufatmen konnte. Die Flucht aus der Überforderung, die der Berliner Schuldienst als einzigen Ausweg lässt – Krankschreibung mit anschließender Rehabilitation –, war hier nicht nötig. Lob, Achtung, Anerkennung und qualifizierte Kollegen, denen das Vorankommen ihrer Schüler ein Anliegen ist, lassen den Berufsalltag im Vergleich mit den Berliner Verhältnissen wie einen Kuraufenthalt erscheinen. Auch meinen österreichischen Kollegen fehlt es gelegentlich an der Kompetenz für differenzierten Unterricht oder an Erfahrungswerten im Hinblick auf die erfolgreiche Integration von Kindern mit Migrationshintergrund. Aber das Bemühen ist da. Das Gelübde, das man zu Diensteintritt ablegt, wird noch ernst genommen. Dort heißt es: „Ich gelobe, dass ich die Gesetze der Republik Österreich befolgen und alle mit meinem Dienst verbundenen Pflichten treu und gewissenhaft erfüllen werde …" Es geht hier nicht darum, eine heile Welt idealisierend herbeizusehnen. Die aktuellen Schwierigkeiten, die aus dem Kanzler Kurz einen kurzen Kanzler werden ließen, sprechen eindeutig dagegen. Und da Wien alle österreichischen Schulangelegenheiten direkt entscheidet, sind die Zustände in der österreichischen Nationalversammlung und in den Bundesministerien von unmittelbarer Bedeutung auch für die Schule im tief verschneiten Salzkammergut.

Zurück zu Respekt, Anerkennung und Kollegialität

In Österreich beobachte ich eine erfreulich bodenständige, solide Arbeit in der Grundschule. Sie kann hier wirklich noch Lebensort sein. Beweis dafür sind die regelmäßigen Treffen der Kollegen nach dem Unterricht. Niemand tritt sofort die Flucht nach Hause an. Wir setzen uns bei einer Brotzeit auf einen „Ratscher" zusammen, wie man es hier salopp nennt. Diese Gespräche unter Kollegen machen eine mühevolle Vermittlung zwischen Interessengegensätzen überflüssig. Es werden Informationen ausgetauscht, kollegial wird der Unterricht geplant, Fachberatung eingeholt und über anstehende neue Erlasse und Verordnungen in der Bildungsverwaltung diskutiert. Allerdings muss auch unsere Schule daran arbeiten, objektiv vorhandene Bildungsdefizite von Zuwandererkindern auszugleichen, solange ihre verhältnismäßig geringe Zahl noch eine hohe Erfolgsaussicht erwarten lässt. Auch österreichische Schulen können eine Abschiebung ihrer Schüler bisweilen nicht verhindern. Für die Klassenkameraden halten lediglich zurückgelassene Turnbeutel oder Schulbücher in den Fächern der Klassenzimmer für kurze Zeit die Erinnerung an Mitschüler aufrecht, von denen niemand in der Schule weiß, was aus ihnen geworden ist.

Manchmal habe ich Zeit für einen Rückblick. Die Spreewald-Grundschule war für viele Quereinsteiger Basis für eine Lehrerkarriere. Die Sozialpädagogin, die das von ihr entwickelte Anti-Gewalt-Projekt drei Jahre an unserer Schule begleitete, arbeitet nun als Sonderpädagogin in einer Grundschule, obwohl sie nicht Sonderpädagogik studiert hat. Weder als Willkommensklassenlehrkraft noch im Bildungsnetzwerk des Kiezes hatte ich sie unterbringen können. So ging ihre Kompetenz dem Bezirk Tempelhof-Schöneberg verloren.

Falls sich die politischen Verhältnisse ändern sollten, wäre ich bereit, nach Berlin zurückzukehren. Doch dazu müssten die beschriebenen Rahmenbedingungen zur Debatte gestellt werden und Mitarbeiter im Schuldienst eine angemessene Vergütung erhalten. Ich möchte nicht als Michael Kohlhaas des 21. Jahrhunderts in die Berliner Schulgeschichte eingehen, aber es wäre dringend nötig, dass eine Kontrollinstanz die unsinnigen Kosten untersucht, die Fehlentscheidungen von Politikern und Verwaltungsbeamten verursachen. Es geht schließlich um unsere Kinder, den wichtigsten „Rohstoff" unserer Republik, für deren bestmögliche Ausbildung wir schon allein wegen der Sicherung unserer Rentenbezüge sorgen müssten. Die jungen Menschen, die heute ihren Ängsten und Hoffnungen in Freitagsdemonstrationen Ausdruck verleihen, sollten wir in ihren Rechten stützen und dafür sorgen, dass die Gruppe der Heranwachsenden, die sich auf ihre eigene Urteilskraft verlässt, deutlich größer wird. Dies erreichen wir nur durch eine zielführende schulische Ausbildung auch und gerade von Kindern und Jugendlichen mit Bildungsdefiziten und Handicaps.

Keine Verwaltung darf sich das Recht herausnehmen, motivierte Mitarbeiter wegen ebendieses Engagements zu diskriminieren. In meinem Fall überwog wohl die Freude, mich endlich loszuwerden, weil ich nicht aufgehört hatte, mich für die Interessen der Kinder und Eltern einzusetzen und deshalb auch von meinen Vorgesetzten kontinuierlichen Einsatz erwartete. Nicht ich habe die Kinder im Stich gelassen, sondern die Politik tut es. Tag für Tag.

ENDNOTEN

Kapitel 1

1 Die Wirksamkeit dieses Verfahrens wird in vielen empirischen Studien dokumentiert. Interessierte finden eine Übersicht bei John Hattie, Lernen sichtbar machen, Baltmannsweiler 2014.

2 www.berlin.de/sen/bildung/schule/inklusion.

3 Senatsverwaltung für Bildung, Jugend und Familie, www.berlin.de/sen/bjw/unterricht.

4 https://www.berlin.de/ba-tempelhof-schoeneberg/_assets/politik-und-verwaltung/aemter/gesundheitsamt/kinder-und-jugendgesundheitsdienst/flyer-psychomotorik_082018.pdf.

5 „Die Bewegungsbaustelle bietet Kindern (Altersempfehlung 4 – 12 Jahre) die Möglichkeit, Bewegungsanlässe selbst zu schaffen und zu verändern. Sie besteht aus einfachen Bauteilen, mit denen Spielszenarien allein und gemeinsam entwickelt, konstruiert, ausprobiert und umgebaut werden können. Kinder können sich vielfältig bewegen und Erfahrungen mit verschiedenen Materialien, im Miteinander und mit dem eigenen Körper machen. Die klaren, einfachen und anschaulichen Formen haben eine starke Wirkung auf die kindliche Phantasie und Gestaltungskraft. […] Die Bewegungsbaustelle fördert durch Spiel und Bewegungsaktivität die motorischen Grundfertigkeiten: Gehen, Springen, Klettern und Balancieren." (https://www.bewegungsbaustelle.org)

Kapitel 2

1 Laut Wikipedia wurde der Begriff „Neger" im 18. Jahrhundert mit dem Aufkommen der Rassentheorien in die deutsche Sprache übernommen. Vorher wurden Menschen mit dunkler Hautfarbe „Mohren" genannt (von „moro", spanisch für Mauren) – etwa in Heinrich Hoffmanns „Struwwelpeter". Vordergründig war „Neger" ein neutraler Begriff, historisch entstand die Bezeichnung jedoch im Zusammenhang mit den Rassentheorien (negride Rasse). 2004 empfahl der Duden in einem Newsletter, „die Bezeichnungen Neger, Negerin, sollten im öffentlichen Sprachgebrauch nicht mehr verwendet werden, da sie zunehmend als Diskriminierung empfunden werden".

Eine Lehrerin sieht Rot

2 http://hans-fallada-schule.de/unsere-schule/grundschule/juel/.

3 „Förmig" war ein aus Bundesmitteln geförderter Zusammenschluss von Sprach-forschern aus mehreren Bundesländern unter der Leitung von Ingrid Gogolin in Hamburg.

4 Der Grundwortschatz im Unterricht, Handreichung für Lehrkräfte, S. 4. www.berlin.de/sen/bildung/bildungswege/grundschule/.

5 Aus den gewürfelten Wörtern *Schwimmbad, heiß, gehen* konnte man beispielsweise den Satz bilden: Wenn es heiß ist, gehen wir ins Schwimmbad.

Kapitel 3

1 https://www.statistik-berlin-brandenburg.de/publikationen/stat_berichte/2019/ SB_A01-05-00_2018h02_BE.pdf: Deutsche Einwohner 1992: 3.070.980; deutsche Einwohner 2018: 2.999.676; Ausländische Einwohner 1992: 385.911; Ausländische Einwohner 2018: 748.472.

2 https://www.weforum.org/issues/global-gender-gap.

3 BeLesen vgl. Schründer-Lenzen/Merlens 2006.

4 *Berliner Morgenpost* vom 19.9.2018.

5 Protokoll Regionalkonferenz 02/2014, Julia Winterstein.

6 Zentrum für Sprachbildung (ZeS), 10555 Berlin.

7 Quartiersmanagement oder Stadtteilmanagement (QM) dient der Planung und Steuerung von Stadtteilen bzw. Ortsteilen. Weitere Informationen dazu in Kapitel 4.

8 https://www.berlin.de/sen/bildung/unterstuetzung/schulinspektion: Die Schulin-spektion betrachtet und bewertet die Qualität der Berliner Schulen durch eine professionelle Außensicht. Sie ergänzt damit die Selbsteinschätzung der Schulen, zu der diese im Rahmen ihrer Eigenverantwortung verpflichtet sind. Damit soll eine Vergleichbarkeit der schulischen Entwicklungen gewährleistet werden.

9 Schreiben SenBJF Dobe/Heuel/Severin/Winter-Witschurke von August 2018.

Kapitel 4

1 Türkisch ist die Familiensprache in der Wohnung der Kinder und wird dort von den Eltern ausschließlich gesprochen. Gleichzusetzen ist der Begriff Muttersprache mit Erst- oder Familiensprache.

2 Zu diesen Schulreformen gehörten interkulturelle Erziehung, zweisprachige Erziehung, integrative Erziehung, Auflösung der Jahrgangsklassen, Inklusion, acht- und neunklassige Oberschule oder gebundener Ganztagsunterricht, um nur einige zu nennen.

3 Erdforscher-Mitmachlabors: Schüler können in Workshops oder wöchentlich stattfindenden Kursen ihr Wissen in Biologie, Chemie, Physik und Geologie vertiefen, Erlerntes beim Experimentieren und Forschen spielerisch anwenden.

4 Ackerdemia e.V.: Eine Gesellschaft, die sich durch ein grundlegendes Verständnis der Lebensmittelproduktion und ein reflektiertes Konsumverhalten auszeichnet und in den Schulen Projekte für verantwortungsvollen Umgang mit Natur und Lebensmitteln anbietet.

5   *Berliner Morgenpost* vom 10.1.2019.
6   Zu Erziehungs- und Ordnungsmaßnahmen siehe § 67 Abs. 2 des Schulgesetzes für das Land Berlin.

Kapitel 6

1   Zum Beispiel Erzieher, Sozialarbeiter, Schulhelfer.
2   Als freie Träger gelten Vereine oder Gesellschaften, die sich im Rahmen der Sozialhilfegesetze mit der Bereitstellung, Ausbildung und Weiterbildung von Personal beschäftigen.
3   Vgl. hierzu Kapitel 5 „Kunst gegen Gewalt: Der „Ha-Ha-Effekt".
4   https://www.berlin.de/sen/bildung/unterstuetzung/schulinspektion: Die Schulinspektion betrachtet und bewertet die Qualität der Berliner Schulen durch eine professionelle Außensicht. Sie ergänzt damit die Selbsteinschätzung der Schulen, zu der diese im Rahmen ihrer Eigenverantwortung verpflichtet sind. Damit wird auch eine Vergleichbarkeit der schulischen Entwicklungen gewährleistet.
5   www.berlin.de/sen/bjf, Brief vom 14.6.2018.

Kapitel 7

1   Absolventen eines Grundschullehramtsstudiums an einer deutschen Hochschule.
2   Deutsch als Zweitsprache/Deutsch als Fremdsprache.
3   Senatsverwaltung, I B, 28.11.2016.
4   Zitat aus der Bewerbung eines Kandidaten.
5   https://www.bertelsmann-stiftung.de/fileadmin/files/BSt/Publikationen/ GrauePublikationen/Studie_Quereinsteiger_in_Berlin.pdf, S. 6.

Kapitel 8

1   https://www.bz-berlin.de/berlin/neukoelln/in-neukoelln-haben-bereits-neun-schulen-einen-wachschutz.
2   Inzwischen hat Frau Scheeres politische Konsequenzen gezogen, den Staatssekretär Rackles in den einstweiligen Ruhestand versetzt und die Pressesprecherin, die sich für uns eingesetzt hatte, zur neuen Staatssekretärin befördert.
3   Gudrun Mallwitz in: *Berliner Morgenpost* vom 30.8.2018.
4   Zu diesem Zeitpunkt lag meine Kündigung bereits vor.
5   *Tagesspiegel* vom 5.1.2000.

Kapitel 9

1   „Die Aufnahme in gebundene Ganztagsschulen der Primarstufe setzt eine Verpflichtung der Erziehungsberechtigten voraus, ihr Kind am Mittagessen

teilnehmen zu lassen." – § 19 Abs. 3 des Schulgesetzes für das Land Berlin (Ganztagsschulen, ergänzende Förderung und Betreuung, Mittagessen).
2   Stand Oktober 2015.
3   Neuordnung des schulischen Mittagessens an offenen und gebundenen Ganztagsgrundschulen sowie für Förderzentren im Land Berlin; Senatsverwaltung für Bildung, Jugend und Wissenschaft, Bernhard-Weiß-Straße 6, 10178 Berlin, www.berlin.de/sen/bjw.
4   *Radio 1*, 22.11.2016, 8:10 Uhr, Monika Vismann.
5   14.11.2016, Anna Klöpper, Redakteurin *taz.berlin*.
6   16.1.2017, Protokoll der Bezirksverordnetenversammlung.
7   Mail vom 27.4.2017.
8   Pressemitteilung der Senatsverwaltung für Bildung, Jugend und Familie, Redaktion: Iris Brennberger, Thema: Jugend/Familie, 22.3.2018.
9   Martin Klesmann in: *Berliner Zeitung* vom 3.12.2018.
10 *Tagesspiegel* vom 19.11.2018.
11 Die „Tali" (Tagesgruppe Lichtenrade des Tannenhofs Berlin-Brandenburg e. V.) ist ein Schulersatzprojekt, das Familien mit verhaltensauffälligen Kindern Erziehungshilfe bietet. Es unterstützt die Förderung ihrer emotionalen und sozialen Entwicklung mit dem Ziel, schnellstmöglich wieder an einem geregelten Schulbetrieb teilnehmen zu können.

Kapitel 10

1   Arnfrid Schenk: Imam gesucht. In: *Die Zeit* vom 9.5.2019, S. 71.
2   Ebd.
3   IFB: in Berlin gegründeter Dachverband von 26 Organisationen wie zum Beispiel Moscheen, Sport- und Jugendvereine.

Kapitel 11

1   https://www.zeit.de/2019/10/integration-schule-lehrerin-migration-foerderung-betreuung/seite-2.
2   *Süddeutsche Zeitung online* vom 14.6.2014 (http://www.sueddeutsche.de/bildung/erwartungen-an-paedagogen-lehrer-sind-keine-sozialarbeiter-1.1998488).
3   Ehrenamtliche erwachsene Unterstützer in den Schulen, die beim Lesenlernen helfen.

Kapitel 12

1   Rudolf Sponsel: Irrtümer und Irrwege Freuds aus allgemein-integrativer Sicht, 2007.

Kapitel 13

1   Susanne Vieth-Enthus: Bildungschancen in Berliner Bezirken, Wie soziale Unterschiede die Abiturquote bestimmen. In: *Tagesspiegel* vom 24.3.2017.
2   http://www.bildungsbericht.de/, 2006 bis 2014.
3   GEWerkschaftliche Handlungsperspektiven, https://www.gew-berlin.de/public/media/201606_Doku_Bildung_mIgrationsgesellschaft_2015-web.pdf.

Kapitel 14

1   https://www.news4teachers.de/2018/08/gewalt-dreck-und-drogen-die-leiterin-einer-berliner-brennpunkt-schule-hat-gekuendigt-meine-kraefte-reichen-nicht-aus.
2   Stadtrat Schworck.
3   Ehemalige Bezirksbürgermeisterin von Neukölln, von Frau Merkel 2018 im gegenwärtigen Bundeskabinett mit dem Ministerium für Familie, Senioren, Frauen und Jugend betraut.
4   dpa, 13.5.2019.
5   Jens Jessen: Der Irrsinn leuchtet einen an. In: *Die Zeit* Nr. 22 vom 22.5.2019, S. 46.
6   Ebd.